KB190618

신통방통 방언,
무엇인가?

저자

김현길 목사

경희대학고　영어전공
국제신학대학원대학교 신학TH.M
주한 사우디아라비아 대사관
주식회사 코딜코 대표
성서교회 담임목사
(사)크리스천출판교육선교회 대표

저서

기복교인가, 기독교인가?
신통방통 방언, 무엇인가?

서문

신(神)의 언어(言語)인가? 성령(聖靈)의 은사(恩賜)인가? 성령세례인가? 하나님과의 대화인가? 신비의 능력인가? 아무도 알 수 없는 신묘(神妙)한 기도소리, 과연 무엇인가? 하나님과 누구든지 대화할 수 있다. 사실이라는 체험이니까. 인정할 수 있다. 인정해야 한다. 꼭 알 수 없는, 알아들을 수 없는 대화를 해야 하며 하나님은 꼭 그런 대화를 원하실까? 그런데 과연 성경을 근본으로 하는 신앙적인 면에서 과연 성경에서는 어떻게 개념(槪念)하고 있는가? 수천 년 간 연구되고 전승(傳承)된 믿음과 성경에 근거해서 과연 성경은 어떻게 규정하고 정의(定義)하고 있는가?

자기 자신의 버전으로, 자기 자신만의 습관으로, 자기 자신이 체험하고 경험한 방법대로, 자기 믿음의 방식대로, 자기의 성품과 인격으로 하나님과 대화할 수 있다. 그러나 정확한 성경의 개념은 무엇인지 알고 하는 것이 더 좋지 않을까 여겨본다. 그래서 가능하다면 성경, 즉 하나님의 말씀이 원하신 방법대로 순종하는 것이 좋은 믿음이 아닐까? 내 아집과 교만한 고집을 부려본다.

신통방통 방언, 과연 무엇인가? 성경적일까? 신의 언어인가? 신의 언어, 하나님과의 대화, 신통인가? 방언인가? 막가파 은사주의, 무작정 은사주의, 무차별 은사주의, 만병통치 은사주의, 의사인가? 은사인가? 의사인가 목사인가. 치료와 치유의 능력으로 한 교회인가, 병원인가. real 인가? fake인가? 사이비인가? 진짜인가? 신의 언어인가? 신들린 무속 언어인가? 접신인가? 무당들은 굿을 할 때 북치고 떡치고 혼자서 신비한 알 수 없는 말을 하고 그 말을 동시통역도 하고 하면서 복채가 적다고 더 많이 해야 영험이 있고, 원하는 것이 이루어지는 능력이 나타난다고 하면서 복채금액을 대폭 늘리는 능력을 발휘한다. 역시 신의 능력이 나타난다. 이러한 기도가 기도인가? 인격적 대화인가? 방언기도, 과연 하나님과의 소통의 대화인가? 하나님의 능력을 너희들이 체험해 보았나? 해 봤어? 무슨 근거로 방언을 무시하는가? 알면 얼마나 안다고? 신묘막측 하신 하나님의 능력을 누가 감히 안다고 말할 수 있나? 경험하지 못한 사람은 말을 하지 말라. 실제로 있는 현실을 직시하고 인정해야 한다. 이 놀라운 능력!

 그러면 성경적 방언이란 무엇인가?
창세기에서부터 요한계시록까지 방언과 방언에 대한 유사한 언급들, 성서와 언어 그리고 방언, 우리나라에서 방언은 언제부터 인가? 한국 교회에서의 방언이란 무엇인가? 방언기도 인가? 방언인가? 방언이 아니라 방언기도이다. 방언기도를 줄여서 방언이라고 할 뿐이다. 방언과 방언기도는 다른 말이다. 방언은 말이고 방언기도는 방언으로 하는 기도이다. 한국에서의 문제는 방언에 있지 않고 방언기도에 있다. 지금까지 신학과 교회 및 신앙에서 문제의 논란은 방언기도를 말하는 것이다. 그 방언과 방언기도를 이 책에서 살펴보고자 한다. 한국 교회의 신학과 교회사에서 아직도 정확한 성경적 방언에 대한 확실한 결론이 없다는 것은 매우 안타까운 현실이다. 이제 이 문제에 대한 다 함께 묵상하고 연구하는 기회가 되기를 소망하며 그 결론에 따라서 신앙생활이 되기를 소망한다.

1장
언어란 무엇인가?

 우리가 현재 생활 가운데 사용하는 단어 숫자는 몇 개나 될
까? 현재 우리나라에서 사용하는 단어 수는 몇 개나 될까?
최대 50만여 개 정도 된다고 한다.
 영어는 1 백만 개 정도의 단어가 있다. 어휘 수가 많다는 것
은 다양한 문화와 문명의 정도를 가늠할 수 있다.
 그만큼 미국에는 세계의 거의 모든 문화가 총체적으로 모여
있다고 할 수 있으며 다른 문화 문명에서 볼 수 없는 것들도
다양하게 모여 있다고도 할 수 있다. 예를 들어 재벌(財閥)이
라는 단어는 우리나라에만 있던 단어였는데 이제 영어로
chaebol이라고 영어로 영어사전에 등록되었다. 영어에는 이
런 단어들이 매우 많다. 반대로 아프리카나 남미 아마존의 오
지 등에 살고 있는 소수 족들은 사용 단어의 수가 아주 미미
하고 몇 안 되는 어휘의 수만 사용하고 말만 있고 글 문자가
없는 소수 민족은 아주 작은 숫자의 어휘가 될 것이다.
 언어라고 하는 것은 그 한 단어가 탄생하고 변화되고 사라지
는 역사성을 가지고 있다. 예를 들어 영어의 경우는 영국 영
어와 미국 영어 또는 각 나라마다 모국어를 영어로 하고 있는
나라들이 많기 때문에 각각의 나라마다에서의 영어가 다르게
쓰이며 변환되어 사용되고 있으며 각각의 나라의 본래의 토속
언어와의 결합과 혼합으로 변형되어 사용되는 경우도 허다하
다. 예를 들어 한국에서는 스마트폰 smart phone, 모바일폰
mobile phone, cellular(cell) phone등을 handphone핸드폰
이라고 표현하고 표기하는 것은 영어가 각 나라의 형편에 맞
게 변화되어 사용되는 하나의 현상이다.
 영어의 경우 그 역사를 보면 영국이 로마의 400여년 지배로

인하여 로마식 영어로 변하였으며 로마 라틴어 역시 그 초창기의 형성 언어들은 그리스 헬라어의 영향을 가장 많이 받았다.

그뿐만 아니라 게르만 민족의 언어의 영향도 매우 많다. 그리고 각 분야별로 다른 전문 용어와 단어 어휘들이 다른 문화권의 언어와 합하여 변형되어 사용된 언어도 무수히 많다. 그러므로 영어는 한 단어의 개념에 여러 가지의 수많은 의미가 혼재되어 있다.

예를 들어 환자가 병원에 입원해 치료를 받고 있을 때 의사들이 회진을 할 때, 회진 의사와 인턴들끼리 하는 말을 환자는 무슨 말을 하는 지 알 수 없을 때가 많다. 죽게 되는 것인지, 살게 되는 것인지, 중병인지 등 전문 용어로 말을 하기 때문에 어떤 말을 하는지 의미를 모를 때가 많다.

새 직장에 신입 사원으로 입사하면 그 직장의 제품과 업무에 대한 전문 용어들을 처음 접할 때는 사내에서 하는 말이 무슨 말인지 모르는 용어들이 많아 이해할 수 없는 전문 용어들을 들을 때는 공부하고 설명을 듣고 훈련을 받은 후에 상당한 기간이 지나야 이해하고 업무에 활용하고 적용할 수 있다.

이렇듯 일정한 조직 단위에서의 전문 용어들은 일반인들이 이해할 수 없는 말로 대화하는 경우가 많다.
신문이나 방송에서도 전문 분야에 대한 대화나 말에 대한 이해할 수 없는 단어와 용어들이 수 없이 많다.

서울에서 낳고 자란 학생이 갑자기 제주도에 가서 살면 처음에는 제주 말이 무슨 말인지 백말인지 검은 말인지 조랑말인지 알아듣지도 못하고 이해할 수 없어 난감할 때가 많다. 지방 말 사투리가 무슨 말인지 모른다.

우리가 외국에 여행을 가면 그 나라 말을 좀 배웠는데도 말을 알 수 없고 이해할 수 없으나 같이 간 친구들끼리는 매우 재미있게 말한다. 중동지역에서는 영어를 못하고 영어 글자도 모른 사람들이 대부분이다. 그러나 왠만한 택시 기사들은 대부분 간단한 영어는 쉽게 말하고 알아 듣는다. 이스라엘과 중동 지역 사람들 특히 이슬람권 국가들은 자기 국가의 언어가 있음에도 불구하고 왠만한 대화는 쉽게 알아듣는다. 이는 이슬람의 경전은 어떤 언어로도 번역을 금하기 때문에 이슬람이라는 종교권의 국가들은 이슬람 경전 코란에 근거한 언어들을 아랍어를 이해하는데 매우 용이하다.

한편 영국 영어권과 프랑스, 독일어권의 유럽 사람들은 왠만한 말은 쉽게 알아듣고 곧장 쉽게 배운다. 그것은 랭귀지 패밀리 lanuage family이기 때문이다. 그리스, 로마, 영어는 그 언어의 구조(structure and pattern system)와 문법과 문화 그리고 역사와 민족사가 연속되어 있고 지배와 피지배가 중복되고 관계성이 매우 깊게 혼재되어 있기 때문이다.

이런 언어 즉 말은 어떻게 대화로 서로 말하고 뜻을 이해하고 어떤 물체가 아닌 형이상적인 무형의 뜻과 의미는 어떻게 이해하고 서로 그 뜻을 알게 되었을까?

이는 배우지 않고 학습하지 않고 훈련하지 않고는 소통하고 이해하고 알 수 없는 것이다. 그리고 학습하고 훈련하고 소통한다고 할지라도 서로 다른 것을 훈련하고 공부하고 학습하고 한다고 할지라도 서로 같은 것을 같은 말로 같은 음가로 정확하게 같은 약속을 미리 해야 한다. 그런 미리 약속된 것이 같은 동일 단위 조직에서 이루어져야 비로소 소통하고 대화하고 이해할 수 있는 수단과 방법으로 용이하게 사용될 수 있다. 이것이 언어이며 말이다. 언어 말은 선약된 훈련 학습이다. 언어는 미리 준비된 언약이다. 언어 말은 약속의 훈련이다. 언어 말은 훈련된 약속이다.

자기들끼리는 잘 말하고 이해할 수 있으나 다른 사람들과는 대화할 수 없고 알아 들을 수 없는 경우 이런 경우를 우리는 방언이라고 한다. 어떤 조직이나 지역단위의 지방이나 사랑의 표현이나 그림 등 다양한 의미를 전달하기 위해서 언어는 만들어진다. 많은 단어들의 수만큼이나 언어는 상황에 따라 다른 내용과 새로운 해석을 만들어 내기도 하고 비유를 위해 사용되기도 한다.

그러한 폭넓은 활용 때문에 처음 의도한 의미들이 흐려지는 경우도 적지 않다. 엄밀하게 말해서 언어는 고도로 정돈된 구조를 가진 인간의 소리 신호 체계이다. 언어는 이론적으로 말하고 있는 개념만큼 효과적이지는 못하지만 복잡한 생각들을 전달하기 위해 우리가 가지고 있는 가장 훌륭한 시스템이다. 세상에는 5,000종 이상의 언어가 존재하는데 다중해석 multi-interpretations의 문제에도 불구하고 그것은 영감靈感 다음으로 훌륭한 것이며 인간이 환경을 컨트롤 할 수 있도록 하는 가장 유용한 도구라고 할 수 있다.

동물은 소리와 몸짓을 이용해서 본능과 즉각적인 상황에 대한 아주 기본적인 정보를 나눈다. 어떤 동물은 으르렁거리는 소리를 내어 위협을 하고 어떤 것들은 휘파람 소리로 위험을 알리는가 하면 짝짓기를 위한 예비 행동으로 춤추는 의식을 거행하는 동물도 있다. 하지만 춤이나 짖어대는 것으로 많은 정보를 담거나 세밀한 의미를 전달하기는 매우 어려울 것이다.

동물이 가지고 있는 소리 신호와 사람의 언어 사이의 중요한 차이는 구조structure와 조합arrangement에 있다. 돌고래와 침팬치, 고릴라 등은 20-30가지 정도의 다른 소리를 낼 수 있고 소는 10가지 정도 닭은 30가지 정도 낼 수 있다고 한다. 사람은 그런 동물들과 비슷한 종류의 다른 소리를 낼 수 있는 성대를 갖고 있기는 하지만 그들처럼 다른 소리들을 내는 것이 아니라 소리를 조직하고 무한히 다른 방식으로 조합하는 '언어 시스템'을 가지고 있다. 음가(音價:sound value)의 조직화가 아주 정밀하고 세밀하게 이루어져야 언어 말로써의 활용할 수 있다. 그래서 언어학에서는 음성학 음운학을 배운다. 심리학적으로 언어 말을 본능(本能)이라고 한다. 본능과 생리는 전혀 다르다. 본능은 학습되고 훈련된 습관적 조건 반사를 말한다. 생리는 훈련되지 않는 것을 말한다. 먹는 것은 본능이지만 배설을 생리이다. 학습을 통하여 습득된 습관을 본능이라고 한다. 예를 들어 집에서 기르는 개에게 매일 아침마다 정해진 제 시간에 꼭 밥을 줄 때에 어떤 정해진 소리 즉 딸랑딸랑 종소리를 들려주고 밥을 주게 되면 그런 반복을 일정 기간 계속해서 한다면 개는 일정 시간이 되면 딸랑딸랑 소리에 먼저 침을 흘리게 되는 현상이 나온다. 이는 생리적인 현상이라고 하기 보다는 습관으로 인한 본능이라고 할 수 있다.

그러나 그런 반복된 습관을 바꾸면 그 본능적 조건 반사가 바뀌게 된다. 동물뿐만 아니다. 모든 생물 즉 식물도 자기 생존을 위해 스스로 본능을 발휘하여 변화를 나타낸다. 그러나 동물마다 또는 생물마다 이러한 본능 즉 학습본능에 대한 반응에 민감한 본능작용이 모두 각각 다르다. 어떤 것은 터치 touch에 그 나타내는 본능이 다르게 나타낸다. 어떤 동물은 소리에, 어떤 동물의 냄새에, 어떤 동물은 색상에, 어떤 동물은 모양에, 식물들도 그 반응에 익숙하게 되는 반사작용이 각각 다르게 나타난다. 이것을 본능인데 이는 학습과 훈련에 대한 학습 반응에 대한 본능이다.

 언어학을 공부할 때 필히 배우는 과목이 음성학이다. 영어권에서는 40-50가지 정도의 음흡을 사용한다. 다른 언어들은 이보다 조금 많기도 하고, 혹은 15가지 정도로 적은 경우도 있다. 모음과 자음을 표현하는 이 음(흡sound)들을 언어 시스템의 최소 단위인 음소(音素)phonemes라고 한다. 이 음소(音素)들이 구조적으로 결합하면서 단어와 문장들을 만들게 된다. 물론 구조화되지 않은 소리들도 의미를 가질 수는 있지만, (Mmmmuuuummm 같은 소리) 언어는 신호에 의미를 부여하고 대단히 복잡한 메시지의 전달을 가능케 하는 일정한 패턴으로 음소(音素)와 음소(音素)들을 조합(組合)한 것이다. 아기들이 맨 처음에 가장 하기 쉬운 발성은 M 발음일 것이다. 우리 음으로는 음 엄 등의 엄마 마 등인데 '마'의 발음이 엄마 맘 등으로 세계 모든 언어의 엄마에 대한 발음은 거의 동일하다.

'd', 'o', 'g' 라는 세 개의 음은 그 자체로는 아무런 의미를 가지고 있지 않다. 하지만 함께 모아 "dog"라고 말하면 가정에서 길들여진 어느 동물을 의미하게 된다. 똑같은 세 개의 음이지만 이것을 거꾸로 배열한 "god"은 전혀 다른 개념을 만든다.

음소를 단어로 조합한 구조(음운론(音韻論)phonology과 형태론(形態論)morphology)와 단어를 문장으로 구성하는 것(구문법syntax)을 통해 언어 체계에 의미(의미론semantics)가 부여되는 것이다. 한 언어의 구조는 그 언어의 문법이며, 그것은 언제나 음운론, 구문론, 의미론의 세 요소로 만들어진다. 문법적 규칙은 흔히, 특히 구어에서, 잘 깨지지만 그 기본적 패턴은 항상 존재한다. 규칙이 깨지는 것은 일반적인 구어적 습관이거나 말하는 사람이 특별한 것을 만들기 위해서 고의로 저지르는 경우 때문이다. 예를 들어 언어를 처음 배우는 사람들이 복수 명사를 잘못 사용하거나 조사나 존칭을 잘못 사용하는 등의 실수를 저지른다고 해도 언어의 기초를 이루는 패턴은 여전히 존재하고 있기 때문에, 사람들은 gdo나 dgo를 단어로 받아들이지 않는다.

인간의 언어는 매우 임의적이며 변동적이다. 그래서 방언이 많고 자기 중심적인 언어가 많다. 사실 방언이 바로 언어의 임의성과 변동성의 기능 때문이다. '탕'이나 '우지직', '멍멍' 등 약간의 의성어를 제외하면 소리 자체에는 아무런 의미가 없고 어떤 음에 어떤 의미가 부여되는가 하는 것은 전적으로 같은 언어를 사용하는 공동체의 약속에 의해 결정된다. '멍멍'은 표현적인 반면, '개'나 '고양이' 등은 특정한 대상을 상징적인 음으로 대치해 놓은 훈련된 약속일 뿐 이다. 이러한 상징 음은 학습 훈련을 통해서만 습득되며 동물의 울음같이 유전되지 않는다. 인간은 어느 정도 언어 능력을 타고난다. 하지만 그 능력은 꽤 오랜 시간의 학습 훈련을 통해서 점차 발전 개발된다.

태어난 지 얼마 되지 않은 어린 아기의 옹알이(으으으응, 아아아앙)는 자기가 살고 있는 언어 공동체에 따라 영어, 독일어 혹은 중국어 한국어로 발전한다. 어린아이가 언어를 습득하는 능력은 대단히 뛰어나서, 다중 언어 사회에서 한 아이가 여러 개의 언어를 쉽게 구사하게 된다는 것은 우리가 이미 알고 있는 상식이다. 한 언어 공동체에서 통용되는 음은 다른 집단의 사람들에게는 이해되지 않는다. 각 사회는 그들의 환경과 문화에 알맞는 언어 체계를 개발한다. 에스키모인들에게는 '눈'을 표현하는 단어가 많은 반면, 영국 사람들에게는 비에 관련된 단어들 - drizzle, mist, shower, sleet, downpour 등 맑은 날이 많은 지역의 사람들이 알지 못하는 미묘한 단어들 - 이 유난히 많다. 한 나라의 문화는 여러 개의 하부 문화로 이루어져 있으며 한 언어 공동체 안에서도 사회 계층과 집단 사이에 단절을 가져올 수 있는 매우 큰 차이가 있을 수 있다. JC4U는 뒤에 보이는 교회와 시각적으로 연관지어 JC가 예수Jesus Christ를 의미하고 4U가 'for you'로 읽힌다는 지식이 없다면 아무런 의미 없는 기호에 불과할 것이다.

 무한히 변화할 수 있는 단위들로 인해 언어 체계의 임의성은 끝없는 창의적 가능성을 갖고 있다.
인간들은 지속적으로 언어를 풍부하게 하기 위해 새로운 단어들을 만들고, 새로운 상황에 따라 이 단어들에 새로운 의미를 더한다. 셰익스피어는 많은 새로운 단어들을 발명해냈고 오늘날의 지식인들이 평균적으로 가지고 있는 것의 2배가 넘는 30,000단어 이상의 어휘력을 가졌던 것으로 알려져 있다.
 많은 다른 시인, 광고 카피라이터, 소설가들 역시 새로운 단어를 만드는 것을 즐겼으며 시인이나 광고 카피라이터들도 그들 작품 속에서 단어와 어휘들을 자유로이 가지고 즐길 수 있는 특권을 누린다. 우리는 언어 안에서 생각하며, 언어를 통해서 생각을 발전시킬 수가 있다. 생각과 그것을 나타내는 소리와의 관계는 서로 뗄 수 없는 것이며, 상호 의존적이다. 마샬 맥루한은 한 발 더 나아가, 쓰기와 인쇄를 통해 기록된 단어가 등장함에 따라 글 읽기에 의한 이성적 사고를 발전시킬 수 있는 보다 지적인 인간으로서 '타이포그래피적 인간 typographic man'이라는 말을 사용했다. 이러한 맥루한의 관점은 음성 문화가 생각을 말로 정확히 발음해내는 선택적 체계들을 가지고 있으며, 생각의 과정에서 쓰기와 인쇄가 우월하다는 아무런 증거도 없다고 주장하는 사람들에게는 논란

거리가 된다

2장

방언이란 무엇인가? 일반개념

특정 집단에서만 사용하는 언어를 일컫는 말이 방언이다.
방언은 보통 지역적인 방언을 의미하지만 언어학에서는 사회
계층별, 연령대별로도 방언을 나누기도 한다.

방언을 매우 세세한 의미로 정의하게 되면 각각의 개인이 사
용하는 개인어까지도 방언으로 볼 수 있다. 표준어가 아닌 지
역 방언을 사투리라고도 하는데 경상도 사투리는 경상도 방언
이고 충청도 사투리는 충청도 방언이며 전라도 사투리는 전라
도 방언이다.

방언이라는 게 두 가지 의미가 있는데. 교회 밖에서 방언이
라고 할 때는 각 지방의 사투리를 의미한다. 사투리라는 것은
표준말과 그 의미는 같은데, 발음을 약간 다르게 하는 것을
의미한다. 다른 표현으로는 각 고장 말, 혹은 지방의 사투리
라고 한다.

방언은 한 언어에서, 사용 지역 또는 사회 계층에 따라 분화
된 말의 체계를 나타내며 방언은 같은 말에서 사투리(어느 한
지방에서만 쓰는, 표준어가 아닌 말)라고 하기도 하며, 기독교
에서는 신약 시대에 성령에 힘입어 제자들이 자기도 모르는
외국 말을 하여 이방인을 놀라게 한 말이며 또는 황홀 상태에
서 성령에 의하여 말해진다는 내용을 알 수 없는 말을 의미하
기도 한다.

교회에서 사용하는 방언이라는 것은 하나님의 성령이 주시는
은사로서의 방언은사를 의미할 수 있다. 이 은사 즉 하나님이
주시는 선물로서의 방언이라는 것은 지금은 신자들 즉 예수님
을 믿는 그리스도인들이 기도할 때 사용하는, 다른 언어나 발
성, 알아들을 수 없는 소리 같은 것을 하나님께 받아 사용하
는 것을 가리키기도 한다.

이렇게 하나님의 성령이 주시는 선물들은 전체적으로 다 세면 여러 가지가 있지만 그 가운데 일부분은 지금은 안 주시는 것도 있다. 그렇지만 방언은사 같은 것은 여전히 왕성하게 주시는 은사(하나님께 받는 선물)라고 할 수 있다. 이것은 다른 말로는 "성령을 나타내심"이라고도 할 수 있다.

　그래서 안 믿는 자들이나 형식적 신자들은 극도로 싫어할 수도 있다. 왜냐하면 그들은 아직 하나님을 모르거나 하나님께 무관심해서, 영적인 것은 무조건 반대하거나 싫어하는 상태이기 때문이기도 한다. 성령은 하나님의 영, 혹은 그리스도의 영이다. 이 방언이라는 것이 방언과 방언기도로 구별 또는 구분되어야 한다. 방언에 대한 구별과 구분은 분명할 수 있지만 방언기도에 대한 구분 구별은 아직도 분명하지 않다. 그것은 성경적 개념의 확립이 신학적으로 확립이 되지 않고 개인적 체험과 더욱이는 교파와 교단에 따라 교리를 달리하기 때문이며, 이방 종교들도 각각 다르게 여기며 무속신앙에서도 구별되고 구분되고 있기 때문이다. 이 방언기도는 무속적이며 이방적인 것에서 출발했다고 할 수도 있고, 그렇지 않다 고도 할 수 있다.

　은사들 가운데 사도, 선지자 은사는 명백히 초대교회 때만 있었고, 지금은 그친 은사라고 하기도 한다. 그러나 그 나머지 은사들은 그쳐야 할 필요성이나, 성경에 그쳤다고 나오는 곳이 한곳도 없는 것으로 보아 교회가 땅위에 있는 한은 신자들에게 주어지는[주어질 수 있는] 은사들이라고 생각할 수 있다. 은사는 신자들에게 모두 다 있을 수 있으며 다를 수 있다. 그러므로 은사는 사람의 숫자만큼이나 종류가 많다. 모든 사람이 같은 사람은 한 사람도 없기 때문이다. 쌍둥이도 비슷하지만 전혀 다르기 때문에 은사 또한 전혀 다를 수 있다.

[고전12:7~11]

(고전 12:7) 각 사람에게 성령을 나타내심은 유익하게 하려 하심이라

(고전 12:8) 어떤 사람에게는 성령으로 말미암아 지혜의 말씀을, 어떤 사람에게는 같은 성령을 따라 지식의 말씀을,

(고전 12:9) 다른 사람에게는 같은 성령으로 믿음을, 어떤 사람에게는 한 성령으로 병 고치는 은사를,

(고전 12:10) 어떤 사람에게는 능력 행함을, 어떤 사람에게는 예언함을, 어떤 사람에게는 영들 분별함을, 다른 사람에게는 각종 방언 말함을, 어떤 사람에게는 방언들 통역함을 주시나니

(고전 12:11) 이 모든 일은 같은 한 성령이 행하사 그의 뜻대로 각 사람에게 나누어 주시는 것이니라

[롬12:6~8]

 (롬 12:6) 우리에게 주신 은혜대로 받은 은사가 각각 다르니 혹 예언이면 믿음의 분수대로,

(롬 12:7) 혹 섬기는 일이면 섬기는 일로, 혹 가르치는 자면 가르치는 일로,

(롬 12:8) 혹 위로하는 자면 위로하는 일로, 구제하는 자는 성실함으로, 다스리는 자는 부지런함으로, 긍휼을 베푸는 자는 즐거움으로 할 것이니라

[엡4:7~11]

 (엡 4:7) 우리 각 사람에게 그리스도의 선물의 분량대로 은혜를 주셨나니

(엡 4:8) 그러므로 이르기를 그가 위로 올라가실 때에 사로잡혔던 자들을 사로잡으시고 사람들에게 선물을 주셨다 하였도다

(엡 4:9) 올라가셨다 하였은즉 땅 아래 낮은 곳으로 내리셨던 것이 아니면 무엇이냐

 (엡 4:10) 내리셨던 그가 곧 모든 하늘 위에 오르신 자니 이는 만물을 충만하게 하려 하심이라

(엡 4:11) 그가 어떤 사람은 사도로, 어떤 사람은 선지자로, 어떤 사람은 복음 전하는 자로, 어떤 사람은 목사와 교사로 삼으셨으니

모든 은사는 교회를 세우기 위해서, 그리고 신자나 교회의 덕을 세우게 주시는 것이기에, 항상 사랑으로 사용하여야 한다.

[고전12:31~13:3]

 아래 성경 고전 12;31절은 의미상 13장에 연결되는 것으로 볼 수 있다.

 (고전 12:31) 너희는 더욱 큰 은사를 사모하라 내가 또한 가장 좋은 길을 너희에게 보이리라

 (고전 13:1) 내가 사람의 방언과 천사의 말을 할지라도 사랑이 없으면 소리 나는 구리와 울리는 꽹과리가 되고

 (고전 13:2) 내가 예언하는 능력이 있어 모든 비밀과 모든 지식을 알고 또 산을 옮길 만한 모든 믿음이 있을지라도 사랑이 없으면 내가 아무 것도 아니요

(고전 13:3) 내가 내게 있는 모든 것으로 구제하고 또 내 몸을 불사르게 내줄지라도 사랑이 없으면 내게 아무 유익이 없느니라

 성경에 기록되어 있는 '방언'이라는 말은 또 다른 의미로 사용되고 있는데 영어, 프랑스어, 독일어 같은 다른 나라 언어를 의미한다. 즉 외국어를 의미하는 것이다.

[사도행전 2장]

오순절 날에, 제자들은 불같은 성령을 받게 된다. (사도행전 2장)

행2:1 오순절날이 이미 이르매 저희가 다같이 한곳에 모였더니

2 홀연히 하늘로부터 급하고 강한 바람 같은 소리가 있어 저희 앉은 온 집에 가득하며

3 불의 혀 같이 갈라지는 것이 저희에게 보여 각 사람 위에 임하여 있더니

4 저희가 다 성령의 충만함을 받고 성령이 말하게 하심을 따라 다른 방언으로 말하기를 시작하니라

위로부터 불같은 것이 내려온 것이 눈에 보였고 그 불같은 성령을 받은 제자들은 다른 방언으로 말하기 시작했다.

행2:5 그 때에 경건한 유대인이 천하 각국으로부터 와서 예루살렘에 우거하더니

6 이 소리가 나매 큰 무리가 모여 각각 자기의 방언으로 제자들의 말하는 것을 듣고 소동하여

7 다 놀라 기이히 여겨 이르되 보라 이 말하는 사람이 다 갈릴리 사람이 아니냐

8 우리가 우리 각 사람의 난 곳 방언으로 듣게 되는 것이 어찜이뇨

이 불같은 성령은 아무 소리나 되는대로 나오는 것이 아니다.

자신이 배우지 않은 다른 나라의 언어가 입에서 저절로 나오는 것이 특징이다. 갈릴리 사람의 입에서 여러 나라의 말이

나왔으니 애굽 말도 나오고, 로마 말도 나오고, 리비아 말도 나왔던 것이다. 이는 듣는 대상에 따라서 듣는 사람들이 어느 나라 언어를 사용하는지에 따라서 그 나라 방언(외국어)에 맞추어서 방언(외국어)를 말하게 되는 것이다.

행2:9 우리는 바대인과 메대인과 엘림인과 또 메소보다미아, 유대와 가바도기아, 본도와 아시아,
10 브루기아와 밤빌리아, 애굽과 및 구레네에 가까운 리비야 여러 지방에 사는 사람들과 로마로부터 온 나그네 곧 유대인과 유대교에 들어온 사람들과
11 그레데인과 아라비아인들이라 우리가 다 우리의 각 방언으로 하나님의 큰일을 말함을 듣는 도다

　제자들에게 불같은 성령이 임하는 것을 구경한 사람들은 여러 지역에서 모여온 사람들이었다. 유월절 명절에 세계 각 곳으로 흩어져 살던 이스라엘 디아스포라가 대부분 주류를 이루었다. 물론 여러 곳에서 온 이방인들도 많았다. 소아시아의 브루기아 본도 가바도기아 밤빌리아 그레테 메소보다미아 바대 메대 엘람 페르시아 바사 바벨론 아람 시리아 다마스커스 아라비아 애굽 리비아 에디오피아 헬라 로마 등 세계 각국에서 왔던 사람들이었다.

　그런데 불같은 성령을 예수님의 제자들이 방언을 했는데 그 방언은 예루살렘에 모여온 각 사람들의 언어였다.
　행2:11　그레데인과 아라비아인들이라 우리가 다 우리의 각 방언으로 하나님의 큰일을 말함을 듣는 도다

　예루살렘에 모여온 사람들은 언어가 각각 다른 사람들이었

다.

놀랍게도 예수님의 제자들이 그들의 각국 언어로 말한 것이었다.

우리나라 사람이 이러한 불같은 성령을 받았다고 가정해본다면 미국말도 하고, 일본말도 하고, 중국말도 하고.... 대단한 기적이다. **성령으로 말미암아 그리스도인이 방언의 은사를 받게 된 것은 복음을 전파하기 위함이었다.** 예수님의 제자들이 리비아나 그리스에 가서 복음을 전하려 해도 말이 통해야 전할 것 아닌가?

그러한 언어의 장벽을 해소해 주기 위해서 방언의 은사가 필요했던 것이다.

방언이란 자신이 사용하는 모국어가 아닌 다른 나라의 언어를 의미한다. 그래서 방언의 은사에는 통역의 은사도 필요한 것이다.

고전14:13 그러므로 방언을 말하는 자는 통역하기를 기도할찌니

14 내가 만일 방언으로 기도하면 나의 영이 기도하거니와 나의 마음은 열매를 맺히지 못하리라

영어를 모르는 어떤 사람이 영어 방언을 하는 은사를 받았다고 가정해 보자.

"Our Father in Heaven"이라는 말이 혀에서 나왔는데 영어를 알지 못하므로 자신이 말해 놓고도 무슨 말인지를 알지 못한다. 이 사람이 통역의 은사를 받았다면 "Our Father in Heaven 하늘에 계신 우리 아버지"라고 방언과 통역을 함께 말할 것이다.

예를 들어서, A라는 방언하는 사람과 B라는 통역하는 사람이

회중앞에서 다음과 같이 번갈아가면서 말하고 있다.

A:따따알랄라라빠빠빠 따따알라빠빠빠라→ B: 하늘에 계신 아버지가 말씀하신다

A:따따라알랄라빠빠빠 따따알라빠빠빠라→ B: 너희를 긍휼히 여겨주셔서

A:알랄라따따빠빠빠 알라빠빠빠라→B: 오늘 이 자리에 모인 병자들을

A:따따라알랄라빠빠빠 알라빠빠빠라→B:다 고쳐주신다고 말씀하신다.

똑같은 말을 반복하고 있는데 여러 가지 뜻으로 통역하고 있으니 얼마나 능력에 찬 방언과 통역인지 참으로 놀라운 모습이다.

세상의 어떤 언어가 똑같은 말에 대해서 온갖 여러 가지 다른 뜻으로 해석된다는 말인가? 오직 성령의 능력인가?

필자가 아는 목사님은 아예 혼자서 방언기도와 기도통역까지 동시 통역으로 하시는 것을 보고 경험했다. 사실 대부분 방언 기도하시는 목사님들은 이렇게 동시 통역까지 하신다.

신자들을 현혹하여 돈을 긁어내기 위해서 인지는 모르지만 자신이 하나님이 되어 있는 것이다.

성령의 은사는 시대 흐름에 따라서 변화하는 것인데 오늘날은 이러한 방언의 은사가 부여되는 시대가 아니다. 사실 예수님 시대에 뿐만 아니라 주후 100년 경까지도 신약성경은 온전하게 완성되어 있지 않았다. 그래서 성령의 역사가 강하게 나타난 시대였다고 볼 수 있다.

오늘날에도 방언의 은사가 부여된다면, 누가 외국어 공부하려고 하겠는가? 외국어 공부하는 것이 쉬운 일인가? 외국 유학가서 살면서 공부해도 몇 년을 머리 싸매고 돈 많이 들이고 공부해도 쉽지 않다. 누가 공부하려고 영어 학원을 다니고 일어 학원을 다니겠는가? 영어 방언의 은사와 통역의 은사를 받으면 깨끗이 해결되니 골방에 들어가서, 산에 가서, 기도원에 가서 몇 달만 열심히 기도만 하면 될 것이다. 안수 한 번으로 영어 방언과 통역의 은사를 주는 사람이 있다면 그는 아마 이단 대교주보다 더 할 것이다..

그렇지만 미안하게도 오늘날은 그런 시대가 아니고 진리의 성령 시대이다.

[고전13:4~10]

고전13:4 사랑은 오래 참고 사랑은 온유하며 투기하는 자가 되지 아니하며 사랑은 자랑하지 아니하며 교만하지 아니하며
5 무례히 행치 아니하며 자기의 유익을 구치 아니하며 성내지 아니하며 악한 것을 생각지 아니하며
6 불의를 기뻐하지 아니하며 진리와 함께 기뻐하고
7 모든 것을 참으며 모든 것을 믿으며 모든 것을 바라며 모든 것을 견디느니라
8 사랑은 언제까지든지 떨어지지 아니하나 **예언도 폐하고 방언도 그치고 지식도 폐하리라**
9 우리가 부분적으로 알고 부분적으로 예언하니
10 온전한 것이 올 때에는 부분적으로 하던 것이 폐하리라
육신과 말씀으로 그리고 성령으로 이미 오신 온전하신 예수님이 오셨음으로 폐하게 되는 것이다.

참다운 사랑이 오면 진리의 성령 시대가 되는 것인데 방언이

나 예언은 더 이상 필요 없는 것이다.

 방언이나 예언은 부분적으로 알고 부분적으로 행하던 것인데 온전한 사랑이신 예수님이 오셨기에 부분적으로 행하던 것 모두가 중지되는 것이다. 지나가버려서 소멸된 옛 것을 계속해서 주장하는 것은 이미 오신 예수님의 능력의 은혜를 부정하는 것이 된다.

 비유가 정확하지는 않지만, 심지어는 옛 것이 좋다고 고집하면서 조선시대의 상투가 좋으니 그것을 해야 한다고 주장하면서 상투 틀고 다니는 사람이 있다면 어떨까?

 시대에 따라 다른 성령의 능력이 그리스도인에게 임하는 것이니 오늘날은 하나님 말씀을 머리에 기록하도록 해서 하나님과의 새 언약을 성경 말씀을 지키게 해주는 성령이 임하게 된다.

 필자는 그 성령은 진리의 성령이라고 부른다. 말씀의 성령이다고 한다. 말씀은 예수님이 육신이 말씀이 되어 오셨기 때문이다.

 요한복음 1장 1절은 말씀이 하나님과 함께 계셨으니 말씀은 곧 하나님이시니라하고 하셨으며 2절에 그가(예수님) 태초에 하나님과 함께 계셨고 라고 하였으니 말씀은 하나님이시며 예수님이시다. 14절은 단도직입적으로 말씀하시고 계신다. 말씀이 육신이 되어 우리 가운데 거하시매 라고 하는 말은 말씀이 성령이 되어 우리 가운데 성령이신 예수님이 성령으로 우리 가운데 계신다는 것이다. 즉 말씀이 성령 이시다는 것이다.

 그러므로 말씀 세례는 성령 세례인 것이다. 성령 세례인 말씀 세례를 받아서 구원을 받아야 한다. 말씀 세례를 받아야 확실한 구원을 받을 수 있는 것이다. 필자는 말씀 세례를 강조한다. 성경말씀으로 인치심이 있어야 한다. 그래서 필자는 말씀을 제일 중시하는 성경중심론자이며, 성서주의자, 성경주의자이다. 오직 성경이다.

[요16:12~13]예수님은 진리의 성령이시며 말씀의 성령이시다.

다음은 예수님이 십자가 지시기 전날인 1월14일 유월절에 하신 말씀이다.

요16:12 내가 아직도 너희에게 이를 것이 많으나 지금은 너희가 감당치 못하리라

13 그러하나 **진리의 성령이 오시면** 그가 너희를 모든 진리 가운데로 인도하시리니 그가 자의로 말하지 않고 오직 듣는 것을 말하시며 장래 일을 너희에게 알리시리라

초림 때, 예수님은 제자들에게 말하고 싶은 것이 많았지만 제자들이 감당치 못했으므로 다 말씀하시지 못했다.

그러나 말일의 심판 때에 진리의 성령을 예수님이 보내주시게 되는데 그 성령이 오면 모든 것을 다 말해주게 되는데 심지어 예수님이 말씀해 주지 못했던 하나님의 깊은 비밀까지도 말해 주게 된다.

성도는 하나님의 말씀인 성경을 기준으로 신앙생활을 해야 한다. 무속신앙처럼 소리 지르고 뛰고 흐느적거리는 그런 행태를 버리고 하나님의 말씀인 성경을 읽고 외우고 하나님의 뜻이 무엇인지를 깨달아서 그 뜻대로 살아가는 것이 참다운 신앙이다. 하나님은 인격적인 하나님이시다. 그래서 언어를 주셔서 그 언어로 인격적인 평범한 인간들 사람들끼리 소통하는 그런 언어로 그런 인간적인 대화를 하시기 원하시고 기뻐하시며 하나님을 중심으로 모두가 함께 듣고 함께 말하고 함께 이해하고 공감하며 함께 아는 그런 소통하시는 공감하시는 인격적인 하나님이시다. 그런 언어를 우리에게 주셨고 그런

언어를 사용하시기를 기뻐 원하신다. 각 개인마다의 체험적인 은사를 근거로 한 신앙 믿음을 허락하셨다면 성경은 필요 없이 각각의 사람에게 개별적으로 역사하는 믿음을 주셨을 것이다. 그렇게 하지 말고 모두 동일한 믿음을 가지게 하기 위하여 서로 소통하고 공감하는 언어 말씀으로 주신 것이라 믿는다. 그런 가운데에서 **고전14:40 모든 것을 품위 있게 하고 질서 있게 하라**고 하셨다. 다른 사람이 알 수 없는 말로 하나님과 대화하고 그런 대화를 원하신다면 얼마나 혼란스럽고 거짓스럽고 질서가 없겠는가? 그래서 확실하고 변하지 않고 인간들이 아무리 오랜 세월이 흘러도 바꿀 수 없는 두 돌 판에 새겨서 말씀을 주셨다. 그래서 하나님의 글을 말씀이라고 한다. 글로 주셨는데도 글이라고 하지 않고 말씀 음성 파일로 주셨다는 의미와 개념이다. 정확한 음성언어 파일로 주셨다. 변하지 않는 음성언어 파일로 주셨다. 글을 언어음성 파일로 주신 것이다.

 한국 교회가 품위와 질서 있는 교회와 성도가 되기를 간절히 소망한다.

3장

언어의 종류들

인도 유럽어족

 인도-유럽어족(Indo-European languages)은 유럽과 서아시아, 남아시아에 살고 있는 민족들의 언어가 속하는 어족이다. 근세에는 유럽인의 식민지 확장에 따라 아메리카 지역에서도 널리 쓰임에 따라 현존하는 어족 중에서 가장 널리 쓰인다. **오늘날 인도유럽 공통 조어에서 나온 언어를 사용하는 인구는 약 30억 명, 즉 전체 인류의 거의 반에 이르는 것으로 추산된다**

로망스어 Romance language

 라틴어를 모어(母語)로 하고, 이로부터 분기(分岐) 발전된 여러 언어의 총칭을 로망어(le roman)라고도 한다. 로마제국(帝國)에서 일반 대중이 사용하던 라틴어가 언어 그 자체에 내재하는 원인과 언어 외의 여러 가지 조건이나 영향 등에 의해서 오랫동안 서서히 변형되다가, 라틴어로서의 통일성을 잃은 채 분화(分化)되어 서로 이해할 수 없는 상태가 되어버린 몇 개의 방언(方言)을 통틀어 일컫는 말이다. 로망스어 중에서 가장 중요한 것은 근대국가의 성립과 동시에 국어가 된 프랑스어(語)·이탈리아어·에스파냐어·포르투갈어·루마니아어 등이다. 그밖에 남(南) 프랑스 지방의 프로방스어, 에스파냐 북동부의 카탈루냐어, 스위스·오스트리아·북이탈리아 알프스 지방의 방언으로 일괄해 레토로망스어로 불리고 있는 언어들이다. 고립된 섬에서 가장 오래된 형태를 지니고 있는 사르디니아어, 지리상으로나 언어상으로나 이탈리아와 루마니아의 중간에 있는 달마티아어 등이 있다.

　속(俗) 라틴어의 시대는 엄밀히 따지면 각 지방에 따라 각각 다르겠으나 전반적으로는 600년까지 계속되었으며, 그 이후 민중의 구어(口語), 곧 음성언어는 라틴어라고 부를 수가 없고, 800년부터 로망스어라고 할 수 있을 것이다. 로망스어로 된 최초의 문헌은 9세기 초의 《벨로나의 수수께끼》(이탈리아어)와 842년의 《스트라스부르의 서약》(프랑스어)이다. 다른 로망스어도 10세기부터 문헌에 나타났으나, 루마니아어만은 가장 뒤늦게 16세기에 이르러 나타났다.

로망스어군

　로망스어군은 인도유럽어족의 가장 큰 언어군 가운데 하나이며 비표준 표기이지만 많이 쓰인다. 로망스어군에 속하는 언어는 현재 아프리카, 아메리카, 유럽 등에서 6억여명이 쓰고 있다. 기원전 2세기에서 로망스어군은 로마 제국의 군인, 개척자, 노예 등이 쓰던 말인 통속 라틴어에서 비롯된 언어들을 부르는 말이다. 기원전 2세기에서 기원후 1세기까지, 로마 제국의 확장과 교육 정책은 이베리아 반도에서 흑해까지 이르는 넓은 땅에 통속 라틴어를 퍼뜨렸다. 5세기 경 제국이 쇠퇴하면서 라틴어는 지역별로 수십 개의 언어로 분화되었다. 15세기 이후 에스파냐·포르투갈·프랑스·벨기에는 다른 대륙으로 언어를 전파하기 시작해 현재는 로망스어 인구의 2/3가 유럽 바깥에 있다.

　라틴어의 풍부한 명사 격변화는 아직까지 2격체제를 유지하고 있는 루마니아어 등을 제외하면 대부분의 로망스어에서 사실상 소멸하였으며, 대명사의 변화에만 그 흔적이 남아있다. 그리하여 통사적으로 고정된 어순이 중요한 위치를 차지하고 있다.

　로망스어 사용지역은 역사적으로 대개 지리적으로 인접하였으며, 기독교라는 공통된 문화권에 속해 있었다. 그리하여 현재에도 로망스어 간의 차이는 그다지 크지 않으며, 몇몇 가까운 언어들, 예를 들면 스페인어와 포르투갈어 등은 통역 없이 대략적인 소통이 가능한 상호 소통도를 유지하고 있다.

　인도유럽어족 중 라틴어에서 갈려나온 로망스어군에 속하는 언어. 이탈리아 북부나 스위스의 알프스 지대에서 쓰이는 다음 세 방언을 총칭해서 말한다. ① 프리울리어(이탈리아 북동부의 우디네를 중심으로 한 프리울리 지방에서 쓰이는 언어로 레토로망스어 사용자 총수의 90 % 이상이다), ② 라딘어(스위스 동남부 지방에서 쓰이는 라틴어계의 레토로망스어 는 로망스어군에 속해 있는 언어 집단 가운데 하나로, 이탈리아 북부와 북동부, 스위스에 분포한다. 레토로망스어에는 다음과 같은 언어가 속해 있다. 프리울리어 라딘어 로만슈어 갈리아로망스어, 갈리아로망스어 는 프랑스, 이탈리아 지역 등에서 사용되는 갈리아이베리아어의 한 언어 집단이다.

　로마 제국의 영토였던 갈리아 지방(현재의 프랑스)에서 사용되었던 속라틴어. 이것이 변화를 거듭하여 오늘날의 프랑스어가 되었다. 로마인에게 정복되었던 갈리아인은 원래 켈트족인데, 그들의 언어인 대륙 켈트어는 5세기경에 거의 소멸되었지만, 기층언어(基層言語)로서 라틴어에 상당한 영향을 끼쳤을 것으로 추정된다.

라틴어

라틴어의 어원은 지명 라티움에서 유래된 것이지만 그 **발상지는 로마**이다. 에트루리아인의 소유였던 라티움은 BC 505년 라틴족이 장악했다. 이후 라틴족은 이탈리아 전역을 장악했으며, 이에 따라 이탈리아 반도의 복잡한 언어상황은 라틴어에 흡수·통합되었다.

상고 라틴어의 강세는 두 음절에 분포되었다. 라틴어가 여러 언어를 흡수·통합하면서 고대 라틴어의 강세는 두 음절에서 전말음절로 이행되었다. 고전 라틴어 시대는 라틴어의 황금기이며, 통속 라틴어는 로마제국 전역의 언어를 석권했으나 고전 라틴어의 문법적 엄밀성에서 다소 이탈되었다. 중세 라틴어는 지방언어의 발음을 따랐으며, 8세기에 로망스 제어로 분화되어 사어가 되었다. 그 후 중세 라틴어에서 현대 라틴어에 이르기까지 라틴어는 종교계와 학계에서 계속 통용되고 있다. 라틴어의 어원은 지명 라티움(Latium)에서 유래된 것이지만 그 발상지는 로마이다. 중부 이탈리아에 위치한 라티움은 로마를 비롯하여 라비니움과 아리키아 및 알바롱가 등의 도시로 결성된 라틴족의 군사동맹체의 일원이었다. 이곳은 BC 11세기 이전에는 에트루리아인의 소유였으나 BC 505년에는 라틴족이 장악했다.

이후 여러 차례의 전쟁에서 승리한 라틴족은 이탈리아 전역을 장악했으며 이에 따라 에트루리아어·오스카어·움브리아어 등이 주도하던 이탈리아 반도의 복잡한 언어상황은 라틴어에 흡수·통합되었다.

상고 라틴어(BC 6~3세기)의 강세는 두음절(頭音節)에 분포되었으며, 최고명문(BC 6세기)은 '마니우스는 누메리우스를 위해 나를 만들었다'(Manios med fhefhaked Numasioi)이다. 고대 라틴어(BC 3~1세기)의 강세는 두음절에서 전말음절(前末

音節)로 이행되었는데 이는 라틴어가 여러 언어를 흡수·통합한 데서 기인된 것이며, 주요명문(BC 186)은 '바코스 축제에 대한 원로원의 결정'(Senatus Consultum de Bacchanlibus)이다. 고전 라틴어(BC 1세기~AD 3세기) 시대는 라틴어의 황금기이며, 통속 라틴어(3~7세기)는 로마제국 전역의 언어를 석권했으나 이에 따라 고전 라틴어의 문법적 엄밀성에서 다소 이탈되었다.

이어 중세 라틴어(7~16세기)는 지방언어의 발음을 따랐으며, 로마제국의 정치력·군사력의 퇴조와 더불어 8세기에 로망스 제어로 분화되어 사어(死語)가 되었다. 그후 중세 라틴어에서 현대 라틴어(16세기~현재)에 이르기까지 라틴어는 종교계(로마 가톨릭)와 학계에서 계속 통용되고 있다.

시대별 분류
고전 라틴어
고전 라틴어 시대는 명사와 형용사의 어미 변화에서 규칙적으로 쓰이는 6가지의 격(주격·호격·속격·여격·대격·탈격)이 있으며 명사의 일부 격변화에는 처격의 흔적도 남아 있다.
i로 끝나는 어간과 자음으로 된 격변화 어간으로 이루어진 일군의 낱말들(라틴 문법책에서는 이것을 제3변화로 분류함)을 제외하면 라틴어는 인도유럽어에서 물려받은 격 변화의 종류를 거의 대부분 뚜렷하게 보존하고 있다.
고전 라틴어 시대에는 적어도 3가지 유형의 라틴어, 즉 고전 문어체 라틴어, 고전 연설체 라틴어, 보통 사람들이 일상적으로 사용한 구어체 라틴어가 사용되었다. 구어체 라틴어는 계속 변화하여, 문법·발음·어휘가 고대 기준에서 점점 더 멀어져

갔다. 고전 라틴어로 된 주요저서는 마르쿠스 테렌티우스 바로의 〈라틴어에 대하여 De Lingua Latina〉, 가이우스 율리우스 카이사르의 〈골족전사 Bellum Gallicum〉·〈민란 Bellum Civile〉, 마르쿠스 툴리우스 키케로의 〈우정론 De Amicitia〉, 푸블리우스 베르길리우스 마로의 〈아이네이스 Aeneid〉, 푸블리우스 오비디우스 나소의 〈변형담 Metamorphoses〉, 루키우스 아나이우스 세네카의 〈지자(智者)의 항심(恒心) De Constantia Sapientis〉, 마르쿠스 아우렐리우스 안토니우스의 〈명상록 Meditationes〉 등이 있다.

통속 라틴어

고전 라틴어 시대와 그 직후에는 수많은 비문이 새겨져 구어체 라틴어에 대한 정보를 제공해주지만, 3세기 이후부터는 수많은 원문에 흔히 통속 라틴어라고 하는 대중적인 문체가 사용되었다.

그러나 성 히에로니무스와 성 아우구스티누스 등은 4세기말과 5세기초에도 훌륭한 후기 문어체 라틴어를 구사했다. 통속 라틴어로 씌어진 주요저서로는 퀸투스 셉티무스 플로렌스 테르툴리아누스의 〈제(諸)국민에게 Ad Nationes〉, 성 유세비우스 히에로니무스의 〈성서 불가타 역본 Editio Vulgata Bibliae Sacrae〉, 성 아우렐리우스 암브로시우스의 〈성직자의 직무에 대하여 De Officiis Ministrorum〉, 성 아우렐리우스 아우구스티누스의 〈고백록 Confessiones〉, 아니키우스 만리우스 세베리누스 보이티우스의 〈삼위일체론 De Trinitae〉·〈철학에 대하여 Consolatio Philosophiae〉 등이 있다.

중세 라틴어

통속 라틴어 이후 라틴어는 2가지 방향으로 계속 발전했다.

첫째, 각지에서 쓰인 라틴어 구어체를 바탕으로 하여 근대 로망스어와 그 방언들이 발달했다. 둘째, 중세 전반에 걸쳐 종교 및 학문 언어로서 다소 표준화된 형태를 유지했고, 이런 형태의 라틴어는 서유럽 언어들의 발전에 큰 영향을 미쳤다. 중세 라틴어 시기에 씌어진 주요저서에는 가경자(可敬者) 비드의 〈영국민의 교회사 Historia Eccleastica Gentis Anglorum〉, 캔터베리의 성 안셀름의 〈독백 Monologium〉, 알리기에리 단테의 〈토속어의 수사법 De Vulgari Elogquentia〉, 니콜라우스 코페르니쿠스의 〈회전운동 De Revolutionibus Sphaerarum Caelestium〉 등이 있다.

현대 라틴어

산업혁명(1760~1850) 이래 발견·주창·고안·명명·생산된 사상·이론·개념·물질·생물·천체·공산품 이름 등은 라틴어에 어원을 두고 현대 인도유럽어 전반에서 조어화되었으며 이는 또한 세계언어 전반에 차용되었다.

라틴어의 어휘는 이탈리아어·스페인어·포르투갈어·프랑스어의 총 어휘 90%에 그 어원으로 상속되었으며 영어의 총 어휘 60%에 문어로서 차용, 신조어화 되었다. 따라서 라틴어는 현대 라틴어로서 언어적 생명을 계속 향유하며, 로망스어· 독일어에서 지속적인 언어활동을 하고 있다. 현대 라틴어 시기에 씌어진 주요저서로는 프랜시스 베이컨의 〈신기관 Novum Organum〉, 아이작 뉴턴의 〈수학의 원리 Principia Mathematica〉, 레오 13세의 〈레룸 노바룸 Rerum Novarum〉, 요한네스 23세의 〈파켐 인 테르리스 Pacem in Terris〉 등이 있다.

로마자의 계통

로마자는 자모문자이지만 그 선조의 문자들은 상형문자, 음절문자였으며, 이집트 상형문자, 고셈 음절문자, 페니키아 음절문자, 고대 그리스 자모문자, 고대 로마 자모문자의 계통을 밟아 이룩되었다. 상형문자, 음절문자, 자모문자의 발전단계를 거친 로마자는 로망스어, 독일어 및 아프리카, 아시아, 아메리카, 대양주의 문자 없는 언어들을 위한 문자로, 그리고 세계 언어의 로마자화에도 사용되었다.

로마자의 기원이 되는 이집트 상형문자는 수메르 상형문자에 의해 유발·고안되었으며, 이는 이집트 음절문자, 이집트 자모문자로 변천하였다. 이 상형문자·음절문자·자모문자는 고셈 음절문자(BC 18세기), 페니키아 음절문자(BC 11세기), 고대그리스 자모문자(BC 10세기)·고대로마 자모문자(BC 6세기), 로마자(BC 3세기)로 전승되었다. 고대그리스 자모문자는 BC 9세기 이탈리아 서남부를 식민화했던 에우보이아 섬, 칼키스 시의 그리스인이 가져온 것이며, 에우보이아 문자 또는 칼키스 그리스 문자로 불려진다. 고셈 음절문자에서 로마 자모문자에 이르기까지 자형은 다음과 같이 변천되었다(고셈어·페니키아어·에우보이아그리스어·에트루리아어·오스카어·움브리아어·팔리스키어·고대라틴어·고전그리스어 → 고전라틴어).

고전그리스어·고전라틴어는 각각 에우보이아그리스어·고대라틴어에서 개량되었으나 로마자와 그리스 문자, 그리고 고대라틴어와 에우보이아 문자 2쌍의 자형(字形)은 서로 유사성을 지니고 있다. 이들 문자의 자형에서 그 기원이 고셈어·페니키아어에 있음은 자명해진다. 그리고 상기 문자는 이른바 대문자(majuscules)이며, 그 소문자(minuscules)와 J/j, U/u는 르네상스 기간중 에 고안되었다. 한편 Z, K, Y는 그리스어의 음사(音寫)를 위해 사용되었으며, V/v와 U/u는 서로 바꾸어 사용되었다. 이에 덧붙여 로마자는 Æ/æ, Œ/œ 2자를 포함하고 있다. 이는 a + e, o + e의 합자(digraph)이다. 라틴어·영어 및 스와힐리어를 비롯한 아프리카의 몇몇 언어를 제외한 나머지 언어에서 로마자는 특수한 음가(音價)를 표기하기 위해 구별기호를 첨가하여 사용했다.

계통

언어유형론에서 굴절형으로 분류되는 라틴어는 계통론의 견지에서 인도히타이트어족에 속한다. 인도히타이트어족은 아나톨리아어·인도유럽어 계통이다. 인도유럽어는 켄툼어군·사템어군으로 각각 양분되며, 라틴어는 켄툼어군의 이탈리아어파에 속한다. 이탈리아어파는 오스카움브리아어와 라틴팔리스키어로 나뉜다.

라틴어

그 주요언어는 전자의 경우 오스카어·움브리아어이며, 후자의 경우 라틴어·팔리스키어이다. 이탈리아어파·라틴팔리스키어·라틴조어의 분기 시기는 기록 이전인 BC 16~15세기 이전의 어떤 시점으로 각각 추정된다.

이탈리아 동북부의 빌라노바(Villanova : 湖上 居住地)는 인도유럽 민족이 이룩한 초기 철기문명(BC 11세기)이 발달한 지역이다. 라틴어가 인도유럽어의 일원이며, 인도유럽어가 북부에서 내려왔으므로 포 강 연안의 선라틴족(Villanovans : BC 11세기)과 라티움의 선라틴족(BC 6세기)은 동일한 종족으로 간주된다. 여기에서 어파·개별언어의 분기시기를 추정하면, BC 3000년대 혹은 BC 11세기 이전의 인도유럽어는 고대인도 히타이트어족에서, BC 11세기 이전의 이탈리아어파는 인도유럽어에서, BC 11세기 이후부터 BC 6세기 이전 사이의 라틴 팔리스키어는 이탈리아어파에서, 그리고 선라틴어는 라틴팔리스키어에서 각각 분기되었을 것으로 추정된다.

따라서 선라틴어의 기간은 BC 11세기(이탈리아어파의 포 강 연안 이입) 이후부터 BC 6세기(상고라틴어의 기록상한)까지 600년간에 해당되는 것으로 추정된다.

선라틴팔리스키어(Proto-Latino-Faliscan language)는 포 강 연안에서 이출하기 이전 선라틴족·선팔리스키족의 언어공동체에 의해 공유되었을 것으로, 그리고 남하 이후 팔리스키어·라틴어 간의 분기에 의해 라틴팔리스키어가 성립되었을 것으로 판단된다. 따라서 선라틴팔리스키어에서 분기, 형성된 선라틴어에서 라틴어가 기원하였음은 자명하다. 라틴어는 선인도히타이트어족 → 인도유럽어 → 켄툼어군 → 이탈리아어파 → 라틴팔리스키어 → 선라틴어 → 상고라틴어·중세라틴어·현대라틴어 → 이탈리아로망스어(이탈리아어·사르데냐어·라이토로망스어)/이베리아로망스어(스페인어·포르투갈어·카탈루냐어)/골로망스어(프랑스어·옥시타니아어·프랑스프로방스어)/발칸로망스어(달마치야어·루마니아어) 등으로 그 계통이 수립된다.

따라서 라틴어의 계통은 BC 6세기 이래 분명하게 확인되며, AD 8세기에 발생한 라틴어의 분화에서 자언어(子言語)로서 형성된 로망스 제어의 계통 역시 분명하게 확인된다.

이탈릭어파 Italic languages

이 시대 이후 남아 있는 유일한 언어로는 로마 제국의 언어이자 나중에 서구 그리스도교 국가의 언어가 된 라틴어이다.

이탈릭어파는 켈트어·게르만어·슬라브어처럼 이제 인도유럽어족에 속하는 어파로 여겨지지 않고, 인도유럽어족에 속하는 3개의 독립 언어군, 즉 라틴어(팔리스카어 포함)·오스카움브리아어·베네토어로 여겨진다. 이 언어들에 대한 자료는 그리스와 로마의 문헌과 특히 비문에서 찾아볼 수 있다.

라틴어는 라티움어와 로마어로 지금까지 알려진 라틴어 문헌가운데 가장 오래된 것은 BC 6세기의 것이다. BC 3세기부터 라틴어는 이탈리아에서 가장 유력한 언어로 등장하여, AD 100년경에는 고대 그리스의 자치 식민지인 마그나그레치아의 그리스어를 제외하고 시칠리아 섬에서 알프스 산맥에 이르는 모든 지역의 다른 방언들을 완전히 대체하여 사용되기에 이르렀다.

라틴어가 널리 퍼지기 전에는 오스카어가 아펜니노 반도의 방언들 가운데 가장 많이 쓰인 언어였다.

오스카어는 삼니움인, 루카니아(지금의 바실리카타)와 브루티움의 거주자들, 그리고 라티움과 아드리아 해 연안 사이에 살던 소규모 부족들이 사용했다. 오스카어로 씌어진 가장 중요한 문헌들은 캄파니아 지방의 여러 도시에서 발견되었다. 가장 방대한 오스카어 비문인 반티나 서판은 루카니아에 보존되어 있다. 오스카어와 밀접한 관계가 있는 움브리아어는 주로 이구비움 판을 통해 알려져 있는데, 이 서판들은 고대 문헌 가운데 가장 방대하고 중요한 비문 가운데 하나이다.

팔리스카어 비문은 중부 이탈리아의 에트루리아 지역에 있는 팔레리 주변에서 찾아볼 수 있다. 한때 지금의 베네치아 주변 지역에서 사용된 베네토어는 주로 에스테·라골레디칼랄초 등의 신전에 있는 비문을 통해 알려져 있다. 이들 언어를 표기하는 데는 그리스 문자, 라틴 문자, 그리고 에트루리아 문자에서 파생한 여러 문자가 쓰였다.

4가지 국민 '서체'는 오스카 문자, 움브리아 문자, 팔리스카 문자, 베네토 문자이다.

이탈릭어파는 유럽 중동부로 추정되는 인도유럽어족의 발생지에서 유래했음이 분명하다. 인도유럽어족에서 유래하지 않은 아주 오래된 지명들이 이탈릭어파에서 하나의 층을 이루고 있는데, '지중해' 언어에서 유래한 이 언어층은 이탈릭어파가 인도유럽어족의 발생지에서 이주해왔음을 입증해준다.

재구(再構)된 가상의 인도유럽 조어와 이탈릭어파 사이의 음운적 차이는 후에 나타난 것으로 보인다. 이탈릭어파가 알프스 산맥을 넘어오기 전에 일어난 것으로 확신할 수 있는 유일한 음운변화는 폐쇄치음에 t를 더한 음운이 ss로 변한 것이다. 이것은 켈트어·게르만어·라틴어의 공통된 특징이다. 라틴어로 '눈에 보이는'이라는 뜻의 'visus', 고지 독일어로 '분명히 아는'이라는 뜻의 'gi-wiss, 'd+t'를 지닌 인도유럽어 'widto-s'는 재구된 낱말을 나타내는 것이 그 예이다. 이탈리아 자체에서 발달한 특징으로는 무성 마찰치음 f를 들 수 있다.

이 음은 어두에서 인도유럽어의 유성 대기음(大氣音)인 bh, dh, gwh를 대체했다. 예를 들어 라틴어로 '형제'라는 뜻의 'frater'는 움브리아어의 'frater'와 같고, 인도유럽어의 '*bhrāter'와 같다. 이탈릭어파에서는 많은 음운적 상관관계가 존재하지만, 문법에서는 명확한 관계가 거의 존재하지 않는다. 오스카움브리아어와 라틴어가 공통으로 갖고 있는 형태론적 특징은 대부분의 다른 인도유럽어족들도 갖고 있다. 예를 들어 '그는 정복되었다'라는 뜻의 오스카어 'vincter'와 라틴어 'vincitur'에 나오는 수동 어미 -r는 켈트어·히타이트어·토카라어에서도 찾아볼 수 있다.

그러나 공통점보다 차이점이 더 중요하다. 예를 들어 라틴어·팔리스카어(베네토어에서도 가능함)·켈트어에서는 o로 끝나는 어간을 가진 낱말의 단수 속격은 -i라는 어미이지만, 오스카움브리아어에서는 -eis라는 어미이다.

이탈릭어파에 딸린 언어들의 어휘를 비교해보면, 이 어파의 역사에 대해 좀 더 명확한 자료를 얻을 수 있다. 라틴어와 오스카움브리아어 사이에 나타난 큰 차이는 '불'을 뜻하는 낱말에서 찾아볼 수 있다. '불'을 뜻하는 라틴어 'ignis'는 산스크리트 'agni'와 같지만, 오스카움브리아어로 '불'을 뜻하는 'pir'는 그리스어 'pyr' 및 고대 영어의 'fyr'와 같다.

지중해 문화에서 영향을 받은 일부 낱말 형태는 라틴어와 오스카움브리아어 사용자들이 도시를 세우기 시작했을 때 서로 접촉이 없었다는 것을 시사한다. 반면에 '쓰다'와 '읽다'를 나타내는 낱말은 두 언어가 같다. 라틴 문자와 오스카움브리아 문자는 둘 다 에트루리아 문자에서 유래했고, 에트루리아어의 특징은 고대 이탈리아의 신화에 분명히 드러나 있다. 오스카 움브리아인과 베네티인 등은 '신'을 뜻하는 에트루리아어 낱말인 'ais'까지 받아들였다.

로마를 비롯한 이탈리아의 여러 지역에 자치공화국이 설립되면서 에트루리아어는 BC 500년경 그 세력을 상실했다. 초기 공화국 시대의 용어학은 이탈릭어파에 딸린 각 언어에서 독자적으로 발달했다. 이탈릭어사의 마지막 단계에 이르러서는 로마어의 영향력이 점점 커졌다.

히브리어
신의 언어

히브리어는 고대 이스라엘의 언어다. 오늘날 대부분의 문자와는 달리 오른쪽에서 왼쪽으로 쓴다. 구약성서는 거의 대부분 히브리어로 쓰였고 후대에 작성된 일부만 아람어로 쓰였다. 히브리어는 스물두 개의 자음이 있고 모음은 없다. 그러나 수백 년 전 마소라 학자들은 구약성서의 내용에 '모음 요소들'을 추가해 독자들에게 히브리어 단어들을 발음하는 방법을 가르쳐주었다.

신약성서의 시대에는 대다수 유대인들(예수와 사도들을 포함한다)이 히브리어 대신 아람어나 그리스어를 썼다. 구약성서는 히브리어에서 아람어와 그리스어로 번역되었다. 유대 학자들은 여전히 히브리어를 배웠으나 135년 무렵 히브리어는 거의 '사어'가 되어 생활에서는 자취를 감추었다. 20세기에 이스라엘이 국가로 재탄생되자 히브리어를 공식 언어로 사용하게 되었다(하지만 이스라엘인들은 대부분 히브리어 이외에 다른 언어도 할 줄 안다).

중세의 그리스도교도들은 굳이 히브리어를 배우려고 하지 않았다. 교회에서는 400년경에 라틴어로 번역된 불가타 성서만 사용했다. (불가타 성서의 번역자인 에라스무스는 히브리어를 쓰는 유대 학자들을 불러 모아 도움을 받았다.) 1500년대에 종교개혁 지도자들은 히브리어와 그리스어로 된 성서 원본을 번역해야 한다고 주장했다. 대학들이 그 두 언어를 가르치기 시작했다. 히브리어는 현재 그리스도교와 유대교 계열의 신학대학에서 가르친다. 머지않아 구약성서를 정확히 번역하는 일도 가능해질 것이다.

고대에 유대인과 그리스도교도들은 히브리어가 인류 언어의 기원이라고 믿었다. 천지창조를 기록한 창세기가 히브리어로 쓰였으므로 일리 있는 생각이었다. 사람들은 아담과 이브도 히브리어를 썼고 신도 인간에게 말할 때는 히브리어를 쓴다고 여겼다. 히브리어를 배우려는 사람이 거의 없었던 중세에도 히브리어는 '신성한 언어'로 간주되었다.

독일과 동유럽의 유대인들이 사용하는 이디시어(Yiddish)는 히브리 문자로 표기된다. 기본적으로 이디시어는 옛 독일 방언에 히브리어로부터 차용한 단어들을 합친 언어다. 이디시라는 명칭도 '유대어'라는 뜻의 옛 독일어에서 나왔다. 1800년대 후반부터 1900년대 초반에 미국으로 이주한 유대인들은 주로 이디시어를 썼다.

히브리어(חִבְרִית 이브릿; 문화어: 히브라이어)는 아프리카아시아어족의 셈어파로 분류되는 언어이다. 고대 팔레스타인 지방에 살고 있었던 유대인(히브리인)의 모어로서 사용되었던 고전 히브리어(이 언어로 성경의 원본인 타나크가 저술되었기 때문에 성서 히브리어라고도 불림)와, 현재 이스라엘의 공용어인 현대 히브리어가 있다. 현대 히브리어는 '이브리트'(Ivrith)라고 불리며, 고대의 타나크에 쓰였던 히브리어는 '성스러운 말'이라는 뜻의 '라숀 하-코데쉬'(לשון הקודש Lashon Ha-Kodesh)라 일컬어진다.

고전 히브리어는 유대인들이 세계 각지로 분산되기(디아스포라) 전부터 서서히 쓰이지 않게 되어, 이후의 시대에 각 지역에 분산된 유대인들은, 대신에 아랍어, 라디노어, 이디시어 등의 언어들을 일상 언어로 사용하였다. 이 때문에 히브리어는 2000여 년 이상 유대교의 언어로서의 성경(타나크)나 미쉬나 등의 연구, 종교의식, 기도, 또는 다른 언어를 사용하는 서로 떨어진 유대인 공동체 사이의 커뮤니케이션 수단에서나 사용되었을 뿐이었다. 그러나, 20세기에 접어들어, 히브리어는 이스라엘의 건국과 함께 현대 히브리어로 다시 살아나게 되어, 현재 이스라엘로 이주하여 오는 유대인들의 언어로서 자리잡아 현재에 이르고 있다.

이 언어를 일컫는 데 사용되는 '히브리'는, 기원전 유프라테스 강을 넘어 팔레스티나 지방으로 이주해온 사람들을 '헤브루인'이라 불렀던 것에서 유래한다. 기원전 3000년경, 갈대아 지방의 우르(현재의 텔 무가이어, 이라크 지역)에서 가나안 땅(현재의 팔레스타인 및 이스라엘 지역)으로 이주했다고 하는 아브라함 일족과, 그 자손들을 이르러 '헤브루인'이라 한 것에서, 그들이 사용하는 언어를 '헤브루어', '히브리'어 등으로 부르게 된 것이다.

 이 언어는 아랍어와 비슷하게, 문장을 쓸 때 오른쪽에서 왼쪽으로 쓰는 특징을 갖고 있으며, 자음을 나타내는 표기는 반드시 존재하나, 모음을 나타내는 기호는 없는 경우가 많아, 언어 습득에는 어느 정도 익숙해질 필요가 있다. '니크다'라는 이름의 모음 기호는 존재하고 있으나 이 기호는 일반적인 경우 생략되며, 외래어 표기나 성서 등의 중요한 글에서 매우 정확히 표기할 필요가 있는 경우나, 히브리어 초급 교과서에서 히브리어를 표기하는 경우 정도에나 쓰인다.

 히브리어에는 아랍어에서 온 차용어가 상당수 있으나, 그 형태가 변화하여 원래와는 어느 정도 차이가 있는 경우가 많다. 히브리어의 뜻과 유래가 아랍어와 동일한 용어가 상당하다. 현재 사우디 아라비아의 유목민들은 베두인족이라고 하는데 이 유목민들의 모든 생활은 이스라엘의 유목민들과 같다. 그리고 이스라엘이 출애굽 이후 최후까지 점령하지 못한 지역이 바로 블렛세 지역인데 그곳이 오늘날의 팔레스타인지역이며 블렛세을 팔레스타인이라고 발음하고 부르고 있다. 언어학적으로 보면 이스라엘은 유목민이었기 때문에 한 곳에 정착하며 생활하지 않았기 때문에 언어가 다양하게 발달할 수 없었으며 자기 언어들보다는 목초지의 근처 도성 나라, 도시 나라의 언어를 배우는 것이 먼저 우선이었기에 그 지방의 방언에 매우 익숙하고 능숙하게 습득하는 능력과 훈련이 되어 있는 민족적 DNA를 함유하고 있는 민족이라고 할 수 있다. 그래서 오늘날도 세계 곳곳에 흩어져 있는 이스라엘의 디아스포라들은 다중언어를 구사하는 선천적 천재성을 지니고 있는 것이다. 그리고 다중언어를 배우고 훈련하는 그 자체로 지적 능력을 기본적을 갖추게 되는 것이다. 그러므로 이스라엘 민족은 방언 민족인 것이다. 그렇지만 자신들의 율법을 철저히 지키는 것으로 그들의 하나님의 택한 백성으로서의 정체성을 유지 계승 발전하고 있는 것이다.

필자도 중동 지역에 대한 실제 경험이 많기 때문에 아랍어와 히브리어는 발음이 매우 유사한 단어가 많다. 아랍어의 인사말 살람은 샬롬이다. 왠만한 말은 서로 통역 없이도 알아 들을 수 있는 것을 직접 보았다. 중동의 거의 모든 문화는 유목민의 문화에서 출발하였다. 이스라엘 유대 히브리 민족과 거의 모든 면에서 동일하고 유사하며 언어의 유사성이 매우 많다. 그리고 한편으로는 또한 애굽의 문화 문명을 무시할 수 없다. 출애굽 이전까지만 해도 이스라엘 민족은 애굽에서 살았다. 애굽 민족화 되었다. 노예로 430년을 살았다는 것은 애굽 백성이 이미 되었다는 것이다. 그러나 그들만의 집단 생활로 그들의 고유성을 유지하고 살았다. 그러나 언어적인 면에서는 애굽화가 이미 되었다. 요즈음도 이스라엘과 이집트는 다른 여타 중동국가보다 이집트와 친한 편이다. 그러나 아이러니하게도 이집트는 그 고대의 오래된 세계 최고의 제국이 자기 언어를 상실해 버린 세계 유일의 제국이 되었다. 자기 민족 고유의 언어를 잃어버린 국가가 된 드문 현상이다.

◆지나가다가◆

본론과는 거리가 있지만 참고로 말하자면 애굽의 요셉의 평가는 성경적인 면에서 재평가되어야 한다. 필자는 요셉을 저평가하고 있다. 그의 행적은 애매모호하다. 형재들에 의하여 애굽으로 팔려간 때의 나이가 14세의 나이라면 모든 것을 확실하게 기억하고 있을 것이다. 특히 요셉의 총명성과 영특성을 감안한다면 30세에 총리가 되었다면 그리고 그 이후에도 자기 고향 부모 형제를 찾지 않았다는 것은 잊어버려서가 아니다. 아예 일부러 찾지 않은 것이다. 이방의 총리가 젊은 나이에 주위에 얼마나 시기 질투와 견제가 많았겠는가? 그것도 아무런 연고도 없으며 배경과 뿌리가 없는 환경과 여건 가운데에서 제국의 총리로서는 아무리 뛰어난 능력을 가지고 있을지라도 감당하기에는 매우 어려웠을 것이다. 이는 전적인 하나님의 인도와 도우심이 없었다면 이루어질 수 없는 현상이다. 그러나 당시 세계 모든 정보와 물류가 애굽으로 왔다가 애굽에서 나가는 시대였다. 당시 세계 최고의 제국이며 문명 국가의 총리가 걸어서 10여일도 체 걸리지 않는 고향의 소식을 알려고 하지 않아도 들릴 수 밖에 없는 곳이며, 총리가 알려고 하면 매우 쉽게 알 수 있는 고향의 부모 형제를 버려둔 것이다.

이보다 더한 것은 나중이다. 애굽의 백성 뿐 만 아니라 이스라엘 민족이 노예가 된 것은 요셉의 바로에 대한 충성심으로 자기 탐욕을 채운 것이 결국은 모든 애굽 백성의 사유재산을 국유화하였으며 모든 백성을 소작농으로 만들었으며 백성들의 배급제도화 하며 재산을 몰수하는 정책을 단행하였다. 더욱이 초고율의 고리대금의 이율로 나라의 세금으로 고리대금업을 하여 백성들을 옭아맨 것은 참으로 비인간적이었다. 요즘으로 말하면 공산화 사회주의 체제와 전제 왕정을 합친 악덕 전제 국가체제를 확립하는데 일등 공신이었다. 7년 대흉년과 7년 대풍년으로 오직 바로왕 만을 위한 충성으로 백성들을 착취하고 억압하여 노예화하는 수탈정책과 체제를 확립하는 일을 하였던 것이다. 자신의 영달과 권력 유지를 위해서 이방에서 살아남기 위한 생존을 위한 것이라고 할 수도 있겠지만 결과적으로는 꼭 믿음만은 아니다. 믿음 좋은 성도들의 이름이나 자녀들의 이름을 요셉으로 짓은 것은 요셉이 믿음의 본을 보였던 흉륭한 성공한 믿음을 따라서 이름 하였을 것이다.

 그 후 이스라엘 민족과 일부 외국인들과 일부 애굽인들과 합세하여 노동 총파업을 통하여 하나님의 역사를 이루기는 했지만, 물론 이는 하나님의 은혜의 섭리와 경륜으로 이루어진 것임에는 틀림이 없다. 우리는 여기서 하나님의 백성과 이방 백성을 구원하시고 최후의 종말론적 증거를 보여주시기 위함인 줄 안다. 창세기와 출애굽의 역사는 요한계시록의 종말론을 보여 주시고 계신다. 자기 백성은 어떤 종말의 심판이 와도 온전하게 지켜 구원하신다는 최후의 심판과 종말과 최후의 구원과 선교와 성도들의 온전하고 완전한 보호와 구원을 이루신다는 확신을 창세기에서 이미 종말론을 보여주고 계신다. 창세기는 시작이지만 종말을 말씀하고 계신다. 창세기는 요한계시록적인 은혜의 책이다. 창세기는 종말을 계시하고 계신다.

 고대 서양에서 히브리어는 약 3300년 전 유대인, 즉 히브리인이 쓰던 말을 뜻하였다. 유대인의 말은 그들이 믿는 유대교와 매우 밀접한 관계를 지니고 있다. 다시 말해 히브리어는 유대교의 경전 토라에 쓰인 언어이기 때문이다. 구약성서에서는 유대인이 쓰는 말을 '가나안의 말(이사야 19,18)'이라고 부르기도 하였다. 더러는 셈족의 말을 민족의 이름을 따서 유대어라고 부르기도 한다.

 히브리어 문자는 원래 모음이 없는 자음만으로 구성된 문자였다. 고대 유대인들은 모음 없이 자음만으로 글을 썼고, 타나크의 내용을 거의 암기하여 그것을 구전으로 후세에 전해주었다. 그러다 시간이 흐르면서 히브리어는 점차 잊혀졌고, 아람어가 통용되면서 히브리어가 거의 사어(死語)가 되어가자 7세기에 '마소라 학자'들이 자음만 있던 히브리어 문자 표기에 모음을 추가해 달기 시작했다.

아프리카아시아어족(Afroasiatic language family)

셈어(Semitic language)의 가나안어 계통으로 분류된다. 고대 히브리인이 모어로 사용했던 고전 히브리어와 오늘날 이스라엘에서 사용되는 현대 히브리어로 나뉜다. 고전 히브리어는 구약성서의 유대교 원전인 타나크(Tanakh) 기록에 사용되어 '성서 히브리어'라 불리며, '성스러운 말', '신의 말'이라는 뜻의 '라손 하코데시(Lashon HaKodesh)'라고도 불린다. 현대 히브리어는 '이브리트(Ivrith)'라고 불린다.

고대 히브리어는 기원전 7세기에서 기원전 10세기 무렵 이스라엘 왕국과 유다 왕국에서 사용되었다. 이 시기의 히브리어는 '게제르 농사력(Gezer calendar)' 등의 소석판(小石板) 외에 상당수의 기와조각·인장·벽문(壁文) 등에서도 나타나지만, 주로 유대교의 경전인 타나크를 통해서 보존되어 전승되어 왔다. 타나크를 구성하고 있는 각 전승들은 기원전 15세기에서 기원전 4세기까지 오랜 기간에 걸쳐 형성되었는데, '탈출기(구약성서의 출애굽기)'에 수록된 '모세의 노래'나 '판관기(구약성서의 사사기)'에 수록된 '데보라의 노래' 등은 히브리어의 가장 이른 시기의 형태를 보여주는 것으로 여겨진다.

기원전 6세기 바빌로니아의 유대 왕국 점령에 의해 유대 민족이 각지로 흩어지고, 기원전 7세기 이후 아람어(Aramaic language)의 영향력이 확대되면서, 히브리어는 점차 유대교 전승이나 종교 의식 등에서만 사용되는 문어(文語)로 남게 되었다. 서기 200년 무렵에 구전되어 온 유대교 율법서 ≪미슈나(Mishna)≫의 기록에 사용된 히브리어를 미슈나히브리어

(Mishnaic Hebrew language)라고 구분하는데, 아랍어, 그리스어 등의 영향을 받아 음운과 문법에 모두 변화가 생기고 어휘가 풍부해졌지만 이 시기의 히브리어도 구어로는 사용되지 않고 문어로만 쓰인 것이다.

중세에도 히브리어는 문어로 유대교도에게 전승되었고, 지역에 따라 다양한 특색을 띠며 나타났다. 그러다 19세기 말 유대교 경전에 사용된 문어를 기초로 구어로 다시 부활되어, 1948년 이스라엘 건국 이후에는 국가의 정책적 지원을 받으며 공식 언어가 되었다. 이것은 문어를 기초로 구어를 부활시킨 최초의 사례로, 이스라엘은 국립교습소를 통해 세계 각지에서 온 귀환민에게 히브리어 교육을 집중적으로 실시하였다. 현대 히브리어는 미슈나히브리어의 문장구조를 따르며, 인두화음(咽頭化音)의 소실로 음운체계가 단순화되고, 동사의 시제를 과거·현재·미래로 구분하는 등의 변화를 보인다.

아랍어 Arabic language
요약셈어족(語族)에 속하는 언어.
아라비아어라고도 한다. 아라비아반도와 북아프리카에서 약 3억의 인구가 사용하고 있다.

이 언어의 가장 오랜 증거는 아라비아반도 북부 오아시스에서 발견된 비문(碑文)에서 볼 수 있다. 이것은 BC 1~AD 6세기 사이의 것으로 추측되는데, 이것을 원(原)아랍어라고 한다.

아랍어는 매우 표현력이 뛰어난 언어로서 이슬람교경전인 《코란》의 언어이며, 무함마드의 출현 이후 현재까지 문학의 언어로서 사용되는 아라비아반도의 귀중한 문화적 유산이다. 따라서 아랍어는 셈어족에서 가장 중요한 언어이며, 세계적으로도 중요한 언어이다.

상당히 긴 역사와 넓은 분포를 가진 아랍어는 광범위한 변이 형태를 보여주고 있다. 그러나 아랍어는 다른 언어의 변화에 비하면 비교적 보수적이어서 매우 점진적으로 변화해 왔다.

이 언어에는 문어(文語)로서 고전 아랍어와 구어(口語)로서 많은 방언들이 포함되어 있다. 고전 아랍어는 문어로서 뿐만 아니라 공식적인 담화에도 쓰이는 《코란》과 고대문학의 언어이다. 이에 비해 일상적 회화에 쓰이는 아랍어는 그 형태가 매우 다양하며 이것을 회화체 아랍어라 부른다.

그러나 문학의 발달과 고등교육의 보급에 따라 점점 고전 아랍어가 확대되어 가고 있다.

아랍어는 풍부하고 중요한 문학적 유산을 남겼을 뿐만 아니라 그와 인접한 언어들, 즉 페르시아어·터키어·우르두어·말레이어·스와힐리어·하우사어 등 여러 언어에 많은 영향을 끼쳤다.

관습적으로 이 언어는 자신의 고유한 문자로 쓰여지는데, 이 문자는 이슬람 세계는 물론 그 밖의 몇몇 나라에서도 현재까지 쓰이고 있다. 이슬람교의 경전 코란은 아랍어로 되어 있으며 코란은 번역을 엄격하게 금하고 있어서 아직도 세계 모든 나라에서 자기 국가의 언어로의 번역을 금하고 있다.

이집트어

이집트어는 고대 이집트 시대부터 이슬람 정복으로 이집트가 아랍 문화로 바뀌기 전까지 이집트 지역에서 쓰이던 공용 언어이다. 아프로아시아어족에 속한다. 상형문자와 그것이 변형된 문자로 쓰여졌다. **현재의 콥트어가 이집트어의 직계 후손에 해당하는 언어이며, 몇몇 집에서만 이것을 모국어로 물려주고 있다. 가장 오래된 이집트어로 기록된 것은 기원전 3200년경의 것으로, 이는 수메르어와 함께 인간**

언어의 기록 중 가장 오래된 것에 속한다. 콥트어는 17세기 무렵까지 일상 언어로 사용하는 사람들이 상당수 있었지만, 그 이후에로 이집트의 일상 언어는 이집트 **아랍어**로 거의 대부분 교체되었다. 다만, 상이집트 지역의 일부 외딴 곳에서는 19세기 무렵까지 전래되었다는 설도 있다.

이집트어에 대한 최초의 기록은 기원전 3200년경의 것이다. 대략 신석기 시대부터 이집트 초기 왕조에 남아있는 비문 등의 기록을 정리하여 초기 이집트어라고 부른다.

고대 이집트어는 이집트 고대왕국 시대부터 이집트 제1중간기까지로서 기원전 2600년경부터 500년 이상에 걸쳐서 사용된 이집트어이다. 남겨진 기록은 피라미드의 널방의 측면에 적힌 신들에 대한 기도문 『 피라미드 텍스트 』(Pyramid Texts)과 무덤의 벽면에 적힌 고인의 자전적 글 등이 대표적인 것이다. 중 이집트어와의 차이는 거의 보이지 않지만 신성문자의 표기에 관해서 명사의 복수형을 나타내는데, 표의문자나 한정 부호 등이 3개 반복되는 점 등의 고 이집트어만의 특징적인 표기법은 보인다.

중기 이집트어는 기원전 2000년경부터 700년 이상 사용되었으며, 후에 신 이집트어로 대체됐다. 그러나 중기 이집트어는 이집트어의 고전적인 문체로 규정되어, 서기 2세기부터 3세기경까지 기록 언어로 사용되어 갔다.

민중 문자기 이집트어(민중어)는 기원전 650년경부터 기원후(서기) 5세기경까지 일상 언어로 얘기되던 이집트어이다.

콥트 이집트어(콥트어)는 서기 4세기 이후의 이집트어를 말한다. 17세기까지 일상 언어로 쓰는 화자가 있었으며, 르네상스기에는 유럽의 학자들이 이집트를 방문하여, 모국어 화자에서 콥트어를 배웠다. 이집트에서도 지방에서는 그 후도 몇 세기 동안 회화체로 살아남았을 가능성이 있다. 오늘날에는 콥트 정교회에서 전례 언어로서 보하이릭 방언이 이용된다.

고대, 중기, 신 이집트어 표기에 사용된 문자는 신성 문자 또는 신성 문자의 변형 자체인 신관 문자이다. 민중 문자는 신관 문자가 더 단순화 된 글씨체로 문자는 오른쪽에서 왼쪽으로 쓰여 졌다. 콥트어의 표기에 사용된 것은 콥트 문자이다. 이 콥트 문자는 그리스 문자를 바탕으로 하여 그리스어에는 없는 이집트어의 발음을 표기하기 위해, 민중문자를 원료로 한 문자를 더한 것이다. 아랍어, 이집트어, 히브리어 등 중동 아프리카 지역의 이 세 언어는 모두 오른쪽에서 왼쪽으로 쓰는 언어들이다.

BC 5000년 초부터 나일강 하류지방에서 생성된 것으로 생각되는데, 문헌자료는 BC 3200년경에 출현하였다. 고왕국(古王國)시대를 중심으로 사용된 고대 이집트어(BC 3000~2200년경)의 대표적 문헌으로는 《피라미드 텍스트》가있다.

이 언어가 중기(中期) 이집트어로 발전하였는데, BC 23세기경부터 기록이 남아 있다. 이때는 정자법(正字法)이정리되고 어휘도 풍부한 격조 높은 작품을 내놓음으로써 고전어(古典語)로 인정되었다. 또한, 시제(時制)가 단순하고, 일정한 어순이 엄격히 지켜지며 조동사와 접속사가 없고 서술이 정적(靜的)인 한편 회화적(繪畵的)인 문자의 성격으로 철학적 ·추상적 표현이나 정서적인 뉘앙스를 표현하는 데는 부적합하였다.

그러나 명쾌한 문체, 엄격한 리얼리즘, 강력한 대구법(對句法) 등을 많이 사용함으로써 사람의 마음에 호소하게 되었다. 종교문서 등은 이 언어의 전통이 오래도록 지속되었는데, BC 16세기경부터   새로운   언문일치체(후기   이집트어:BC 1550~700경)가 나타났다.

이때는 시제도 복잡해지고 조동사도 많이 사용되어 대중문학적인 것을 다수 탄생시켰다. 중기 이집트어와 이 언어와의 관계는 고전중국어와 현대중국어와의 관계와 비슷하다.

BC 7세기경부터 데모틱문자(Demotic:BC 700~AD 400년경)가 나타나 계약문서 등에 많이 쓰였다. 3세기경에 나타난 콥트어(2~17세기경)는 그리스어의 영향을 많이 받아 이 언어로 된 문헌에는 그리스도교와 관계되는 것이 많다. 시대적으로는 데모틱어에서 콥트어로 이어지지만 언어의 성질면에서는 두 언어가 모두 후기 이집트어에서 파생되었다.

아람어

BC 7~6세기에 근동지방의 국제혼성어가 되었고 나중에 페르시아 제국의 공용어가 되었으며 히브리어 대신 유대인의 언어가 되었다. 〈구약성서〉의 〈다니엘〉과 〈에즈라〉, 〈탈무드〉 등이 아람어로 씌어 있다. 예수와 그의 제자들도 이 언어를 사용한 것으로 여겨진다.

아람어가 가장 큰 영향력을 가졌던 시기는 BC 300경~AD 650년경이었고, 그 후 아람어는 아랍어에 밀려났다. 기원후 몇 세기 사이에 아람어는 동부 형태와 서부 형태로 갈라졌다. 서아람어는 레바논의 몇몇 군소 마을에서 지금도 사용하고 있다. 동아람어 중에서 가장 중요한 것은 3~7세기에 문학에 광범위하게 쓰인 시리아어이다. 동아람어는 중동지방의 야코부스파, 네스토리우스파 그리스도교도로 이루어진 몇몇 소수 집단이 지금도 사용하고 있다.

성경 히브리어와 가장 밀접한 셈족 계통(서부 셈어)의 언어. 일명 '수리아어.' 히브리어 외에 베니게어와 밀접한 관계가 있다(창31:47). 아람어는 원래 유목민의 언어였으나 이 유목민이 메소보다미아와 수리아 지역을 점령하고 왕국을 건설하면서 언어를 유포시킴으로 고대 중근동의 국제 통용어로 자리매김한다. 아람(수리아)이 B.C.8세기경 앗수르에 정복되었음에도 아람어는 소멸되지 않고 앗수르를 비롯해 주변국과 이후 제국들(바벨론과 바사 등)의 외교 언어로 사용되었다(왕하 18:26; 사36:11).

특히, 아람어는 성경시대와 그 이후 시대에도 크게 영향을 미쳤던 언어이다. 즉, 대부분이 히브리어로 기록된 구약성경 중에서도 일부분(스4:8-6:18; 7:12-26; 렘10:11; 단2:4-7:28)은 아람어로 기록되었다. 이 아람어는 포로기 이후 근동의 통상적인 일상어였다. 그와 더불어 탈굼과 게마라와 미드라쉬 문학의 여러 부분도 바로 이 아람어로 쓰였다. 신약성경에서도 아람어가 여러 번 등장하는데(성경 난외주에서도 등장함) '달리다굼'(막5:41), '에바다'(막7:34), '엘리 엘리 라마 사박다니'(마27:46; 막15:34), '마라나타'(고전16:22), '아빠'(막14:36; 롬8:15; 갈4:6) 등이다.

BC 7~6세기에 차츰 아카드어를 대신하여 근동지방의 링구아 프랑카(국제혼성어)가 되었으며, 나중에는 페르시아 제국의 공용어가 되었다. 아람어는 히브리어 대신 유대인의 언어가 되었다. 〈구약성서〉의 〈다니엘〉과 〈에즈라〉는 아람어로 씌어 있으며, 바빌로니아 〈탈무드〉(유대 율법과 주해를 집대성한 책)와 예루살렘 〈탈무드〉도 마찬가지이다.

예수와 그의 제자들도 이 언어를 사용한 것으로 여겨진다. 아람어가 가장 큰 영향력을 가졌던 시기는 BC 300경~AD 650년경이었고, 그후 아람어는 아랍어에 밀려났다. 기원후 몇 세기 사이에 아람어는 동부 형태와 서부 형태로 갈라졌다. 서

(西)아람어 방언으로는 나바테아어(일찍이 아라비아 반도 일부 지역에서 썼음)·팔미라어(시리아 다마스쿠스 북동쪽에 있는 팔미라에서 썼음)·팔레스티나크리스트어·유대아람어 등이 있다. 서아람어는 레바논의 몇몇 군소 마을에서 지금도 사용하고 있다. 동(東)아람어로는 시리아어, 만다어, 신아시리아 동부어, 바빌로니아 〈탈무드〉의 아람어 등이 있다. 이중에서 가장 중요한 것은 3~7세기에 문학에 광범위하게 쓰인 시리아어이다. 만다어는 메소포타미아 남부지방을 중심으로 한 그노시스파 그리스도교도의 방언이었다. 동아람어는 중동지방의 야코부스파, 네스토리우스파 그리스도교도로 이루어진 몇몇 소수 집단이 지금도 사용하고 있다.→ 시리아어

셈족어의 일원으로 현재의 시리아 지역에서 기원전 12세기경부터 사용된 언어이다. '아람'이란 용어는 현재의 시리아 지역을 지칭하는 고대 지명으로, 아람어는 셈족어 중 히브리어 · 페니키아어 · 우가리트어와 함께 북서 셈족어에 속한다. 특히 아람어 문자는 히브리어와 아랍어를 기록하는 데 차용되어 지금까지도 사용된다. 아람어는 제국을 형성한 국가의 언어는 아니었지만, 오늘날까지 3,000년 동안 지속적으로 사용되었다.

기원전 12세기경 아람인들은 '아람'에 정착하기 시작하였는데, 그 중심에는 '다마스쿠스'라는 도시가 있었다. 이 지역은 동서로는 아시아와 지중해, 남북으로는 터키와 이집트를 이어주는 국제 상업도시로서, 수많은 대상 무역상들이 모이던 장소였다. 다인종이 모여 소통하기 위해 언어가 필요했는데, 이들은 아람어를 공용어[링구아 프랑카(lingua franca)]로 선택하였다.

아람어가 공식적인 국제 공용어가 된 시기는 기원전 6

세기경 등장한 페르시아 제국 시대이다. 페르시아 제국의 언어인 고대 페르시아어는 설형 문자로, 공식 외교문헌에 사용하기에는 무리가 있었다. 페르시아 제국은 자신들이 정복한 23개 속국들에게 보내는 행정 · 외교 문서를 오리엔트 지역에서 이미 널리 사용되고 있던 아람어로 기록하였다. 페르시아 제국 문서는 이집트, 박트리아, 터키 등지에서 발견되었다. 특히 기원전 6세기 이스라엘인들이 바빌로니아에 침공을 당해 포로로 잡혀간후, 그들의 언어인 히브리어가 사라지고 아람어가 일상용어가 되었다.

아람어는 이스라엘의 소위 제2 성전시대(B.C. 539~A.D. 70)에 유대인들의 구어가 되어 구약성서 중 '에스라서'와 '다니엘서'의 일부가 아람어로 기록되었다. 물론 랍비 유대교의 문헌인 『탈무드』, 『미드라시(Midrash)』와 『미시나(Mishnah)』도 아람어로 기록되었다. 1세기에 등장한 그리스도교의 창시자 예수와 제자들의 일상용어도 아람어였고, 동방 그리스도교의 언어인 시리아어도 아람어의 한 분파이다. 시리아어는 실크로드를 따라 페르시아와 중앙아시아, 중국 신장과 시안 지역으로 전파되어 많은 기록을 남겼다.

아람어(ארמית / ארמיא 아라마야 / 아라미트)는 한때 시리아지방, 메소포타미아에서 기원전 500년경부터 기원후 600년무렵까지 고대 오리엔트 지방의 국제어로 사용되었으며, 아프로아시아어족의 셈어파의 북서셈어군에 속하는 언어이다.

기원전 1000년 전후에 아라비아 반도에서 출현한 아람인은 메소포타미아, 시리아 전역에 침투하여, 아람어는그에 따라 화자 인구와 그 활동 범위를 한꺼번에 확대했다. 그 후 계속 아시리아, 신 바빌로니아, 아케메네스조 페르시아 등의 대제국에서도 아람어가 국제적인 공용어로 사용되었다. 이러한 고대 아람어 연구는 아시리아학의 기초가 되었다. 또한 갈릴리 지방에서 생활하였던 예수가 사용한 언어라고 한다.

고대에는 아람 문자로 표기했으나 현재는 아람 문자에서 파생된 시리아 문자를 쓴다. **최근에 이라크가 이 언어를 공용어로 지정했다.**

서방파 방언에는 타나크의 아람어나 사마리아어, 예수가 쓰던 크리스트 팔레스티나 아람어 등이 있는데, 시리아와 레바논의 일부에서는 현재도 쓰이고 있다.

동방파 방언에는 바빌로니아 탈무드, 시리아어·만데아어 등이 있고, 현재도 아르메니아나 메소포타미아, 중동의 일부에서 쓰인다.

시리아어

3~7세기 주요 그리스도교 문학과 예배의식에 쓰인 언어였던 시리아어는 2세기말에 중동에서 그리스도교 주요 중심지의 하나였던 에데사(지금의 터키 남동부에 있는 우르파)의 동아람 방언에 바탕을 두고 있다. 가장 오래된 시리아어 비문은 1세기 전반의 것이고, 비문이 아닌 가장 오래된 문헌은 243년에 작성되었다.

5세기에 신학적 논쟁으로 인해 시리아어를 쓰던 그리스도교도들은 페르시아 영향권에 있던 네스토리우스파(동시리아인)와 비잔틴 영향권에 있던 그리스도 단성론자인 야코부스파(서시리아인)로 나뉘었다. 네스토리우스파는 에데사에서 추방되어 페르시아에 정착했다. 이렇게 분열된 뒤 이 두 교파는 각각 독특한 방언들을 발전시켰는데, 이 방언의 주된 차이점은 모음의 소리와 표기부호이다.

 시리아어는 시리아, 레바논, 터키, 이라크를 중심으로 한 중동의 기독교도에 의해서 사용된 고전어이다. 아프리카아시아어족 셈어파에 속하는 아람어의 일종이다. 중세 이후로는 시리아 정교회의 교회 언어로만 사용되고 있다.

4장
성경의 역본들

 구약성경 대부분은 히브리어로 기록되었고, 그중 일부만(스
4:8-6:18; 7:12-26; 렘10:11; 단2:4-7:28) 아람어로 기록되었
다. 이 아람어는 포로기 이후에 사용된 고대 근동의 통상적인
일상어였다. 신약성경은 당시 통속어였던 코이네('공통'이란
뜻) 헬라어로 쓰였다. 코이네 헬라어(헬레니즘 시대의 언어)는
고전 헬라어(B.C.300년 이전 언어)와는 다르고, 문법구조 등
이 단순하며 강조적이고 모험적 표현에 즐겨 쓰였다.

성경의 원본, 사본, 역본
 성경은 하나님께서 직접 계시하신 내용을 최초로 기록한 '원
본'(原本)과 그 원본을 옮겨 쓴 '사본'(寫本)이 있다. 그리고
원래 히브리어, 아람어로 기록된 구약성경과 코이네 헬라어로
기록된 신약성경을 각 나라말로 번역한 '역본'(譯本)이 있다.
오늘날 원본은 존재하지 않으며, 사본은 박물관 등지에 수많
은 형태로 존재하고 있고, 역본은 수 천의 인류 언어로 번역
되어 있다. → '사본', '역본'을 보라.

사본
[寫本 , manuscript음성듣기]
 손으로 기록한 필사본(筆寫本), 즉 성경 원문(원본)을 필사한
본문을 가리킨다. 필사(筆寫)는 인쇄술이 발달하기 전의 문서
기록 수단이었는데, 그 재료로는 점토, 가죽, 천, 나무껍질 등
이 사용되었다. 그중에서도 나일 강변에서 쉽게 얻었던 파피
루스(papyrus, B.C.11세기경부터)나 양가죽(혹은 송아지가죽,
B.C.2세기말경부터) 등이 보편적으로 사용되었다. 특히 양피

지(羊皮紙)는 종이가 출현한 A.D.15세기까지 널리 쓰였다.

성경은 많은 필사본들을 가지고 있는데, 그중에서도 1947년 사해 근방에서 발견된 사해사본이 가장 오래된 성경(구약)사본으로 인정되고 있다. 그외에 맛소라 사본, 사마리아 사본 등이 있다. 그리고 신약의 사본에는 헬라어의 대문자를 단어와 단어 사이에 간격을 두지 않고 계속해서 쓴 대문자 사본(바티칸 사본, 시내 사본, 알렉산드리아 사본, 에브라임 사본 등)과 현재의 헬라어성경처럼 띄어쓰기와 구두점이 있는 소문자 사본(약 2,300여 가지)이 있다. → '성경의 원본, 사본, 역본'을 보라.

역본

[譯本 , versions of the Bible]

성경이 처음 기록되었을 때의 원문서를 '원본'(原本) 또는 '원전'(原典)이라고 한다면, 시대나 지역적 변화로 인해 그 원전의 언어로 읽기 어렵거나 전혀 읽을 수 없는 사람들을 위해 성경의 일부 혹은 전체를 번역할 필요가 생겨났고, 그런 필요에 따라 여러 언어로 된 '역본' 곧 '번역본'(飜譯本)이 생겨나게 되었다. 성경 역본은 오랜 기간 동안 수많은 번역자들에 의해 제작되어 오고 있다. 전체적이든 부분적이든 20세기 중엽까지 1,500여 종 이상의 언어와 방언으로 번역된 것으로 알려졌다.

① 고대역본 : 헬라어역본(70인역, 아퀼라역, 레오도티온역, 심마쿠스역 등), 아람어역본(탈굼역), 라틴어역본(고 라틴어역본, 벌게잇역), 수리아역본(페쉬타역, 필레크세누스역, 디아테사론역), 및 고대 이집트어인 콥트어역본, 아르메니아어역본, 에티오피아어역본, 슬라브어역본 등이 있다.

② 중·근세 유럽역본 : 독일어역본(고트어성경, 몬제의 프랑크

역 마태복음, 루터역성경, 취리히성경, Menge Bibel), 프랑스어역본(왈도의 복음서 및 바울서신, 파리대학의 번역본, 칼빈이 라틴어로 서문을 한 올리베땅의 번역본), 네덜란드어역본(10세기 초의 시편번역, 1526년판 번역), 이탈리아어역본(13-14세기의 공관복음서, 브루치올리의 번역본, 디오다티의 번역본), 헝가리어역본(프란시스코회 수사인 토마스와 발렌티누스의 번역본, 카롤리의 번역본-비졸리성경) 등.

③ 영어역본 : 위클리프역성경(1382년), 틴들역본(1525년), 커버데일역본(1535년), 매튜성경(1537년), 매튜역개정판(대성경, 1539-1541년), 태버너성경(1539년), 제네바성경(1560년), 대성경과 제네바성경을 절충한 비숍성경(1568년), 두에이-랭스성경(1610년), 흠정역(KJV, 1611년), 영어개역성경(ERV, 1885년), 미국표준역성경(ASV, 1901년), 영어개역표준판성경(RSV, 1952년), 스코틀랜드교회의 새영어성경(the New English Bible, 1970년), 테일러에 의해 상업적 성공을 거둔 리빙바이블(1971년), 프랑스어를 영어로 번역한 예루살렘성경(1974년), 가톨릭의 주관하에 번역된 새미국성경(NAB, 1974년), 쉬운 번역성경인 오늘의 영어성경(Today's English Version, Good News Bible, 1976년), 흠정역의 권위를 회복시키려 한 새국제성경(NIV, 1978년) 등이 있다.

④ 한글역본 : 스코틀랜드 연합장로교회 존 로스(J. Ross)에 의해 1887년 한국 최초의 신약전서인 〈예수셩교젼셔〉 5천 부가 심양(봉천) '성경 문광서원 활판'으로 간행되었다(대한성서공회사). 물론, 최초의 한글 성경은 1882년 스코틀랜드 연합장로회 선교사 로스(J. Ross)가 번역하고 만주 문광서원에서 간행한 〈예수셩교누가복음젼셔〉이다. 계속해서 1887년에는 신약전서 전체가 번역되어 최초로 묶어진 〈예수셩교젼셔〉가 출간되었다. 1900년에는 한국성경번역자회에서 신약전서를 간행

하여 1906년에 한국 최초의 공인성경으로 인정받았다. 1910년에 이르러 성경번역위원회가 구약 전체의 번역을 완성하였고, 그 이듬해 구약전서를 묶어 출판하기에 이르렀다. 그리하여 1911년에 신·구약이 합쳐진 최초의 성경전서가 나왔다. 이는 1906년 공인된 신약성경과 1910년 번역이 완성된 구약성경을 한 권으로 묶은 것으로 대한성서공회가 발행하고 일본 요코하마에서 인쇄하였다. 또한 1906년에 유성준 장로가 편집하고 일본 요코하마에서 인쇄한 최초의 국한문 혼용성경이 나왔으며, 1910년에는 카우만이 편집한 한국 최초의 관주성경이 동양선교회 간행으로 중국 상해에서 인쇄되었다. 또 한국 최초의 사역(私譯) 신약성경은 1919년 대한기독교회 창시자 펜윅(M.C. Fenwick)이 번역하여 원산 대한기독교회가 발행하고 일본 요코하마에사 인쇄하였다.

한편, 1947년 사해사본이 발견된 이후 각 나라에서는 새 번역성경이 쏟아져 나왔다. 한국에서도 원문에 충실한 번역서 요청이 있어 언어의 변화와 젊은층을 위한 현대어역의 필요성으로 대한성서공회가 〈새번역신약전서〉를 출판했고(1967년), 그 후 가톨릭교회와 공동번역이 합의되어 1977년 부활절을 기해 〈신구약합본 공동번역성서〉를 출간하기에 이르렀다. 이와는 별개로, 개신교 내에서는 1900년에 완역된 신약성경과 1911년에 완역된 구약성경을 개역해 1938년 〈성경 개역판〉을 내게 된다. 이를 거듭 손질해 한글맞춤법통일안에 따라 표기를 고쳐 출판한 첫 판이 1952년에 나온 〈성경전서 개역한글판〉이며, 그 후 번역 내용과 표기법을 더 손질한 것이 1961년판 성경전서 개역한글판이다. 그리고 성경전서 개역한글판을 대폭 수정하여 오늘날의 어법에 맞게 전면 개정한 것이 1998년의 〈성경전서 개역개정판〉이다.

구약성서의 초기 역본들

아람어 타르굼

 BC 5, 6세기경부터 페르시아 제국에서는 아람어가 공식 언어로 사용되었고, 팔레스타인 유대 사회와 디아스포라(여러 나라로 흩어진 유대인들) 사이에서도 아람어를 쓰게 되자, 유대인 회당에서는 예배 때 통역자(메투르게만)가 등장하여 예배 때 낭독되는 율법서와 예언서 관련 본문 등을 히브리어에서 아람어로 통역했다.

처음에는 구두로 통역되고 전승되던 것이 후대에 이르러 통역 내용이 일정한 형식으로 굳어졌고 드디어 기록으로 정착되었다.

 율법서 타르굼에는 몇 가지 종류가 있다. 가장 대표적인 것이 온켈로스의 타르굼으로 알려진 바빌로니아 타르굼(Babylonian Targum)이다. 이것은 본래 팔레스타인에서 만들어진 것이었으나 바빌로니아로 건너가 거기에서 개정되고 크게 권위를 인정받게 되었다.

 9세기 직후에 다시 팔레스타인으로 들어와 다른 여러 종류의 타르굼들을 제치고 독자적 위치를 차지한다. 전체적으로 볼 때, 온켈로스의 타르굼은 문자적인 번역이면서도 랍비들의 주석을 번역에 반영시키고 있다.

팔레스타인 타르굼들 중 가장 유명한 것은 요나단의 타르굼이다. 요나단은 14세기경부터 생긴 이름으로서 예루살렘 타르굼(Targum Jerusalem)을 뜻하는 히브리어 약자 'TJ'를 요나단의 타르굼(Targum Jonathan)으로 잘못 읽은 데서 비롯되었다(위요나단 타르굼). 이것은 옛 팔레스타인 타르굼(Old Palestinian Targum)과 온켈로스의 초기 번역을 뒤섞은 것이다.

랍비들의 주석·설교·교훈 등이 번역에 많이 첨가되어 있다. 사마리아 5경을 번역한 타르굼도 있다. 유대인의 타르굼이 문자적인 번역인 데 비해 이것은 좀 자유스러운 번역이다. 본문이 공식적으로 확정된 적은 없다. 예언서 타르굼도 본래는 팔레스타인에서 나왔으나 바빌로니아로 건너가 최종적으로 개정되었다. 여러 세기에 걸쳐서 완성된 것이지만 일반적으로 BC 1세기말에서부터 AD 1세기초까지 활동한 유명한 랍비였던 힐렐의 제자 요나단 벤 우지엘의 번역으로 본다.

이것이 엄격한 문자적 번역은 아니지만 온켈로스에 의존한 증거가 많이 나타난다. 성문서의 아람어 역은 모두 5세기 이후에 나온 것들이다.

70인역성서(LXX)

히브리어 〈구약성서〉가 그리스어로 번역된 배경에 관해서는 '아리스테아스의 편지'에 언급되어 있다.

이 편지는 프톨레마이오스 2세 필라델포스(BC 285~246)가 이집트를 다스릴 때 기록된 편지임을 드러내려고 당시 관리로 있던 아리스테아스라는 그리스 사람이 쓴 것으로 되어 있다. 이 편지는 프톨레마이오스 2세의 요청으로 예루살렘에서 유대교 학자들이 와서 히브리어 율법서를 그리스어로 번역하게 된 사정을 언급하고 있다.

같은 이야기가 형태를 조금씩 달리하여 필로·요세푸스·〈탈무드〉·교부들의 글에도 나타난다.

오늘날 학자들은 이 편지의 저자가 알렉산드리아에 살고 있던 유대인으로서 율법서 번역이 끝난 다음에 이와 같은 아리스테아스의 편지를 썼을 것이라고 생각한다. 알렉산드리아에서 처음으로 번역된 70인역이란 BC 3세기 중엽에 번역된 구약의 모세5경 곧 율법서 부분을 일컫는다.

히브리어 〈구약성서〉가 모두 그리스어로 번역되기까지는 그 후 1세기 이상이 걸렸다고 보고, BC 1세기까지는 번역이 완료되었을 것으로 본다.

이렇게 하여 70인역 성서는 한편으로는 유대교를 이방 세계에 알리는 통로가 되었으며, 다른 한편으로는 그리스도교의 전파에 필수적인 요소가 되었다. 그리스도교가 70인역을 자기들의 성서로 받아들이면서부터 유대교에서는 70인역을 버리고 자기들의 히브리어 본문성서를 다듬는 일에 더 열성을 보였다. 제2성전 파괴 이후 새로운 히브리어 본문이 편집되면서, 히브리어 본문과 70인역 사이의 차이점들이 점점 더 많이 나타나게 되자, 그리스어로 〈구약성서〉를 읽던 사람들 쪽에서 최신 히브리어 본문을 대본으로 하는 새로운 번역의 필요성을 느끼게 되었다.

아퀼라역본
아퀼라는 소아시아의 폰투스 출신으로 유대교인이 된 사람으로서, 랍비 아키바의 지도를 받으면서 130년경에 히브리어 성서를 그리스어로 번역했는데, 극도로 직역을 했다.
전체 역본은 남아 있지 않으며, 다만 인용된 부분들과 오리게네스의 '헥사플라'(Hexapla : 6개 언어 대조성서)에 그 단편이 남아 있고, 카이로의 고본 서고에서 나온 재활용 양피지(palimpsests : 한 번 쓴 양피지를 지우고 그 위에 다시 쓴)에 단편이 남아 있을 뿐이다.

테오도티온의 개정본

 그리스어 번역본의 2차 교정이 70인역을 개정한 것인지, 아니면 70인역 외에 다른 그리스어 역을 개정한 것인지 논란이 있기는 하지만, 2세기 후반에 테오도티온이라는 사람이 개정했다.

히브리어 음역의 빈도수가 많은 것이 특징이다.

심마쿠스의 역본

 2세기말 심마쿠스가 번역했다.
번역자에 대해서는 잘 알려져 있지 않다. 그의 번역은 우수하지만 영향력은 미미했다. 예로니모가 그의 불가타 역에서 심마쿠스의 번역을 활용하긴 했으나, 오늘날 그의 번역은 '헥사플라'를 통하여 단편만이 알려져 있다.

오리게네스의 헥사플라

 여러 가지 상이한 번역판을 갖게 된 3세기에 이르러서 성서 본문에 대해 서로 다르게 이해함으로써 혼란이 생겼다.
230~240년경에 카이사리아에서 활동하던 알렉산드리아의 신학자 오리게네스가 '헥사플라'를 편집했다. 히브리어 본문, 히브리어 본문의 그리스어 음역, 아퀼라 역, 심마쿠스 역, 70인역, 테오도티온의 개정본을 평행으로 편집하여 비교해볼 수 있게 했다. 오리게네스의 주요관심은 70인역이었다. 그는 70인역 본문을 히브리어 본문과 비교하여, 히브리어 본문에는 없는데 70인역에만 있는 첨가된 본문에는 의구표(疑句標)를 했고, 히브리어 본문에는 있는데 70인역에 그 본문이 번역되어 있지 않은 곳에는 다른 그리스어 번역에서 그 부분을 가져

와서 70인역에 삽입시키고 앞뒤에 의구표를 붙여 놓았다.

의구표란 고사본의 의심스러운 본문이나 재생시킨 본문을 표시하던 단검표(+), 마이너스표(-), 나누기표(÷), 별표(*) 등을 일컫는다. 헥사플라의 원본은 600년경까지는 존속되었던 것 같으나, 오늘날에는 단편만 남아 있다.

70인역 성서 사본들과 인쇄본 사본

편의상 파피루스 사본, 대문자 사본(Capitalletters : Uncials), 필기체 소문자 사본(Cursive script : Minuscules)으로 나뉜다.

파피루스 사본의 수는 수백 개에 이르고, 크기는 다양하며, 70인역이 형성되던 초기에서 7세기 중엽의 것까지 있다. 특히 이집트에서 발견된 〈신명기〉 파피루스는 기원전의 것이다. 파피루스에 씌어진 것이 아니고 양피지나 가죽에 씌어진 것이기는 하지만 쿰란에서 발견된 〈출애굽기〉·〈레위기〉·〈민수기〉의 단편 조각 사본들, 그리고 나할 레베르에서 발견된 그리스도교 형성 초기시대의 두루마리 사본도 중요한 고대 사본들이다.

가장 중요한 파피루스 사본은 구약에 속하는 9권의 단편들을 보여주고 있는 11개의 코덱스로 되어 있는 체스터 비티 파피루스이다. 이 사본이 만들어진 것은 2~4세기경이다. 그후 300여 년 동안 파피루스 본문들이 급증했고 현재 200여 개의 사본들이 남아 있다.

대문자 사본들은 4~10세기에 나온 것들로서 모두 코덱스(책 모양)로 되어 있다. 괄목할 만한 것들로는 4세기의 바티카누스 사본(Codex Vaticanus : 〈구약성서〉 전체), 4세기의 시나이티쿠스 사본(Codex Sinaiticus : 〈구약성서〉 일부), 5세기의 알렉산드리아누스 사본(Codex Alexandrianus)이다.

이 셋은 본래 〈구약성서〉와 〈신약성서〉를 다 포함한 것들이었다. 이밖에도 성서의 일부만 보여주고 있는 사본들이 많다. 그중에서도 예언서를 보여주고 있는 6세기의 마르칼리아누스 사본(Codex Marchalianus)은 값진 것이다.

필기체 소문자 사본은 9세기 이후부터 나타난다. 11~16세기에 1,500여 개의 사본들이 발견되었으나 그들은 모두 같은 본문을 반영하는 사본들이다. 비록 후대의 것이지만 좋은 본문을 간직한 대문자 사본을 베낀 것일 때에는 가치가 있다. 가장 먼저 인쇄된 70인역은 '콤플루툼 학파 대역 성서'(1514~17)이다.

이것은 1522년에 비로소 유포되었으므로, 1518년에 베네치아에서 나온 알다인판(版)이 실제로는 맨 처음에 나온 인쇄본이라고 할 수 있다. 1587년 로마에서 식스토(교황 식스토 5세) 판이 나왔고, 19, 20세기에 들어서서 여러 가지 비평적 편집본들이 나왔다.

콥트어 역본들

그리스도교가 그리스어권 밖으로 퍼져가면서 그곳 언어로 성서가 번역되었는데, 그중 하나가 콥트어 성서이다.
3세기말 4세기초에 번역된 것으로 보이며, 번역 대본은 그리스어 성서이다. 부분적으로는 고대 라틴어 역본과 유사성도 보인다.

아르메니아어 역본

5세기초까지 아르메니아 민족 교회는 그동안 문학과 예배 의식에서 그리스어와 시리아어를 함께 사용해왔으나, 성 메스로프(361~439)가 아르메니아어 알파벳을 만들어 아르메니아 민족 문학의 기반을 닦았는데, 이때 성서도 아르메니아어로 번역되었다(아르메니아 문학). 첫 번역은(414경) 시리아 역 페시타(Peshitta)를 대본으로 번역했고, 곧 이어서 개정했다.

현재까지 전해져오는 최종적인 공인 번역은 70인역을 대본으로 하여 번역된 것이지만 여기에도 페시타의 영향이 나타나 있다.

조지아어 역본

아르메니아의 전승에 따르면 조지아어 역본도 메스로프의 번역이었다고 한다(조지아 문학). 그러나 조지아어 〈구약성서〉의 가장 오래된 부분인 〈시편〉도 5세기 이전으로 소급해 올라가지는 않는다.

사본들은 그리스어 역본이나 아르메니아 역본에 근거해 있다.

에티오피아어 역본

4, 5세기경에 에티오피아에 그리스도교가 자리잡으면서 성서 번역이 시작되었는데, 최초의 것은 70인역을 대본으로 하여 번역되었다(에티오피아 문학). 현재 남아 있는 가장 오래된 사본은 13세기의 것이다.

14세기 이후의 사본들에는 아랍어 역과 콥트어 역의 영향이 나타나 있다. 많은 부분이 히브리어 본문과 일치하고, 70인역 본문과는 큰 차이를 나타낸다.

고트어 역본

고트족은 오늘날 슬로바키아와 불가리아로 알려진 지방에서 살았다.

4세기 중엽 그리스도교 선교사였던 울필라스가 고트어 알파벳을 발명하여 성서를 번역했다(고딕 문학). 〈구약성서〉 번역은 〈에즈라〉와 〈느헤미야〉의 극히 일부 단편만 남아 있고 나머지는 다 없어졌다. 그리스어 역을 대본으로 번역했다. 고트어로 기록한 문헌이라고는 성서 단편적 사본뿐이다.

고대 라틴어 역본

2세기 중엽 라틴어 역 〈구약성서〉가 북아프리카와 갈리아 지방에 유포되고, 3세기 초에는 로마에도 유포된 흔적이 있다 (라틴 문학). 아프리카의 로마 점령지에 살며 라틴어를 쓰던 유대인들이 번역한 것을 그리스도교에서 받아들였을 가능성이 있다.

원본도 히브리어가 아니고 그리스어 역이다. 고대 라틴어 역본은 '라틴어 옷을 입은 70인역'이라고 할 수 있을 정도로 70인역과 관계가 깊다. 고대 라틴어 역본에는 오리게네스가 개정하기 이전의 70인역의 상태가 반영되어 있으므로 본문비평에 있어서 고대 라틴어 역의 비중이 크다. 3세기까지 여러 종류의 라틴어 역들이 유포되고 있었다. 그 번역이 하나의 번역본에서 나온 개정판들인지, 처음부터 독자적으로 번역된 것들인지는 확인하기 어렵다. 382년경 교황 다마소가 여러 가지 서로 다른 고대 라틴어 역본들을 정리했다.

불가타 역본

신학적 토론과 전례에서 사용되는 통일된 본문이 필요하게 되자, 다마소가 이 일을 에우세비우스 예로니모에게 맡겼다. 예로니모는 라틴어와 히브리어 실력을 고루 갖춘 그리스도교 성서학자였다. 그는 3종류의 라틴어 〈시편〉 개정판을 낸 바 있다. 첫번째 개정은 70인역에 근거하여 개정되었으므로 '로마 시편'이라고도 한다. 2번째 개정은 팔레스타인에서 펴낸 것인데, 헥사플라 70인역에 입각하여 라틴어 역을 히브리어 원문 쪽에 가깝게 개정했다. 갈리아 지방에서 특히 인기가 있었으므로 갈리아 시편이라고도 한다.

후에 이 시편이 불가타 역에 그대로 들어간다. 3번째 개정은 어떤 의미에서는 개정이라기보다는 새로운 번역이다. 히브리어에서 직접 번역된 것이지만 널리 유포되지는 못했다. 이것을 준비하는 동안 예로니모는 고대 라틴어 역을 다만 그리스어 역에 근거하여 개정한다는 것이 소용없다는 것을 깨달았다.

예로니모는 라틴어 성서를 히브리어 원문 성서에서 직접 번역하기 시작했는데, 390년에 시작하여 405년에 끝냈다.

그러나 이미 서방교회에서는 그리스어 70인역이 굳게 자리를 잡고 있었으므로, 예로니모의 라틴어 역은 처음에는 교회 안에서 정착하기 어려웠다. 더욱이 그의 라틴어 번역이 70인역의 내용과도 달랐고 고대 라틴어 역과도 다른 곳이 많았기 때문에, 전통적으로 읽어오던 본문과 다르다고 하여 오히려 라틴어 역의 권위가 도전을 받았다. 아우구스티노 같은 지도자는 예로니모의 라틴어 역 성서로 인해 그리스 교회와 라틴 교회가 갈라지게 될 것을 두려워했다.

그러나 많은 세월이 걸렸지만 결국 예로니모의 새 라틴어 역은 우수성을 인정받게 되었다. 8세기에 비로소 그의 번역은 라틴어 불가타가 되어서, 종교개혁 때까지 서방교회의 성서로 자리잡았다.

그러나 그후로도 상당 기간 고대 라틴어 역과 예로니모의 불가타 역을 손으로 베껴서 보급하는 과정에서 번역문에 많은 변화가 가해져 일종의 종합 본문이 되고 말았다. 손으로 베끼는 과정에서 본문의 변화까지 겹치게 되었다. 현재 남아 있는 8, 000여 개의 사본들 사이에 이독 현상이 많이 나타난다.

중세기에 불가타 역 회복을 위한 몇 번의 시도가 있었으나 번번이 실패하다가, 1546년 트리엔트 공의회에서 불가타 역을 공인하게 됨에 따라 개정본의 필요성이 더 절실해졌고, 15세기 중엽부터 인쇄술이 발달하자 번역 본문을 정착시키는 데 크게 공헌했다. 식스토판이 광범위한 지지를 받지 못했으므로 교황 클레멘스 8세가 1592년에 새 판을 간행했는데, 이것이 로마 교회의 공인 불가타가 되었다.

시리아어 역본

시리아 교회가 가지고 있던 시리아 역 성서는 '페시타'(단순한 번역)라고도 알려져 있다.

왜 이런 이름이 붙었는지, 누가 언제 번역했는지는 잘 알려져 있지 않지만, 이 번역은 본래 1세기경에 번역되었던 것 같고, 그것은 메소포타미아의 아리아베네 지역에 있던 유대인 사회에서 번역하여 사용했던 것 같다(시리아 문학). 페시타는 문제도 다양하고 채택한 번역 방법도 다양하다. 모세5경 부분은 마소라 본문과 아주 가깝지만, 다른 부분은 70인역과 가깝다.

마소라 본문과 가까운 본문은 유대교인들이 번역한 것이고, 70인역과 가까운 본문은 그리스도교 쪽의 개정일 것이라고 보는 견해도 있다. 5세기 시리아 교회가 네스토리우스파(동시리아)와 야코부스파(서시리아)로 나뉘면서 페시타의 본문사도 2갈래로 갈라진다. 네스토리우스 교회는 고립되어 있었으므로 그 교회가 간직하고 있던 사본이 덜 손상되었을 것으로 본다. 6세기초에 마북의 감독 필록세누스가 70인역의 루시아 개정본을 근거로 페시타를 개정했다.

617년에는 헥사플라에 들어 있는 시리아어 역을 텔라의 주교인 파울루스가 헥사플라 70인역에 근거하여 개정했다. 지금

단편만 남아 있는 팔레스타인 시리아 역은 에데사의 야코부스 (708 죽음)가 새롭게 개정한 것이다. 현존하는 페시타 사본 중 가장 오래된 것은 442년에 나온 것이다. 완전한 형태로 보존된 4권의 코덱스는 5~12세기 때의 것이다. 아직 비평적 편집본은 없으나, 국제구약학회가 준비하고 있다.

아랍어 역본들

최초의 것으로서 가장 중요한 역본은 사디아 벤 요세프 (892~942)가 히브리어에서 번역한 것으로서 히브리어로 씌어진 아랍어 역본이다(아랍 문학). 이 번역은 이집트의 그리스도교인들에게 영향을 주었고, 아부 알 하산이 이것을 대본으로 모세5경을 번역했으며, 11~12세기에 아랍어 역 사마리아 5경으로 받아들여졌다.

또다른 아랍어 역 사마리아 5경은 아부 사이드가 13세기에 번역한 것이다. 히브리어에서 번역된 다른 여러 번역들 중에 10세기에 야피트 이븐 알리가 번역한 것이 가장 주목할 만하다. 946년 스페인 코르도바의 그리스도교인이었던 벨라스케스의 아들 이삭이 복음서를 라틴어에서 번역했다. 아랍어 역 〈구약성서〉와 〈신약성서〉 사본으로는 16세기에 번역된 것이 상트페테르부르크에 보관되어 있다.

19세기의 것으로 파리와 런던에 있는 '대역성서'(Polyglots)에 아랍어 역이 보존되어 있다. 일반적으로 아랍어 역 사본들은 히브리어·그리스어·사마리아어·시리아어·콥트어·라틴어 중에서 번역된 것 등이 함께 전해져오기 때문에 번역판들마다 큰 차이를 보인다. 그런 만큼 아랍어 역은 본문비평 자료로서는 큰 가치를 인정받지 못한다. 19, 20세기에 개신교와 가톨릭이 번역한 현대 아랍어 역들이 있다.

신약성서 초기의 번역본들

〈신약성서〉가 씌어지던 무렵 지중해 동반부에서는 코이네 그리스어가 통용되었으나, 다른 곳에서는 다른 언어가 사용되고 있었다. 로마가 지배 세력으로 군림했을 때 북아프리카·소아시아·갈리아·스페인 등에서는 라틴어가 새 언어로 등장했다(3세기경). 그리하여 고대 라틴어 곧 이탈리아어 번역 〈신약성서〉가 나오기 시작했다.

〈신약성서〉의 경우 예로니모가 고대 라틴어 역과 그리스어 사본들을 참고하면서 라틴어 복음서 개정작업을 했다. 4세기 말에는 〈신약성서〉 라틴어 번역 불가타가 나왔다. 트리엔트 공의회(1545~63)의 관심 중 하나가 라틴어 역의 개정이었는데, 1592년에 클레멘스 8세의 이름을 딴 클레멘스 불가타가 나와서 권위본으로 인정을 받았다.

제2차 바티칸 공의회(1962~65) 이후 다시 불가타 개정 작업을 시작했다. 시리아의 에데사와 서부 메소포타미아에서는 라틴어나 그리스어가 사용되지 않고, 시리아어(아람어와 관련된 셈어 중 하나)가 사용되고 있었다(→ 시리아 문학). 2세기에 나온 〈디아테사론〉의 원어는 시리아어였을 가능성이 많다. 그러나 고대 시리아어 역 사본은 단편만 남아 있다. 〈페시타 시리아어 역〉(Syrpesh로 표기됨)은 4세기에 이루어진 역본이다. 〈신약성서〉 27권 중 22권이 들어 있으며 번역본문이 잘 보존되어 있다. 필록세니아(Syrphil)와 하클리(Syrharc) 역본은 6~7세기의 것으로서 신약 27권이 다 들어 있다. 팔레스타인 시리아어 역(Syrpal)은 5세기에 번역된 것이지만 지금은 11~12세기의 성구집을 통해서 알려져 있고, 다른 시리아어 역과는 다른 본문 형태를 지녔다.

이집트에서는 3~6세기에 콥트어 역이 나왔다. 남쪽(상이집트)에서는 사히딕 역(Copsah), 북쪽(하이집트)에서는 보하이릭 역(Copboh)이 나왔다. 둘 다 엄격한 직역이며, 2~3세기 알렉산드리아 그리스 본문 형태를 반영한다. 드물게 서방 본문 형태도 발견된다.

고트어 역은 4세기에 선교사 울필라스가 비잔틴 본문형태를 대본으로 하여 번역한 것이다. 5세기의 아르메니아어 역은 시리아어 역에서 거듭 번역된 것으로 알려져 있지만 그리스어 본문에서 번역되었을 가능성도 지적되고 있다. 아르메니아어 역본이 4~5세기에 나왔으며, 5세기에는 조지아어 역, 6세기에는 누비아어 역, 6~7세기에는 에티오피아어 역이 나왔다.

헬라어
[Greek language]

인도-유럽어 족의 한 줄기로, 바스크어, 핀란드어, 헝가리어를 제외한 유럽 언어와 산스크리트어에서 유래한 인도의 여러 언어들과 친족 관계에 있다. 거대한 헬라 제국의 통일과 헬레니즘의 전 세계적인 확장은 이런 언어적 통일에 힘입은 바 크다 할 수 있다.

알렉산더 대제의 정복 전쟁으로 지중해 동쪽 끝까지 퍼진 헬라어는 '코이네'라고 불린 공용어였다. 코이네는 구문의 풍부함과 정교함, 유연함과 세밀함 등을 갖춘 인류 최고의 문화유산이라고 할 수 있는데, 히브리어로 된 구약성경을 헬라어로 옮긴 70인역(LXX)이나 신약성경 사본들은 모두 '코이네'로 기록되었다. 뿐만 아니라 헬라어는 신약성경과 복음이 헬라와 로마 세계를 넘어 유럽으로 확장되는 데 큰 기여를 했다.

그리스어

그리스어(Ελληνικά 엘리니카[*])는 (사멸한 아나톨리아어파를 제외하면) 인도유럽족 중 현존하는 가장 오래된 언어이다. 3,500여 년에 걸쳐 기록되어 온 역사를 지니고 있다. 오늘날 그리스어는 그리스, 키프로스, 불가리아, 알바니아, 마케도니아 공화국, 이탈리아, 터키 등에서 약 1,500만 명의 사람들이 사용하고 있다. 이 외에 오스트레일리아 멜버른의 그리스인 이민자 공동체를 비롯한 전 세계의 여러 그리스인 이민자 공동체에서 사용한다. 그리스어의 문자인 알파와 베타에서 알파벳이란 단어가 만들어졌다.

그리스어는 그리스 문자로 표기된다. 그리스 문자는 최초로 모음의 개념을 도입하여 오늘날 라틴 문자의 토대를 마련했다. 이러한 그리스 문자는 기원전 9세기부터 그리스 본토에서, 키프로스에서는 기원전 4세기부터 사용되었으며 그전에는 각각 선형문자 B와 키프로스 음절문자로 기록되었다.

또한 그리스어와 같이 등장한 그리스 문학은 3,000여 년이 넘는 세월 동안 지속되어 왔다. 오랜 세월만큼이나 그리스 문학은 다양하고 풍부하여 그동안 수많은 작가들에게 영감을 제공하였으며, 오늘날에도 많은 사랑을 받고 있다

그리스어 역사

그리스어는 기원전 2000년경부터 발칸 반도에서 쓰였다. 이에 대한 최초의 증거는 크레타 섬 크노소스 왕궁에서 발굴된 기원전 15세기 경의 선형문자 B 서판이다. 뒤에 등장한 그리스 문자는 선형문자 B와는 관계가 없지만 페니키아 문자 [1]

에서 유래한 것으로 여겨진다. 이 그리스 문자는 사소한 수정만 거친 채 오늘날에도 여전히 쓰이고 있다.

그리스어는 고대 그리스의 여러 폴리스 뿐 아니라 헬레니즘 시기 셀레우코스 왕조의 시리아나 프톨레마이오스 왕조의 이집트 등에서도 쓰였다. 로마 제국이 지중해를 지배하던 시기에는 사실상 로마제국의 제2 공용어로서 쓰였으며, 7세기 이후에는 동로마 제국(비잔티움 제국) 등에서 공용어로 사용되었다. 그리고 비잔티움 제국의 멸망 이후에는 유럽으로 전파되어 오늘날 유럽 여러 언어에 영향을 미치기도 했다. 그리스어는 터키 지배하에서도 줄곧 그리스인들 사이에서 쓰였으며 그리스 독립 이후 그리스의 공용어로 지정되어 오늘날에 이르고 있다.

이처럼 오랜 역사를 가지고 있는 그리스어는 여러 시기로 나누어서 다루어진다. 아래의 분류는 그동안 전통적으로 많이 이루어진 시기 분류이다.

뮈케나이 그리스어 : 뮈케나이 문명의 언어. 이 언어는 선형문자 B로 서판에 기록되었는데 이것은 기원전 16세기이전까지 거슬러 올라간다.

고전 그리스어 (또는 고대 그리스어) : 다양한 그리스어 방언들 중에서 그리스 문명의 고풍적이고 고전적인 시기의 말. 고전 그리스어는 로마 제국을 통틀어 널리 알려졌었다. 중세에 들면서 서유럽에서는 고전 그리스어가 더 이상 쓰이지 않게 되었으나 비잔티움 제국에서는 여전히 쓰였으며 콘스탄티노폴리스 함락과 이로 인한 이탈리아로 그리스인이 이주하면서 유럽 나머지 지역에 그리스어는 다시 알려졌다.

코이네 그리스어 (또는 헬레니즘 그리스어) : 아티케 방언(아테나이를 비롯한 아티케의 방언)과 다른 수많은 고대 그리스어 방언간의 혼합으로 최초로 공통된 그리스어가 만들어졌다.

그리고 이 코이네 그리스어는 점차 세계 최초의 국제어로 변모해 갔다. 코이네 그리스어는 알렉산드로스 대왕이 정복한 땅과 그 점령군에게서 가장 먼저 찾아볼 수 있지만,[2] 이후 그리스 영향하에 놓이면서 점차 진행된 헬레니즘화가 이뤄진 이후에 사용 지역은 서부에는 이집트에서부터 동부로는 인도 인근에 이르기까지 쓰이게 되었다. **고대 로마의 그리스 정복 이후에는 그리스어와 라틴어의 양층언어 체계가 성립되었고 코이네 그리스어는 로마 제국에서 교역과 학술적 언어로 매우 중요한 위치를 차지했으며 로마제국의 수도인 로마를 포함하여 중요 각 지역의 첫 번째 또는 두 번째 언어가 되었다.** 코이네 그리스어는 기독교의 기원과도 관계가 있는데, 한 예로 예수의 제자들인 사도와 초기 전도자들이 그리스어로 신약 성경을 작성했고, 그리스와 그리스어를 사용하는 곳에 설교한 것을 들 수 있다. 코이네 그리스어는 알렉산드로스 방언, 고전 이후 그리스어, 또는 심지어 신약성서 그리스어 (신약성서는 코이네 그리스어로 된 가장 유명한 문학작품으로 꼽힘)로 불리기도 하며 대한민국에서는 헬레니즘 그리스어에서 유래한 헬라어 또는 한문 음차인 "희랍어" 등으로 불린다.

중세 그리스어 : 헬레니즘기 그리스어는 로마제국의 동방 천도후 세워진 동방의 로마제국인 비잔티움제국에서 발전한다. 콘스탄티노폴리스(콘스탄티노플) 수도를 옮긴 로마에서 코이네 그리스어는 중세 그리스어로 연결되었는데, 비잔티움 제국의 공식 또는 비공식(구어) 언어로서 15세기 비잔티움 제국이 멸망하고 그 이후에 이르기까지 이어져 내려왔다. 이것은 비잔티움 그리스어라고도 한다.

현대 그리스어 : 코이네 그리스어에서 독립적으로 뻗어나온 현대 그리스어의 등장은 비잔티움 제국 후기 (11세기 초반)에까지 거슬러 올라간다. 중세 그리스어 시기가 끝나고 난 뒤부

터 2가지 형태가 주로 쓰였는데 그것은 디모티키(Δημοτική)라 불리는 일상 구어체 그리스어와 카타레부사(Καθαρεύουσα)라고 하는 고전 그리스어를 모방한 그리스어가 바로 그것이다. 이 중 카타레부사는 19세기와 20세기 초에 걸쳐서 문학이나 법학 그리고 과학적인 용도로 쓰인 것이었다. 한국이 대한제국 말기와 일제 강점기 초기에 한글 전용 방안과 한글 한자 혼용 방안에 대해 많은 진통을 겪었던 것처럼 그리스어도 표기 방안에 있어서 디모티키와 카타레부사 양자 사이에서 많은 난항을 겪게 된다. 이러한 문제는 결국 1976년 민중 그리스어(디모티키)가 현대 그리스의 공식 언어 형태로 채택되면서 마무리 짓게 된다. 이 민중 그리스어는 오늘날 그리스 인들이 가장 많이 사용하는 형태이다.

 알렉산드로스 사본의 한 부분. 누가복음 12:54-13:4 부분을 담고 있다.

 흔히 현대 그리스인들은 고대 그리스어에 대해 다소의 지식만 지녀도 고대 그리스문헌을 읽을 수 있다고 한다. 이것은 사실 고대 그리스어와 현대 그리스어 사이에 놀랄 만큼 가까운 유사성에 기인하는 것이다. 심지어 신약 성서와 70인역 성서에 쓰인 코이네 그리스어는 2000여 년 전에 쓰였음에도 약간의 어법과 발음의 차이만 이해하면 오늘날 그리스인들이 이해하는 데 큰 어려움이 없다.

그리스어 어휘들은 유럽 언어들에 폭넓게 차용되었다.
 천문학(astronomy), 민주주의(democracy), 철학(philosophy), 연극배우(thespian) 등등이 있다. 더욱이 그리스어 어휘와 어휘요소는 이들 언어의 어휘 형성에 있어서 기초적이며 생산적인 요소이다. 인류학(anthropology), 사진(photography), 이성체(isomer), 생물 역학(biomechanics)

등이 이에 해당한다. 그리고 라틴어 어휘와 더불어서 국제 과학 기술 용어의 기초를 형성했다.

그리스어는 인도유럽어족에서 독립된 분파이다. 이러한 사실과 아마도 가장 가깝게 관련된 언어들은 고대 마케도니아어(그리스어 방언 중에 하나로 여겨짐)나 프리지아어 등인데, 이러한 언어들은 상세한 비교를 하기엔 너무 제대로 기록되어 있지 못한 편이다. 현존하는 언어들 중에서는 아르메니아어가 가장 이에 가까운 것으로 보인다.

현대 그리스어는 여전히 주로 종합적 언어이다. 그리스어는 종합적인 수동태를 유지하고 있는 몇 안되는 인도 유럽어 중 하나이다. 고전 그리스어와 비교했을 때 그리스어 문법에서 놀랄 만한 변화를 소개하자면 아래와 같다. 우선 여격, 기원법, 부정법, 쌍수, (과거 분사를 제외한) 분사 등을 상실하고 동명사가 도입되었다. 그리고 명사 변화의 수가 감소함과 동시에 각각의 명사 변화 내에서 차이점이 줄어들었다. 또 미래와 조건 시제를 표시하는 서법 불변화사 θα가 도입되고(예: ἐ θέλω ἵνα의 축약 > θέλω να > θε' να > θα), 몇몇 특정 시제를 나타내는 조동사 형태가 등장했으며, 현재/미완료와 아오리스트 시제를 구분짓는 차이점이 미래 시제까지 포괄하게 되었다. 그리고 마지막으로 3인칭 명령법이 상실되었으며, 접두 모음이나 반복과 같은 문법적 전치사 체계의 간소화되었다. 이러한 특징 중 몇몇은 발칸 반도에서 쓰이는 다른 언어들과 공유하고 있다.

하지만 현대 그리스어는 카타레부사의 일부 고전 그리스어 지향 경향도 반영되어 있다. 특히 작문이나 공식 연설 등에서 카타레부사의 영향이 잘 나타나며, 일상 생활의 표현에서도 일부 찾아 볼 수 있다. "OK"를 의미하는 εντάξει→문자 그대로는 "순서대로"에서 나타나는 여격표현이라든지, 3인칭 명령형 ζήτω!→'오래오래 사시길!'과 같은 일상 표현에도 카타레 부사의 영향이 나타나 있다.

현대 그리스어는 그리스어 알파벳의 후기 이오니아 변형으로 쓰인다. 그리스어 알파벳은 좁은 의미에서 최초의 알파벳으로 여겨지는데, 이것은 ("자음 알파벳"이라고 불리는) 페니키아 문자와 같은 이전의 문자와는 달리 자음과 동등하게 모음을 완전히 표시했기 때문이다. 그리스 알파벳의 가장 오랜 비문은 기원전 8세기 또는 9세기로 추정된다. 그리고 최종적으로 완전하다고 여겨지는 그리스어 알파벳은 기원전 403년 아테나이에서 나타나서 헬레니즘 기간 동안 아티케 방언의 코이네 방언이 널리 쓰임에 따라 다른 지역적 변이형들을 물리치고 많이 쓰이게 되었다.

그리스 알파벳은 24자로 구성되어 있으며, 각각 대문자와 소문자가 있다.

Α α, Β β, Γ γ, Δ δ, Ε ε, Ζ ζ, Η η, Θ θ, Ι ι, Κ κ, Λ λ, Μ μ, Ν ν, Ξ ξ, Ο ο, Π π, Ρ ρ, Σ σ ς, Τ τ, Υ υ, Φ φ, Χ χ, Ψ ψ, Ω ω.

이러한 알파벳에 덧붙여서 그리스어는 많은 구분 기호들을 가지고 있다. 하지만 이 구분 기호 중 대부분은 오늘날 현대 발음과 더이상 맞지 않기에 1982년 공식적으로는 사용하지 않게 되었다. 단순화된 현대 형태에 대해서는 단조 정서법을, 전통적인 형태에 대해서는 복조 정서법을 보라.

영어

영어의 명칭 English의 어원은, 앵글족이 사용하던 고대영어 '앵글리쉬'(Ænglisc)로부터 유래한다. 이 고대영어는 5세기부터 형성되었는데, 르네상스를 거치며 라틴어, 그리스어 어휘를 대량 수용하다가 성서의 보급으로 영어는 널리 전파된다.

그리고 영국인들이 아메리카 신대륙으로 이주하면서 사용자수가 획기적으로 증가했다.

계통적으로는 인도유럽어 > 게르만어족 > 서게르만어에 속하며, A부터 Z까지 26개의 알파벳 문자로 표기한다.

영어 사용자는 대략 20억 명, 즉 세계인구의 3분의 1 가량이 될 것으로 추산되며, 전 세계적으로 다양한 영역에서 공용어의 위상을 갖고 있다.

기본적으로 주어-동사-목적어 순으로 문장이 구성된다. 이외에도 영어의 주요 특징으로, 동사의 관용어구인 구절동사, 동사를 도와주는 조동사, 자동사와 타동사, 명사에 붙여 쓰는 관사, 셀 수 있고 없고를 나누는 가산 명사와 불가산 명사, 의문문을 만들 때 사용하는 의문사, 단어의 역할을 바꾸는 수동태 구문, 담화에서 사용하는 상투적인 담화표지 등이 있다.

<세계언어백과-영어편>은, 영어에 대한 기초적인 지식,상식과 함께, 영어를 배울 때 알아두면 좋을 기본적인 내용을 엮었다. 영어의 갈래와 사용현황, 문자와 발음, 영어를 배울 때 알아야 할 10가지(기본 문법), 기본적인 표현, 기타 언어적 특징, 영어의 발생과 역사, 영어 문자의 발달 등에 대해, 아래 목차의 순서에 따라 설명하고자 한다.

영어 이름의 유래

오늘날 영국을 가리키는 England라는 명칭은 고대영어의 '엥글라란드'(Englaland)라는 말에서 유래했는데 Englaland란 앵글족(Angles) 사람들의 땅이라는 뜻이다.

앙겔른 반도의 위치

원래 앵글족은 북유럽 발트해 지역, 현재 독일 북부와 덴마크 남부의 땅인 앙겔른(Angeln) 반도에 살던 사람들이다. 이

반도는 모양이 각(角; angle)이 진 모양이어서 이런 이름을 가지게 되었다고 하고, 앵글족은 색슨족(Saxons)과 쥬트족(Jutes; = 유트족)과 더불어 대륙에서 브리튼 즉, 영국 섬으로 600~700킬로미터의 바닷길을 따라 이주해 왔다. 이 엥글라란드의 사람들이 사용하는 언어를 고대영어에서는 '앵글리쉬'(Ænglisc)라 했으며 이것이 English의 어원이다.

한자문화권에서는 England의 Eng-의 음을 따른 '영(英)'과 -land의 뜻을 따른 '국(國)'의 합성으로 '영국'이라는 국가명이 만들어져 널리 사용되고 있는데, 우리나라에서도 이 방식을 따라 '영국'이라는 나라이름을 사용하고, 그 언어는 '영국의 언어'라는 의미를 가진 '영어'라는 이름으로 부르게 되었다.

영어의 시대구분

영어는 역사적으로 크게 고대영어, 중세영어, 근대영어, 현대영어로 나눈다.

오늘날의 영국 본토인 브리튼 섬에는 원래 켈트족(Celts)이 철기시대부터 오랫동안 살고 있었다. 1세기에는 로마의 군대가 이 섬을 정복하였다. 5세기에 이르러 게르만어를 사용하는 부족들이 대규모로 이주해 왔다. 이들은 앵글족, 색슨족, 쥬트족으로 이들의 언어가 오늘날 영어의 근원이 되었으므로 고대영어는 바로 이 시기, 즉 5세기부터 시작된 것으로 여겨진다.

그 후 1066년에는 프랑스 노르망디의 윌리엄 2세(정복왕 윌리엄)가 브리튼 섬을 정복하여 통치하였다. 이 사건을 계기로 대규모의 프랑스어 어휘들이 영어에 들어오게 된다. 중세영어는 노르만 정복부터 시작되어 1500년대까지 계속된다.

1500년을 전후로 영어는 대모음 추이(Great Vowel Shift)라

부르는 큰 변화를 겪게 된다. 유럽의 많은 언어들은 철자와 발음이 대개 대응관계가 있는데 반해, 영어는 철자 그대로 읽으면 틀린 발음이 되는 경우가 많다. 이것은 대모음 추이의 결과이다. 이 변화가 약 200여 년에 걸쳐 일어나게 되는데 1500년 전후로 계속되었기 때문에 1500년을 기점으로 삼는다. 또한 1476년 시작된 인쇄술이 충분히 정착된 시기가 1500년 즈음인 것과도 관련이 있다.

1500년부터 시작된 근대영어는 1700년까지 인쇄술, 셰익스피어, 영어성경, 르네상스, 사전편찬, 신대륙 이주 등 중요한 사건과 발전을 겪게 된다. 이 시기 동안에 영어는 철자, 정서법, 문법 등이 획기적으로 통일되고 구조와 발음상 현대영어와 유사한 형태를 띠게 된다.

근대영어 시기 이후의 영어는 현대영어라 부른다. 현대영어는 영어의 역사상 최고의 전성기이다. 영문학사에서는 유명한 문학 작가들이 활발하게 활동한 황금시대라 할 수 있다. 국제 정치에 있어서는 미국이 세계무대에서 중요한 역할을 하게 되면서 영어의 영향력이 커지는 시기이다. 언어적으로는 영어의 규범문법이 크게 발달하고, 본격적인 영어사전들이 출판되고, 영어가 과학기술이나 학술적인 언어로 자리 잡아 세계 공용어로 발전하게 되는 시기이다.

영어의 시대 구분
구분 시기
 고대영어(Old English)   449~1066
중세영어(Middle English   1066~1500년
근대영어(Early Modern English)   1500~1700년
현대영어(Modern English)   1700~현재

영어발달의 역사적 주요 사건 9가지

영어의 발달에 큰 영향을 준 역사적인 사건을 들어보면, 북유럽 민족들의 침략과 이주, 로마의 지배, 게르만의 이주, 기독교 전파, 노르만 정복, 르네상스, 성서, 인쇄술, 신대륙 이주 등을 꼽을 수 있다.

1. 북유럽 민족들의 침략과 이주

인도유럽인 중 원시 게르만어를 사용하던 사람들이 기원전 10세기경부터 독일 엘베강과 스웨덴 남부지역에 정착해 살았다. 이들은 서기 5세기에 브리튼 섬으로 대거 이주를 시작하여 당시 브리튼 섬에 살고 있던 켈트족을 대체하여 브리튼 섬의 주된 민족을 형성하였다.

2. 로마의 지배

줄리어스 시저의 갈리아 전기(1783년 판)

갈리아 전기 4권과 5권에서 브리튼 섬을 침공한 사실을 기록하고 있다.

기원전 1세기에 세계적인 제국을 형성하던 로마는 줄리어스 시저가 기원전 55년에 브리튼 섬을 침공한 이래 빈번하게 공격의 대상이 되었고 기원후 43년에는 클라우디우스 황제가 브리타니아, 즉 로마령 브리튼을 지배하였다. 브리튼 섬에 대한 로마의 지배는, 고트족과 반달족 등의 게르만족이 끊임없이 로마를 공격함에 따라 400년 경 군대를 로마로 철수시킴으로써 끝났다.

3. 게르만의 이주

로마가 브리튼 섬을 떠나자 브리튼 섬은 게르만족의 공격 대상이 되었다. 그들 중, 오늘날 덴마크에 해당하는 북유럽으로부터 앵글족, 색슨족, 쥬트족은 대규모로 브리튼 섬에 이주하였고 여기에서 이들을 가리키는 앵글로색슨이라는 말이 생겨나게 되었다. 토착민이었던 켈트족은 이들을 야만인(barbarian)이라 불렀고, 이들 새 이주민들은 켈트족을 '노예' 또는 '외국인'이라는 뜻을 가진 weales라 불렀는데 이 말에서 오늘날의 웨일즈(Wales)의 유래가 되었다.

4. 기독교 전파

영국 캔터베리에 있는 세인트 오거스틴 사원
성 어거스틴이 세운 베네딕트회 수도원으로 현재 터와 정문만 남아 있다.

로마가 브리튼 섬을 통치하는 동안 기독교가 널리 퍼졌지만 6세기 말 성 어거스틴이 활동하는 동안 브리튼 섬에는 기독교가 광범위하게 그리고 급속하게 전파되었다. 기독교는 로마를 배경으로 한 종교였으므로 로마자가 널리 쓰이는 데에 크게 기여하였다. 또한 성서의 번역과 설교문, 신앙적인 시와 문학 등이 영문학의 역사에 큰 영향을 끼쳤다.

5. 노르만 정복

1066년 정복왕 윌리엄(William the Conqueror)이라 불리는 프랑스 노르망디의 윌리엄 2세가 브리튼 섬을 정복하여 통치하게 되었다. 이 사건을 계기로 대규모의 프랑스어 어휘들이 영어에 들어오게 되어 오늘날의 영어에는 프랑스어 단어, 그리고 프랑스어의 조상언어인 라틴어의 단어가 매우 많다. 이 때부터 중세영어가 시작된다.

6. 르네상스

셰익스피어가 남긴 작품은 영어의 가치를 끌어올리는 데 큰 영향을 끼쳤다.

14세기에 대륙에서 시작된 르네상스는 16세기와 17세기에 영국에 변화의 물결을 일으켰다. 영국의 르네상스는 엘리자베스 여왕과 셰익스피어로 대표된다. 당시 라틴어는 교육과 학문의 언어로 간주되었다. 이 시기에 라틴어와 그리스어로 된 고전문학에 관심을 갖게 되면서, 많은 단어들이 라틴어와 그리스어로부터 영어로 유입되었다. 거의 무분별함에 가까운 고전어 수용은 토착어인 게르만계의 어휘들의 비율을 크게 낮추게 되었지만, 한편 영어의 사용 영역의 획기적인 확대를 가져왔다. 이로써 그동안 비천하고 볼품없는 언어였던 영어는 16세기 말에 이르면 그 어휘의 풍부함으로 인해 문학과 학술 언어로 손색이 없는 유용하고 강력한 언어가 되었다.

영어의 역사에 큰 획을 긋는 사건은 성서의 출판이다. 일찍이 존 위클리프(John Wycliffe)는 1384년에 성서를 비밀리에 영어로 번역하였고 그 필사본이 유통되었다. 1611년에는 54명의 학자가 동원되어 200년 동안의 노력의 결실로 흠정역(King James Version 또는 Authorized Version)이라 부르는 영어 성서가 출판되게 된다. 이 성서는 영문학의 최고 걸작으로 널리 인정되고 있으며, 성서의 보급은 문어체 영어가 대중에게 널리 전파되는 계기가 되었다.

8. 인쇄술

루터의 종교개혁은 쿠텐베르크의 인쇄술이 발명되지 않았다면 과연 어떻게 되었을까?

종교개혁은 성경의 번역과 번역된 성경을 신자들이 직접 성경을 읽을 수 읽게 된 것이 종교개혁의 시작이다.

당시 성경은 로마의 글로 쓰여 있으면 성직자 이외는 볼 수 없었던 교회법이었다.

같은 동시대의 종교개혁자인 장 칼뱅이 있는데 그는 교회체

제 밖에서의 종교개혁자라면 루터는 체제 내에서의 종교개혁자로서 박해의 정도가 달랐다.

중세영어에서 현대영어로 옮겨가는 시기의 가장 획기적인 일 중 하나는 인쇄술의 발달이었다. 이미 1476년에 윌리엄 캑스턴(William Caxton)에 의해 시작된 인쇄술의 발달은 당시 방언마다 제각기 갖고 있던 매우 복잡하고 불규칙한 철자나 문법이 통일되는 데에 크게 기여하였다. 당시 '비록'이라는 뜻의 단어 though는 그 표기법이 500개가 넘었던 것으로 알려져 있다. 인쇄술은 주로 북부 방언으로 된 글들을 출판하였는데, 이 때문에 당시 정치, 경제, 문화적으로 더 세력이 컸던 런던 방언이 북부 방언에게 우위를 빼앗기게 되었다.

9. 신대륙 이주

영국은 1600년대 초부터 북미 동해안 지역에 식민지를 건설하였다. 이에 따라 영국인들이 미국으로 이주하기 시작하였으며, 이 지역을 새로운 영국이라는 뜻을 가진 뉴잉글랜드라 부르게 되었다. 특히 1620년 필그림들이 신앙을 지키려는 목적으로 메이플라워호를 타고 플리머스 지역에 도착하여 정착촌을 이루게 됨으로써 미국은 종교적인 자유의 땅으로 널리 인식되게 되었다. 영국인들의 신대륙 이주는 영어의 위상에 큰 변화를 가져온 사건이다.

그 이유는 신대륙의 이주를 통해 영어 사용자 수가 획기적으로 증가하였다는 것이다. 예를 들어, 엘리자베스 1세가 왕위에 있던 16세기의 영어사용자는 약 600만 명에 불과하였으나 엘리자베스 2세가 왕위에 있는 21세기 초반의 영어사용자는 8억 명이 훨씬 넘는다. 이러한 획기적인 증가의 가장 중요한 원인은 미국인들이 영어를 사용하고 있기 때문이다.

영어(英語, 영어: English language)는 영국의 잉글랜드에서 기원한 서게르만어군 언어이다. 오늘날에는 전 세계 수많은 국가에서 주요 언어로 사용되고 있으며 공식 언어로서뿐만 아니라 제2언어로서도 광범위하게 사용되고 있다. 또한 영어는 18세기, 19세기 그리고 20세기 초의 대영 제국의 군사적, 경제적, 과학적, 정치적 그리고 문화적 영향과 20세기 중반 이래의 미국의 영향으로 전 세계에서 가장 폭넓게 가르쳐지고 이해되는 언어로서 때때로 링구아 프랑카에 비유된다.

영어는 서게르만어군의 방언이었던 앵글로색슨족의 언어가 여러 역사적 사건을 겪으면서 변화하면서 형성되었다. 5세기 무렵 브리튼 제도에 앵글로색슨족이 이주하면서 시작된 고대 영어는 이후 바이킹의 침입과 함께 전파된 고대 노르드어의 영향을 받게 되었다.

노르만 정복 이후 고대 영어는 단어와 철자법 등에서 노르만어의 영향을 받으며 중세 영어로 발전하였다. 영어(English)라는 단어의 어원은 12세기 고대 영어인 Angles의 복수형 Ænglisc 또는 Engle에서 파생된 것이다.

근대 영어는 15세기 잉글랜드에서 있었던 대모음 추이로부터 시작되었다. 또한 이 무렵 여러 나라에서 유래한 외래어와 신조어가 크게 늘었다. 특히 라틴어와 고대 그리스어를 어원으로 하는 기술 용어들이 크게 늘었다. 또한, 각국 국민들의 모국어 액센트가 영어에 사용되기도 한다.

영어는 프랑스어나 이탈리아어와 마찬가지로 로마자로 표기하고 있다.

근대 영어는 종종 최초의 지구적 링구아 프랑카로서 언급된다. 영어는 통신, 과학, 무역, 비행, 오락, 방송, 외교 등의 분야에서 국제어로서 사용되고 있다. 때문에 영어의 사용은 종종 언어 제국주의라는 비판을 받기도 한다.[10] 영어는 대영 제국의 팽창과 함께 브리튼 제도의 밖에서 사용되기 시작하였으며 19세기 말 무렵에는 글자 그대로 전지구적 언어가 되었다.[11] 영국의 식민지였던 미국과 캐나다 역시 영어 사용의 확대에 기여하였는데, 특히 제2차 세계대전 이후 초강국이 된 미국으로 인해 영어 사용의 세계화는 더욱 확산되었다.

의료나 컴퓨터 사용과 같은 여러 분야는 기초적인 영어 사용 능력을 전제로 한다. 이를 위해 수억명 이상의 사람들이 영어를 배운다. 영어는 유엔의 여섯 공용어 가운데 하나이다.

영국의 언어학자 데이비드 크리스털은 전 지구적인 영어 사용의 급격한 증가로 인해 다른 언어가 막대한 타격을 입고 있다고 말한다. 북아메리카와 오스트레일리아를 포함한 지구 곳곳에서 영어 사용이 일반화됨으로써 각 지역의 자연어가 갖고 있던 언어 다양성이 감소하고 심지어 더이상 쓰는 사람이 없는 사어가 되고 있다고 지적한다.[12] 이러한 영어의 영향은 역사언어학의 연구에서도 확인할 수 있다. 여러 언어 공동체에 광범위하게 확산되어 사용되고 있는 영어는 복잡하고 역동적인 언어 변화를 가져왔다. 크리올과 피진은 이러한 영어의 영향으로 만들어진 새로운 어족이다.

영어는 앵글로프리지아어와 저지 게르만어[주 3] 를 기원으로 하는 서게르만어군의 하나이다. 이 언어들은 로마 속주시기 이후 5세기까지 오늘날 독일, 덴마크, 네덜란드 등의 지역에 해당하는 유럽 북서부에서 다양한 경로를 통해 브리튼 섬으로 유입되었다. 이렇게 브리튼 섬에 정착한 게르만족의 하나가 앵글족으로 이들의 이름 앵글(영어: Angles)은 이들의 원래 거주하였던 곳의 지명 앵글른에서 유래한 것으로[14] 오늘날의 슐레스비히 인근 지역이다. 브리튼이라는 이름은 베다 베네라빌리스의 《잉글랜드 교회사》에 최초로 등장한다.브리튼 섬에 이주해 온 앵글족은 새 정착지를 자신들의 땅이라는 의미의 잉글랜드(영어: England, Engla + land)로 불렀다. 영어(영어: English)역시 앵글족의 말이란 뜻이다.

앵글로색슨족은 덴마크와 윌란 반도로부터 449년에 브리튼 섬을 침공하였다. 이전까지 이 지역에서 사용되던 언어는 켈트어파에 속한 브리소닉어와 고이델어였다. 브리튼 섬에 있었던 두 번의 침입은 영어에도 많은 영향을 주었다. 하나는 8~9세기에 있었던 바이킹의 침입으로 이로 인해 영어는 북게르만어군의 영향을 받았다. 다른 하나는 1066년 있었던 노르만 정복으로 이로 인해 프랑스어와 노르만어가 유입되었다. 이런 역사적 사건들의 영향을 받으며 고대 영어가 형성되었다.

브리튼 섬에 세워진 앵글로-색슨의 고대 왕국들에서는 저마다 고대 영어의 다양한 사투리가 쓰였다.[20] 후기에는 색슨족이 들어와 저지 게르만어의 영향을 받았다. 영어의 발전에 지대한 영향을 미친 요소 가운데 하나는 로마 가톨릭교회의 전파였다. 530년의 베네딕도 규칙서에서부터 1536년의 수도원 해체까지 브리튼 섬에는 많은 가톨릭 수도원이 세워졌다. 초대 주교였던 캔터베리의 아우구스티누스이후 가톨릭 성직자들은 수도원을 통해서 문자와 문학을 전파하는 학교의 기능을 수행하였다.

중세기간 동안 수도원은 브리튼 제도에서 지식의 보고였고 이들의 활동은 영어에 많은 영향을 주었다. 가톨릭 수사들은 중세 유럽의 링구아 프랑카였던 라틴어를 사용하였고 영어 역시 라틴어의 영향을 받았다.

15세기에서 16세기에 걸쳐 런던에서 쓰인 영어를 초기 근대 영어라 한다. 이 시기 영어는 철자법이 고정되고 어순이 확립되는 등의 변화를 겪었다. 산업혁명과 과학의 발달은 라틴어와 그리스어 어근을 바탕으로한 막대한 과학어휘가 새로 만들어지는 결과를 가져왔다. 그레이트브리튼 왕국의 성립으로 영어는 브리튼 섬 전역에서 일반적으로 사용하는 언어가 되었으며 대영제국 시기 제국주의 정책에 따라 세계 곳곳에 영국의 식민지가 확장되자 영어 역시 세계로 퍼져나갔다. 이 시기 영어가 전파된 주요 국가로는 오늘날의 미국, 캐나다, 오스트레일리아, 뉴질랜드 등이 있다. 또한 영어는 영국이나 미국의 영향권하에 있었던 파키스탄, 가나, 인도, 나이지리아, 남아프리카, 케냐, 우간다, 필리핀 등 많은 나라에서 공용어로 사용된다.

1945년 유엔의 설립 이래 영어는 유엔의 공식 언어들 가운데 하나로 사용되고 있다. 오늘날 영어는 게르만어파의 언어 중에서 가장 널리 사용되는 언어이며, 사실상 전 세계 언어 중에서 가장 폭넓게 쓰이는 언어라고 할 수 있다. 이는 대영제국의 대외 팽창으로 인해 전 세계로 영어가 확산되고, 제2차 세계 대전 이후 미국의 경제적 문화적 영향력이 증가한 데에 기인한다. 특히 근대에 들어 통신기술의 발달로 영어는 다른 문화권에 영향을 주고 있다.

언어학적 특징

어족

영어는 인도유럽어족 게르만어파 서게르만어군의 앵글로프리지아어에 속하는 언어이다. 현존하는 가장 가까운 관계의 언어로는 스코틀랜드 저지대와 북아일랜드 일부 지역에서 사용되는 스코트어와 네덜란드의 프리슬란트주와 독일의 슐레스비히홀슈타인주 일부 지역에서 사용되는 프리지아어가 있다. 스코트어는 별개의 언어가 아닌 영어의 방언으로 취급되기도 한다.

스코트어와 프리지아어 외에 영어와 연관이 있는 언어로는 서게르만어군 중에서 비(非)앵글로프리지아어에 해당하는 독일어, 네덜란드어, 아프리칸스어와 북게르만어군에 속하는 스웨덴어, 덴마크어, 노르웨이어, 아이슬란드어, 페로어 등이 있다. 이들은 가장 기초적인 부분에서 영어와 유사성을 보이기는 하지만 이미 오래전 서로 다른 언어로 분기되었고 영어와 스코트어는 그레이트브리튼 섬에 고립되어 발달하여 어휘, 구문, 어의, 음운 등이 달라 서로 통용되지 않는다. 독일인, 더치(네덜란드, 벨기에 일부), 북유럽(핀란드 제외) 사람들은 어순이나 언어가 영어와 상당히 유사하여 진지하게 공부하지 않아도 영어로 의사소통하고, 영화를 보고 책을 읽는데 큰 부담을 느끼지 않아서 자연스레 영어를 잘 한다. 이와 같은 관련 언어 가운데 굳이 친소를 가린다면 네덜란드어가 보다 영어와 유사한 편이다.

관련 어군과의 관계

영어와 다른 연관 언어 사이에는 전혀 다른 의미를 지니는 단어가 비슷한 음운을 갖는 거짓짝이 많이 있다. 일례로 영어: time(시간)과 노르웨이어: time(시각)을 들 수 있다. 또한 같은 의미를 지니는 낱말이 서로 다른 발음으로 변화한 것도 있는데 영어: enough와 독일어: genug, 그리고 덴마크어: nok를 그 예로 들 수 있다.

그러나, 이러한 차이점에도 영어는 다른 언어군들에 비해 게르만어파와 확연한 유사성을 공유하고 있다. 영어와 게르만어파에 속하는 많은 언어에서는 "-hood", "-ship", "-dom", "-ness"와 같은 접미사들이 공통적으로 사용된다. 다만 접미사의 활용 방식은 조금씩 다른데 예를 들어 Freedom에 해당하는 독일어: Freiheit에 쓰인 접미사 "-heit"는 영어의 "-hood"에 해당하는 것이다. 한편 영어의 "-dom"에 해당하는 접미사에 독일어에서는 종종 "-tum"이 사용된다. 이러한 접미사의 사용은 아이슬란드어, 페로어와 같은 다른 도서 게르만어에서도 볼 수 있다. 이들 역시 영어와 같이 여타의 게르만어파에 속하는 언어들과는 다른 독자적인 방식으로 접미사를 사용하고 있다.

사용
 현재 약 3억 7천 5백만 명이 영어를 모국어로 사용하고 있다. 이는 중국어, 스페인어 다음으로 많은 수이다. 공용어와 제1외국어로 사용하는 사람의 수를 합산하면 영어 사용인구는 중국어 다음으로 많다.
다음의 표는 영어를 사용하는 주요 나라의 영어 사용 인구수를 나타내고 있다.
1 미국 251,388,301 96%
2 인도 90,000,000 8% 1
3 나이지리아 79,000,000 53%
4 영국 59,600,000 98%
5 필리핀 48,800,000 52%[
6 캐나다 25,246,220 85%
7 호주 18,172,989 92%

5장

영어(英語)발달사(發達史)

영어(英語, English language)는 영국의 잉글랜드에서 기원한 서게르만어군 언어이다. 오늘날에는 전 세계 수많은 국가에서 주요 언어로 사용되고 있으며 공식 언어로서뿐만 아니라 제2언어로서도 광범위하게 사용되고 있다. 또한 영어는 18세기, 19세기 그리고 20세기 초의 대영 제국의 군사적, 경제적, 과학적, 정치적 그리고 문화적 영향과 20세기 중반 이래의 미국의 영향으로, 전 세계에서 가장 폭넓게 가르쳐지고 이해되는 언어로서 때때로 링구아 프랑카에 비유된다.

영어는 서게르만어군의 방언이었던 앵글로색슨족의 언어가 여러 역사적 사건을 겪으면서 변화하면서 형성되었다. 5세기 무렵 브리튼 제도에 앵글로색슨족이 이주하면서 시작된 고대 영어는 이후 바이킹의 침입과 함께 전파된 고대 노르드어의 영향을 받게 되었다.

노르만 정복 이후 고대 영어는 단어와 철자법 등에서 노르만어의 영향을 받으며 중세 영어로 발전하였다. 영어(English)라는 단어의 어원은 12세기 고대 영어인 *Angles*의 복수형 *Ænglisc* 또는 *Engle*에서 파생된 것이다.

근대 영어는 15세기 잉글랜드에서 있었던 대모음 추이로부터 시작되었다. 또한 이 무렵 여러 나라에서 유래한 외래어와 신조어가 크게 늘었다. 특히 라틴어와 고대 그리스어를 어원으로 하는 기술 용어들이 크게 늘었다. 또한, 각국 국민들의 모국어 액센트가 영어에 사용되기도 한다.

영어는 프랑스어나 이탈리아어와 마찬가지로 로마자로 표기하고 있다.

고대 영어(Old English) 또는 **앵글로색슨어**(Anglo-Saxon)는 5세기 중반에서부터 12세기 중반까지 지금의 잉글랜드와 스코틀랜드 남부에서 앵글로색슨인에 의해 쓰이던 언어이다. 당시 사람들은 이 언어를 Ænglisc라고 불렀으며 이는 현대 영어의 기반이 되었다. 여러 문헌에 기록이 남아 있으며 서 게르만어의 한 종류로 고대 프리지아어와 밀접하다. 스칸디나비아 반도에서 사용되던 고대 언어인 고대 노르드어에서도 많은 영향을 받았다

발달 과정
  고대 영어는 앵글족과 색슨족이 영국에 침입한 5세기경부터 노르만 왕조가 세워진 11세기까지 7백여 년간 앵글로-색슨족의 언어로 사용되었다. 고대 영어는 여러 가지 영향을 받으며 발달해 왔으며 이후 현대 영어의 기반이 되었다.

게르만어적 기원
  고대 영어는 게르만어의 한 종류였다. 현대 독일어의 기반이기도 한 서 게르만어에서 소유격, 여격, 대격과 같은 문법적인 요소와 많은 단어, 어휘들이 지금도 많은 유사점을 가지고 있다. 예를 들어 고대 영어는 현대 독일어와 같이 태양(sēo, Sun, 독일어: Sonne)을 여성 명사로 달(mōna, Moon, 독일어: Mond)을 남성 명사로 사용한다.

라틴어의 영향
중세 유럽의 다른 지역과 같이 영국에도 기독교의 전래와 함께 많은 수도원과 교회가 세워졌으며 여기에서 라틴어가 사용되고 가르쳐졌다. 또한 정복왕 윌리엄에 의해 세워진 노르만 왕조는 고대 프랑스어와 라틴어를 사용하였기 때문에 고대 영어 역시 이로부터 많은 영향을 받게 된다. 예를 들면 militia, assembly, movement, service와 같은 라틴어를 기원으로한

단어들이 사용되게 되었다.

바이킹의 침입

　9세기에서 10세기에 있었던 유틀란트 반도 바이킹의 침입은 이들의 언어도 전파되는 계기가 되었다. 바이킹은 잉글랜드 동부 연안과 스코틀랜드 남부를 점령하여 자신들의 통치 아래 두었으며 이들 지역을 중심으로 바이킹이 사용하던 고대 노르드어가 영어와 혼합되었다.

영어방언

　고대 영어는 여러 갈래의 방언이 사용되었다. 메르시아어, 노스 엄브리아어, 앵글리언, 켄트어, 웨스트 색슨어 등이 있다.
　이 중 메르시아어가 런던 지역의 방언으로 현대에 이어지고 있으나, 문헌이 가장 많이 남아있는 것은 윈체스터 부근의 후기 웨스트 색슨어이다. 이는 알프레드 대왕의 노력 탓이다.

　근대 영어는 종종 최초의 지구적 링구아 프랑카로서 언급된다. 영어는 통신, 과학, 무역, 비행, 오락, 방송, 외교 등의 분야에서 국제어로서 사용되고 있다. 때문에 영어의 사용은 종종 언어 제국주의라는 비판을 받기도 한다. 영어는 대영제국의 팽창과 함께 브리튼 제도의 밖에서 사용되기 시작하였으며 19세기 말 무렵에는 글자 그대로 전지구적 언어가 되었다. 영국의 식민지였던 미국과 캐나다 역시 영어 사용의 확대에 기여하였는데, 특히 제2차 세계대전 이후 초강국이 된 미국으로 인해 영어 사용의 세계화는 더욱 확산되었다.
의료나 컴퓨터 사용과 같은 여러 분야는 기초적인 영어 사용 능력을 전제로 한다. 이를 위해 수억명 이상의 사람들이 영어를 배운다. 영어는 유엔의 여섯 공용어 가운데 하나이다.

영국의 언어학자 데이비드 크리스털은 전 지구적인 영어 사용의 급격한 증가로 인해 다른 언어가 막대한 타격을 입고 있다고 말한다. 북아메리카와 오스트레일리아를 포함한 지구 곳곳에서 영어 사용이 일반화됨으로써 각 지역의 자연어가 갖고 있던 언어 다양성이 감소하고 심지어 더이상 쓰는 사람이 없는 사어가 되고 있다고 지적한다. 이러한 영어의 영향은 역사 언어학의 연구에서도 확인할 수 있다. 여러 언어 공동체에 광범위하게 확산되어 사용되고 있는 영어는 복잡하고 역동적인 언어 변화를 가져왔다. 크리올과 피진은 이러한 영어의 영향으로 만들어진 새로운 어족이다.

영어역사

영어는 앵글로프리지아어와 저지 게르만어를 기원으로 하는 서게르만어군의 하나이다. 이 언어들은 로마 속주 시기 이후 5세기까지 오늘날 독일, 덴마크, 네덜란드 등의 지역에 해당하는 유럽 북서부에서 다양한 경로를 통해 브리튼 섬으로 유입되었다. 이렇게 브리튼 섬에 정착한 게르만족의 하나가 앵글족으로 이들의 이름 앵글(영어: Angles)은 이들의 원래 거주하였던 곳의 지명 앵글른에서 유래한 것으로 오늘날의 슐레스비히 인근 지역이다 브리튼이라는 이름은 베다 베네라빌리스의 《잉글랜드 교회사》에 최초로 등장한다. 브리튼 섬에 이주해 온 앵글족은 새 정착지를 자신들의 땅이라는 의미의 잉글랜드(영어: England, Engla + land)로 불렀다. 영어(영어: English)역시 앵글족의 말이란 뜻이다.

앵글로색슨족은 덴마크와 윌란 반도로부터 449년에 브리튼 섬을 침공하였다. 이전까지 이 지역에서 사용되던 언어는 켈트어파에 속한 브리소닉어와 고이델어였다. 브리튼 섬에 있었던 두 번의 침입은 영어에도 많은 영향을 주었다. 하나는 8~9세기에 있었던 바이킹의 침입으로 이로 인해 영어는 북게르만 어군의 영향을 받았다. 다른 하나는 1066년 있었던 노르만 정복으로 이로 인해 프랑스어와 노르만어가 유입되었다. 이런 역사적 사건들의 영향을 받으며 고대 영어가 형성되었다.

브리튼 섬에 세워진 앵글로-색슨의 고대 왕국들에서는 저마다 고대 영어의 다양한 사투리가 쓰였다. 후기에는 색슨족이 들어와 저지 게르만어의 영향을 받았다. 영어의 발전에 지대한 영향을 미친 요소 가운데 하나는 로마 가톨릭교회의 전파였다. 530년의 베네딕도 규칙서에서부터 1536년의 수도원 해체까지 브리튼 섬에는 많은 가톨릭 수도원이 세워졌다. 초대 주교였던 캔터베리의 아우구스티누스이후 가톨릭 성직자들은 수도원을 통해서 문자와 문학을 전파하는 학교의 기능을 수행하였다.

 중세 기간 동안 수도원은 브리튼 제도에서 지식의 보고였고 이들의 활동은 영어에 많은 영향을 주었다. 가톨릭 수사들은 중세 유럽의 링구아 프랑카였던 라틴어를 사용하였고 영어 역시 라틴어의 영향을 받았다.

 15세기에서 16세기에 걸쳐 런던에서 쓰인 영어를 초기 근대 영어라 한다. 이 시기 영어는 철자법이 고정되고 어순이 확립되는 등의 변화를 겪었다. 산업혁명과 과학의 발달은 라틴어와 그리스어 어근을 바탕으로한 막대한 과학어휘가 새로 만들어지는 결과를 가져왔다. 그레이트브리튼 왕국의 성립으로 영어는 브리튼 섬 전역에서 일반적으로 사용하는 언어가 되었으며 대영제국 시기 제국주의 정책에 따라 세계 곳곳에 영국의 식민지가 확장되자 영어 역시 세계로 퍼져나갔다. 이 시기 영어가 전파된 주요 국가로는 오늘날의 미국, 캐나다, 오스트레일리아, 뉴질랜드 등이 있다. 또한 영어는 영국이나 미국의 영향권하에 있었던 파키스탄, 가나, 인도, 나이지리아, 남아프리카, 케냐, 우간다, 필리핀 등 많은 나라에서 공용어로 사용된다.

1945년 유엔의 설립 이래 영어는 유엔의 공식 언어들 가운데 하나로 사용되고 있다. 오늘날 영어는 게르만어파의 언어 중에서 가장 널리 사용되는 언어이며, 사실상 전 세계 언어 중에서 가장 폭넓게 쓰이는 언어라고 할 수 있다. 이는 대영제국의 대외 팽창으로 인해 전 세계로 영어가 확산되고, 제2차 세계 대전 이후 미국의 경제적 문화적 영향력이 증가한 데에 기인한다. 특히 근대에 들어 통신기술의 발달로 영어는 다른 문화권에 영향을 주고 있다.

영어의 언어학적 특징
영어어족

영어는 인도유럽어족 게르만어파 서게르만어군의 앵글로프리지아어에 속하는 언어이다. 현존하는 가장 가까운 관계의 언어로는 스코틀랜드 저지대와 북아일랜드 일부 지역에서 사용되는 스코트어와 네덜란드의 프리슬란트주와 독일의 슐레스비히홀슈타인주 일부 지역에서 사용되는 프리지아어가 있다. 스코트어는 별개의 언어가 아닌 영어의 방언으로 취급되기도 한다.

스코트어와 프리지아어 외에 영어와 연관이 있는 언어로는 서게르만어군 중에서 비(非)앵글로프리지아어에 해당하는 독일어, 네덜란드어, 아프리칸스어와 북게르만어군에 속하는 스웨덴어, 덴마크어, 노르웨이어, 아이슬란드어, 페로어 등이 있다. 이들은 가장 기초적인 부분에서 영어와 유사성을 보이기는 하지만 이미 오래전 서로 다른 언어로 분기되었고 영어와 스코트어는 그레이트브리튼 섬에 고립되어 발달하여 어휘, 구문, 어의, 음운 등이 달라 서로 통용되지 않는다. 독일인, 더치(네덜란드, 벨기에 일부), 북유럽(핀란드 제외) 사람들은 어순이나 언어가 영어와 상당히 유사하여 진지하게 공부하지 않아도 영어로 의사소통하고, 영화를 보고 책을 읽는데 큰 부담을 느끼지 않아서 자연스레 영어를 잘 한다. 이와 같은 관련 언어 가운데 굳이 친소를 가린다면 네덜란드어가 보다 영어와 유사한 편이다.

영어단어

 영어는 라틴어와 프랑스어의 어휘에서 많은 영향을 받았으며 지리적 고립으로 인한 구문의 변화로 관련된 게르만어들과 다른 모습으로 발전하였다. 실제로 라틴어는 영어의 15%에서 30%에 달하는 어휘의 근원이 되었다고 한다. 예를 들어 "exit"라는 라틴어에서 유래한 단어로 이에 해당하는 네덜란드어 "uitgang"이 보다 원래의 뜻을 잘 나타낸다고 할 수 있다. uitgang은 "나가다"는 뜻의 "uit"과 "통로"를 뜻하는 "gang" 의 합성어로 글자그대로 통로에서 나간다는 의미를 나타낸다. 영어로 나타낸다면 "out-gangway"가 될 것이다. 프랑스어에서 유래한 "movement" 역시 이 보다는 독일어 Bewegung이 글자그대로 "be-way-ing" 즉 "길을 따라 움직이는" 또는 "방도에 맞추어 가는"의 의미를 잘 나타낸다고 할 것이다.

 현대의 영어 사용자들도 많은 프랑스 단어를 읽을 수 있는데 이 역시 노르만 침공 이후 영어에 미친 노르만어와 프랑스어의 영향을 보여준다.

영어어순

 영어의 어순은 다른 게르만어와는 상당히 다르다. 그러나 중세 이후 노르웨이어, 스웨덴어와 같은 북게르만어군의 어순이 영어에 많은 영향을 주었다. 다음은 영어와 북게르만어군 사이에서 보이는 어순의 유사성을 나타낸 예문이다. 맨 아래의 독일어와 영어: seen에 해당하는 단어의 어순을 비교해 보라. 한편, 네덜란드어의 어순은 영어와 독일어의 중간 형태를 보인다.

- **영어** : I **have** still never **seen** anything in the square.
- **노르웨이어** : Jeg **har** likevel aldri **sett** noe i torget.
- **스웨덴어** : Jag **har** ännu aldrig **sett** något på torget.
- **독일어** : Ich **habe** noch nie etwas auf dem Platz **gesehen**.
- **네덜란드어** : Ik **heb** nog nooit iets **gezien** op het plein
- **한국어** : 나는 지금껏 그 광장에서 어떤 것도 **보지 못하고 있다**.
    - 영어: have = 노르웨이어: har = 스웨덴어: har = 독일어: habe = 네덜란드어: heb
    - 영어: seen = 노르웨이어: sett = 스웨덴어: sett = 독일어: gesehen = 네덜란드어: gezien

위의 예에서 네덜란드어는 다른 게르만어군에 비해 영어와 보다 유사한 형태를 띠는데 이는 동사의 시제 변화에서도 확인할 수 있다.

영어의 관련 어군과의 관계

영어와 다른 연관 언어 사이에는 전혀 다른 의미를 지니는 단어가 비슷한 음운을 갖는 거짓짝이 많이 있다. 일례로 영어: time(시간)과 노르웨이어: time(시각)을 들 수 있다. 또한 같은 의미를 지니는 낱말이 서로 다른 발음으로 변화한 것도 있는데 영어: enough와 독일어: genug, 그리고 덴마크어: nok를 그 예로 들 수 있다.

그러나, 이러한 차이점에도 영어는 다른 언어군들에 비해 게르만어파와 확연한 유사성을 공유하고 있다. 영어와 게르만어파에 속하는 많은 언어에서는 "-hood", "-ship", "-dom", "-ness"와 같은 접미사들이 공통적으로 사용된다. 다만 접미사의 활용 방식은 조금씩 다른데 예를 들어 Freedom에 해당하는 독일어: Freiheit에 쓰인 접미사 "-heit"는 영어의 "-hood"에 해당하는 것이다. 한편 영어의 "-dom"에 해당하는 접미사에 독일어에서는 종종 "-tum"이 사용된다. 이러한 접미사의 사용은 아이슬란드어, 페로어와 같은 다른 도서 게르만어에서도 볼 수 있다. 이들 역시 영어와 같이 여타의 게르만어파에 속하는 언어들과는 다른 독자적인 방식으로 접미사를 사용하고 있다.

영어사용 인구

영어를 공용어로 사용하는 나라별 영어 사용자 수 문서를 참고하십시오.

현재 약 3억 7천 5백만 명이 영어를 모국어로 사용하고 있다. 이는 중국어의 관화, 스페인어 다음으로 많은 수이다. 공용어와 제1외국어로 사용하는 사람의 수를 합산하면 영어 사용인구는 중국어 다음으로 많다.

영문법

영문법은 다른 인도유럽어족에 비해 어형 변화가 간결한 편이다. 예를 들면, 현대 영어에서는 독일어, 네덜란드어와 같은 다른 서게르만어군나 로망스어군과는 달리 문법상의 성(性) 구분이 거의 없다. 또한 수·격·인칭·성에 따른 동사의 조화도 드문 편이다. 격은 거의 사라져 대명사에서나 찾아볼 수 있다. 게르만어파 특유의 동사변화 규칙도 많이 사라졌기 때문에 강한 동사변화(예:speak/spoke/spoken)와 약한 동사변화(예:love/loved/loved)는 이전 시기의 영어에 비해 엄격하지 않다.

이와 같은 변화로 인해 영어는 고립어와 같은 성격을 띠게 되어 양상 동사와 어순 등이 중요한 요소가 되었다. 한편, 영어는 의문문, 부정문, 수동태와 같은 태의 표현, 상황의 설명을 위한 상 등을 나타내기 위해 조동사를 사용한다.

영어품사

영어의 품사는 총 8개이며, 이들을 가리켜 "8품사" (8 Parts of Speech)라고 부른다.

- 명사
- 동사
- 형용사
- 부사
- 접속사
- 전치사
- 대명사
- 감탄사

영어단어

영어 단어는 수세기에 걸쳐 변화를 겪어왔다.

다른 게르만어파에 속하는 언어들과 마찬가지로 영어 역시 많은 단어가 원 인도유럽어에서 유래하였다.

고대 영어

현대 영어에서도 대명사, 전치사, 접속사, 양상 동사 등은 대부분 게르만어에서 유래한 것으로 영어 구문과 문법의 기본적인 토대를 이루고 있다. 고대 영어나 고대 노르드어와 같은 게르만어에서 유래한 이러한 단어들은 일반적으로 라틴어와 같은 언어에서 유래한 단어보다 짧다. 이에는 두 가지 이유를 들 수 있는데 우선 단어의 축약 현상이 있었다. 고대 영어의 hēafod가 현대 영어의 head로 고대 영어의 sāwol이 soul로 변한 것이나, 끝 소리가 강세를 잃어 gamen이 game으로 ærende가 errand로 변한 것을 예로 들 수 있다. 다른 이유는 노르만 정복이후 라틴어나 프랑스어가 정치, 학문, 예술의 전 분야에서 사용되면서 음절이 긴 토박이말들이 사라졌다는 점이다. 같은 뜻을 나타내는 데 토박이말보다는 라틴어를 사용하는 것이 보다 교양 있는 것으로 여겨지면서 이러한 현상이 가속화되었다. 우리나라에서도 물론 우리말보다 외국어를 사용하는 것이 더 품위 있고 설득력 있어 보이며 어려운 한자말이나 생소한 단어를 사용함으로써 격조와 품격을 높이려 한다.

조지 오웰은 《정치와 영어》라는 수필을 통해 이러한 단어 사용의 문제점을 지적하였다.

현대 영어에서도 여전히 게르만어에서 유래한 단어와 동의어인 라틴어에서 유래한 단어를 선택하여 사용할 수 있다. 예를 들면 come과 arrive, sight와 vision, freedom과 liberty 등이 그것이다. 어떤 경우에는 여기에 프랑스어에서 유래한 동의어가 추가된다. 예를 들어 게르만어에서 유래한 oversee 대신 라틴어에서 유래한 supervise나 프랑스어에서 유래한 survey를 동의어로 사용할 수 있다. 이외에도 영어에는 다양한 출처에서 들여온 단어들이 있다. 예를 들어 warranty는 앵글로노르만어에서 온 것이고 guarantee는 페르시아계 프랑스어에서 온 것이다. 어떤 단어들은 이렇게 여러 곳에서 유래한 동의어들이 두루 쓰이기도 하는데 고대 영어에서부터 사용된 sick는 고대 노르드어에서 유래한 ill, 프랑스어에서 유래한 infirm, 라틴어에서 유래한 afflicted와 같은 단어들과 동의어군을 이루고 있다. 영어의 사용에서 이러한 동의어의 선택은 뉘앙스와 같은 것을 함께 전달하는 수단이 되기도 한다. 라틴어에서 유래한 것이든 게르만어에서 유래한 것이든 이제는 영어에서만 사용되는 단어들도 있다. 라틴어에서 유래하여 영어에서만 사용되는 것들로는 mountain, valley, river, aunt, uncle, move, use, push, stay 같은 단어들이 있고 게르만어에서 유래한 것으로는 , abandonment, debutant, feudalism, seizure, guarantee, disregard, wardrobe, disenfranchise, disarray, bandolier, bourgeoisie, debauchery, performance, furniture, gallantry와 같은 단어들이 있다. 앵글로-색슨어에서 나온 단어들로는 acknowledge, meaningful, understanding, mindful, behaviour, forbearance, behoove, forestall, allay, rhyme, starvation, embodiment와 같은 단어들이 있다. 한편, 유래를 밝히기 어려운 단어들 역시 많이 있다. 영어 단어를 가장 많이 만든 사람 중에는 셰익스피어 가 있다. 실제로 셰익스피어의 희곡에는 단어에 수많은 주석이 달려 있다.

현대에 들어와서도 영어 단어는 계속해서 증가하고 있다. 이들 가운데 많은 단어가 cookie(쿠키)나 URL과 같은 과학 기술 용어이다. 또한 속어와 슬랭의 사용으로 인해 단어가 가지고 있던 원래의 뜻에 새로운 의미가 더해지기도 한다. 때때로 사건으로 인해서 신문 등이 단어를 만들기도 한다.

 스랭이나 비속어 등 또는 유행어가 한동안 유행어에서 정식 공용어로 사전에 등재되어 정식적인 낱말로 사용된다. 예를 들어 한동안 아침 겸 점심을 먹는 것을 브런치라고 하던 말이 정식적인 낱말로 사용되게 된다. 이렇듯 단어의 생성과 소멸을 시대적인 양태를 나타내며 시대에 따라 낱말은 다양한 형태로 변형되고 소멸되고 생성되며 사멸하기도 한다.

영어의 외래어의 유입

 Chaebol(재벌), Panmunjom(판문점)과 같은 한국어 기원의 영어 단어, Kancho(윤하), Tonkatsu(돈가스), Tofu(두부)와 같은 일본어 기원의 영어 단어와 같이 여러 문화와의 교류를 통해 외래어가 더해지고 있다.

영어 단어의 수

 영어 단어의 수를 명확히 산출할 수 없는 이유를 옥스퍼드 영어 사전에서는 다음과 같이 설명하고 있다.

      단어는 널리 확산되고 문화와 깊은 관계를 맺고 있어 그 수를 한정지어 산출할 수 없다. 어떤 방향에서든 중심적인 단어는 잘 정리되어 있으나 외연은 모두 확인하기 힘들다.

 광대한 영어 단어의 수를 산출하는 데에는 또 다른 어려움이 있다. 우선 영어는 프랑스어(아카데미 프랑세즈), 스페인어(스페인 왕립 학술원)등과 달리 공식적인 어문기구가 없다. 또한 의료, 과학, 기술 분야를 비롯한 여러 분야에서 신조어가 계속하여 만들어지고 있다. 그리고 속어의 사용으로 인한 단어의 의미변화가 지속적으로 이루어지고 있다. 끝으로 외국어역시 다수의 영어 화자가 이를 사용할 경우 넓은 의미에서 영어로 취급된다.

1933년 옥스포드 영어 사전 제2판은 60만 단어 이상을 등재하면서 다음과 같이 설명하고 있다.

> 본 사전에는 문학과 회화에서 사용되는 표준 영어뿐만
> 아니라 과학 기술 분야의 신조어와 현재 사용되고 있는
> 속어 등을 두루 수록하였다.

47만 5천여 중심 단어를 수록하고 있는 웹스터 사전은 매해 2만5천여 단어를 추가로 등재하고 있다.

글로벌 랭귀지 모니터에 따르면 2009년 6월 10일 현재 사용되고 있는 **영어 단어의 수는 약 1백만 개에 이른다.**

한국과 영어

한국에서 영어가 처음으로 교육되기 시작한 것은 조선 말기인 1883년 동문학이 세워지면서부터였다. 이후 1886년 육영공원에서 영국인 교사들이 영어로만 영국식 영어를 가르치는 최초의 영어몰입교육 (물론 직접식 교수법)이 시작되고 배재학당 (현재의 배재중학교, 배재고등학교, 배재대학교), 이화학당 (현재의 이화여자대학교)에서도 영어 교육이 중시되고 1895년 설립된 관립 외국어 학교에서 영어 전공 학생이 일본어, 독일어, 프랑스어, 러시아어 등 다른 언어 전공 학생을 제치는 등 1910년까지 활발하게 교육되다가 1910년 일제 강점기 때 일본이 조선에서의 영어 교육을 대폭 축소해 암흑기에 빠졌다. 그 시기에 강사는 일본어에 능통해야 한다는 법 때문에 영어 강사들도 발음이 좋지 않은 일본인 강사로 채워졌다. 영어 교습법도 이 시기부터 직접식 교수법에서 문법 번역식

교수법으로 바뀌었다. 이후 1920년~1941년까지는 영어가 다른 외국어에 비해 충실하게 교육되다가 1941년부터 1945년까지 영어 교육이 다시 억압되었다. 1946년 서울대학교의 설립으로 영어영문학과가 설립되어 영문학 (영미 시, 영미 소설, 영미 희곡) 연구가 시작되었고, 대한민국 건국 이후부터 영어는 미국식 영어로만 중학교, 고등학교에서 교육되었다. 1960년대 이후 최초의 공인 영어 시험으로 TOEFL과 TOEIC이 차례대로 소개되었다. 1980년대에는 일제 시대식 문법 중심 교육 (문법 번역식 교수법)에서 독해/회화/듣기 중심 교육 (청각 구두식 교수법)으로 바뀌었다. 1983년에는 중, 고등학교 시험에 영어 듣기평가가 도입되고 1984년에는 학력고사에도 듣기 평가가 도입되어 수능으로까지 이어졌다. 1997년부터는 기존 중학교 1학년부터 배우던 영어 교과를 초등학교 3학년부터 배우도록 확대하였고 이것이 현재까지 이어져 오고 있다. 현재 한국에서는 영어몰입교육과 영어 공용화 논쟁이 일어나고 있으며, TEPS는 물론 토종 영어 시험이라고 할 수 있는 TOSEL까지 개발하였다. 2014년 기준으로 한국의 유치원에서도 영어를 가르치고 있다. 또 대학에서는 영문학이나 영어 교육 전공이 아닌 교수들도 영어로 강의하게 하기도 하며, 대부분의 대학에서 영어를 교양필수 과목으로 지정하고 최소 2학기에서 최대 8학기까지 이수하게 하고 있다. 카투사나 영어 통역병과 같이 지원 시 영어 공인 점수를 요구하는 병과도 있다. 교수법은 조선 시대에는 직접식 교수법으로, 일제 때는 문법 번역식 교수법으로, 현대에는 일부가 문법 번역식 교수법을 따르고 일부는 청각 구두식 교수법을 사용하고 있다. 고등 학교의 경우 영어 관련 교과목 수는 6개이다. (영어 I, 영어 II, 실용 영어 회화, 심화 영어 회화, 영어 독해와 작문, 심화 영어 독해와 작문) 현재 일부 학교에서는 원어민 교사를 채용하여 청각 구두식 교수법을 사용하는 경우도 있다. 한국인이 구사하는 영어의 억양은 대개 캘리포니아 억양 혹은 이에 기반 한 한국식이고, 그 다음이 표준 미국식 억양이다. 영국 영어를 구사하는 한국인은 그렇게 많지 않다. 다만 워킹홀리데이에 미국이 동참하지 않는 등의 이유로 가까운 미래에 한국인이 구사하는 영어는 영국식 영어에 가까워질 수도 있다.

북한과 영어

 조선민주주의인민공화국은 영국 영어만을 교육하며, 교육 방식도 대한민국과는 달리 영국의 교과서를 사용한다. 교육 시기도 늦어서 대개 중학교부터 영어를 배운다. 유치원 과정에서는 영어를 가르치지 않는다는 점이 대한민국과의 큰 차이점이다. 또한 교과서에서도 김씨 일가 우상화 내용이 담겨 있고 남한에 대해 부정적인 내용으로 묘사하고 있다.

미국영어

[American English , 美國英語]

미국에서 사용되는 영어.

 영국영어에 대응되는 말로 그 역사는 1607년 버지니아 식민(植民) 및 1620년 매사추세츠 식민에서부터 시작된다.

 새로운 환경하에서 본국의 영어와 어휘에 있어서 다소 상이(相異)한 발달을 하였는데, 독립 후에도 문장어(文章語)는 영국의 것을 기준으로 하였기 때문에 두 영어의 차이는 미미하였다.

제1차 세계대전 후부터 국력의 신장과 더불어 미국영어의 중요성이 커지고 문학작품도 미국적인 제재(題材)를 미국의 구어체(口語體)로 표현하게 되어 미국영어의 독자성이 주목을 끌게 되었다.

미국영어는 3개의 방언으로 대별된다. ① 보스턴을 중심으로 뉴잉글랜드에서 사용하는 동부방언, ② 버지니아주로부터 남서부 일대와 텍사스 동부에 이르는 지방에서 사용하는 남부방언, ③ 허드슨 강(江) 서쪽의 뉴욕주와 펜실베이니아주로부터 태평양 연안에 이르는 광대한 지역에서 사용하는 서부방언 등이다.

동부방언은 영국의 표준어에 가까우며, 오랜 문화를 배경으로 한 세련된 영어이지만 미국 전체로 볼 때 한 국부(局部)의 방언에 불과하다. 남부방언은 소방언(小方言)으로 나누어지며 문화적 중심도시도 없고 세련미도 없다.

서부방언은 전국토의 3/4, 전인구의 2/3를 차지하는 대방언(大方言)이다. 여기에는 뉴욕 ·필라델피아 ·시카고 ·샌프란시스코 등의 대도시가 포함되며 영국의 북부방언 계통이다. 일반적으로 미국영어라고 하는 것은 이 서부방언을 말한다.

이상과 같은 방언 이외에 교육을 받은 사람들이 공적(公的) 생활에서 사용하고 있는 일종의 계급(階級)방언이 있다. 이것을 미국의 표준어로 볼 수 있다.

미국영어는 영국영어에서 사용하지 않는 고어(古語)를 보존하고 있으며(예:가을이라는 뜻의 fall) 동시에 새로운 단어 ·구

(句)가 발달하였다.

　근본적인 문법은 같으나 다소 어법에 차이가 있다. 철자법에서도 차이가 생겼으며(예:plow=plough), 발음에서는 영국의 표준어와 다른 음운체계를 인정하지 않으면 안되게 되었다.

　그러나 여러 가지 차이가 있다고는 하지만 미국영어와 영국영어는 본질적으로 동일하다.

6장
방언의 성경적 개념

창세기에서
바벨

1. 온 땅의 언어가 하나요 말이 하나였더라
2. 이에 그들이 동방으로 옮기다가 시날 평지를 만나 거기 거류하며
3. 서로 말하되 자, 벽돌을 만들어 견고히 굽자 하고 이에 벽돌로 돌을 대신하며 역청으로 진흙을 대신하고
4. 또 말하되 자, 성읍과 탑을 건설하여 그 탑 꼭대기를 하늘에 닿게 하여 우리 이름을 내고 온 지면에 흩어짐을 면하자 하였더니
5. 여호와께서 사람들이 건설하는 그 성읍과 탑을 보려고 내려오셨더라
6. 여호와께서 이르시되 이 무리가 한 족속이요 언어도 하나이므로 이같이 시작하였으니 이 후로는 그 하고자 하는 일을 막을 수 없으리로다
7. 자, 우리가 내려가서 거기서 그들의 언어를 혼잡하게 하여 그들이 서로 알아듣지 못하게 하자 하시고
8. 여호와께서 거기서 그들을 온 지면에 흩으셨으므로 그들이 그 도시를 건설하기를 그쳤더라
9. 그러므로 그 이름을 바벨이라 하니 이는 여호와께서 거기서 온 땅의 언어를 혼잡하게 하셨음이니라 여호와께서 거기서 그들을 온 지면에 흩으셨더라

방언의 기원 창세기 바벨탑 사건은 인간의 탐욕과 교만에 대한 하나님의 심판으로 하나의 언어였던 언어를 흩으심으로 서로 말을 통하지 못하게 함으로 심판하셨다. 이는 민족을 훝으신 것이지만 민족을 나누시고 언어를 나누심으로 서로 소통하지 못하게 한 벌을 내리신 것이다. 그러므로 민족끼리 소통하지 못하게 한 것은 민족과 백성들에게 벌의 상징으로 언어를 서로 통하지 못하게 하심으로

바벨(Babel)

시날 평지에 있는 곳으로 함의 손자 니므롯의 나라가 시작된 곳이며(창 10:10), 하나님께서 성과 대를 쌓은 건축자들의 언어를 혼잡하게 하시고 사람들을 온 지면에 흩으셨던 곳이다(창 11:9). 하나님은 노아의 후손들에게 "땅에 충만하라"고 명령하셨지만(창 9:1) 그들은 시날(바빌로니아)에서 도시를 세우려고 결심하였다(창 11:3-4). 그들은 또한 자신들을 위해 이름을 내고 온 지면에 흩어짐을 면하고 연합하기 위해 꼭대기가 하늘에 닿을 수 있는 대로 쌓기로 계획하였다(창 11:4). 바벨에 세운 대는 아마도 벽돌과 흙의 계단식의 탑이었을 것이며, 지구라트(ziggurats)로 알려진 후대의 수메르인들과 바벨론인들의 신전 건축물들과 같았을 것이다. 바벨, '혼돈'이라는 뜻 바벨이란 말은 원래 아카드어 '바빌루'(Babilu)로 '신의 문'이라는 뜻이었으나 히브리식으로 '바벨'(Balbel), 즉 혼란으로 해석하게 되었다. 바벨에서의 도시와 대의 건설은 인간의 교만과 하나님께 대한 반역을 의미하고 있다.

개역개정]창세기 제11장
◆바벨(혼란→바벨론-바벨로니아))

어원은 발랄 (기름으로)넘쳐흐르다. 섞다.

1. 온 땅의 ▶**언어(히어:사파/입술)**가 하나요 ▶**말(히어: 다바르)**이 하나였더라

2. 이에 그들이 동방으로 옮기다가 시날 평지를 만나 거기 거류하며

3. 서로 ▶**말하되(히어:아마르)** 자, 벽돌을 만들어 견고히 굽자 하고 이에 벽돌로 돌을 대신하며 역청으로 진흙을 대신 하고

4. 또 ▶**말하되(히어:아마르)** 자, 성읍과 탑을 건설하여 그 탑 꼭대기를 하늘에 닿게 하여 우리 이름을 내고 온 지면에 흩어짐을 면하자 하였더니

5. 여호와께서 사람들이 건설하는 그 성읍과 탑을 보려고 내 려오셨더라

6. 여호와께서 ▶**이르시되(히어:아마르)** 이 무리가 한 족속 이요 ▶**언어(히어:사파)**도 하나이므로 이같이 시작하였으니 이 후로는 그 하고자 하는 일을 막을 수 없으리로다

7. 자, 우리가 내려가서 거기서 그들의 ▶**언어(히어:사파/ 입술)**를 혼잡(발랄▶바벨)하게 하여 그들이 서로 알아듣지 못 하게 하자 하시고

8. 여호와께서 거기서 그들을 온 지면에 흩으셨으므로 그들 이 그 도시를 건설하기를 그쳤더라

9. 그러므로 그 이름을 **바벨(혼잡)**이라 하니 이는 여호와께 서 거기서 온 땅의 **언어(히어:사파)**를 혼잡하게 하셨음이니 라 여호와께서 거기서 그들을 온 지면에 흩으셨더라

이사야 28장 11절

11. 그러므로 더듬는(히어:라에그/익살꾼,외국인, ▶어원:라

아그:비웃다. 마치 외국인을 모방하는 것처럼 알기 힘들게 말하다) 입술(히어:사파/언어,말 ▶어원: 샤파/문질러 닳게 하다)과 다른 방언▶(히어:라숀/혀:말)으로 그가 이 백성에게 말씀(▶히어:다바르/정돈하다, 말하다)하시리라

창세기 3장 1~3절

1. 그런데 뱀은 여호와 하나님이 지으신 들짐승 중에 가장 간교하니라 뱀이 여자에게 **물어 이르되(히어:아마르)** 하나님이 참으로 너희에게 동산 모든 나무의 열매를 먹지 말라 **하시더냐(히어:아마르)**

2. 여자가 뱀에게 **말하되(히어:아마르)** 동산 나무의 열매를 우리가 먹을 수 있으나

3. 동산 중앙에 있는 나무의 열매는 하나님의 **말씀(히어:아마르)**에 너희는 먹지도 말고 만지지도 말라 너희가 죽을까 하노라 **하셨느니라**

고린도전서 12장

12:10. 어떤 사람에게는 능력 행함을, 어떤 사람에게는 예언함을, 어떤 사람에게는 영들 분별함을, 다른 사람에게는 각종 방언 말함을, 어떤 사람에게는 방언들 통역함을 주시나니

12:10. to another miraculous powers, to another prophecy, to another distinguishing between spirits, to another speaking in different kinds of tongues, and to still another the interpretation of tongues

12:10. αλλω δε ενεργηματα δυναμεων αλλω δε προφητεια αλλω δε διακρισεις πνευματων ετερω δε γενη γλωσσων αλλω δε ερμηνεια γλωσσων

각종: 헬라어/게노스; 혈족, 친척, 민족, 자손/ 행4:6

사도행전 2장에서의 방언

언제부터 인지 알 수 없지만 한국 교회에서 '방언'하면 '방언 기도'를 말하는 것으로 이해하고 알아 듣고 있다. 즉 혀말린 기도 소리, 혀 꼬부라진 기도할 때 알아 들을 수 없는 기도 소리로 이해 되고 일반화 된 단어 용어가 되었다. 아예 일반적인 개념으로 되어 버린 것이다. 그러나 방언과 방언기도 그리고 혀말린 소리기도, 혀 꼬부라진 소리 기도는 분명히 각각 그 의미가 구별되어야 한다. 성경에는 '방언 기도'라는 단어가 어디에도 없으며 '방언 기도'를 방언으로 해석할 수 있는 근거도 전혀 없다. 우리나라에서 교회 성도들이 기도할 때 하는 알 수 없는 소리로 기도하는 상황에 있는 기도를 방언이라고 하는 상황이 아예 없다. 그런 경우에 하는 기도 소리를 방언이라고 표현하는 경우가 성경에 없다.

모든 언어는 생각이 입을 통하여 입과 혀로 소리되어 음성화 되어 나온다.

언어는 그 뜻과 관념이 우리의 생각 즉 뇌 속에서 관념, 개념이 형상화 되어 혀와 입을 통하여 전달된다. 이 과정은 습득의 훈련 과정을 가지게 되어 있다.

단지 몇 개의 불분명한 발음의 소리로만 반복하면서 알아 들을 수 없고 이해될 수 없는 언어 아닌 소리를 방언이라고 할 수 없다.

방언(方言)은 지방 방(方)자와 말씀 언(言)자로 지방 말이라는 뜻이며 사투리 또는 지역 부족들만 쓰는 원주민들의 말이라고 할 수 있다. 우리는 새나 동물들이 자기 들끼리만 소통하는 소리를 말이라고 하지 않는다. 사실은 자기들끼리 소통하는 소리가 있다. 그것은 우리가 알 수 없지만 그 동물들은 서로 잘 알고 있을 것이다. 이것은 어떤 의미에서는 방언이라고 할 수도 있을 것이다.

우리 인간들에게도 청각 장애우들끼리 수화로 하는 것은 언어이다. 방언이라고 하지 않는다. 자기들끼리 수화로 하지만 그것은 우리말을 근거로 훈련되고 연습하고 공부하고 학습하여 오랜 동안 서로 의사 소통을 훈련하여 습관화 되었기 때문에 서로 소통할 수 있다. 우리말로 소통하는 것이다. 이렇게 훈련과 학습을 통하여 습관화되고 본능화 되어 거의 생리화된 언어 훈련을 거쳐서 이루어진 것이 방언이요 언어요 사투리 등이다. 알 수 없는 음가가 없는 단어가 아닌 소리를 반복하거나 소리를 질러대는 것을 방언이라고 할 수 없다. 방언이란 분명한 말이며 언어를 말하기 때문이다.

신약성경 사도행전 2장 1절에서부터 13절까지에 방언에 대한 언급이 나오는데 이를 혀 말린 소리 기도의 근거로 삼을 만한 부분은 없다. 혀 꼬부라진 경우의 기도 소리라고 할 수 있는 경우가 아니다. 그리고 누가 자기 혼자만 아는 이상한 알 수 없는 기도 소리를 들었다고 할 수 있는 근거가 없다. 3절의 '불의 혀'는 성령이 임하시는 상징으로 불꽃의 끝 부분이 갈라진 모양을 표현한 것이며 모든 불꽃은 끝이 갈라져 보인다. 이는 혀 말린 소리 기도와는 전혀 무관하다.

4절의 '그들이 다 성령의 충만함을 받고 성령이 말하게 하심을 따라 다른 언어들로 말하기를 시작하니라"를 '성령을 받고 혀 꼬부라진 소리로 말하기를 시작하니라'라고 해석할 근거가 아니다. "다른 언어들로 말하기를 시작하니라'라는 분명한 언어 즉 다른 지방 언어 즉 방언, 외국어들로 말하기 시작했다는 것이다. 혀 꼬부라진 소리로 말하기 시작했다는 것이 아니다.

이 때 모인 사람들은 유대인들이 대부분이었으며 다른 이방인들도 있었다. 그유대인들은 오순절에 예루살렘 성전에 예배하러 온 디아스포라 유대인들이 대부분이었으며 유대인이 아닌 사람들도 아람어를 쓰는 사람들이 대부분이며 또는 헬라어를 쓰는 사람 또는 로마어를 쓰는 사람들이 대부분이었을 것이다. 이들 언어는 서로 좀 다를 뿐 왠만하면 알아 들을 수 있는 언어적 패밀리들이다. 이 때는 예수님 뿐만 아니라 대부분 사도나 제자들도 아람어를 사용하고 있었다. 물론 히브리어도 사용하였지만 아람어가 공용어였으며 헬라어도 로마어도 공용어로 함께 사용하고 있었다. 필자도 젊었을 때 1980년 대에 중동 나라들을 많이 다닌 적이 있는데 히브리어 그러니까 이스라엘 말과 아랍어 즉 무슬림들의 언어와는 무척 발음과 뜻이 같은 말이 많다. 이스라엘 히브리인들도 민족이 유목민 유랑 민족이다. 이슬람 무슬림 족들도 유목민들인 베드인 족속들이 대부분이다. 초목 목초지를 따라서 옮겨 다니는 족속이기 때문에 정착 민족과 다르게 언어가 가는 곳마다 그곳의 언어를 사용해야 할 때가 많았을 것이다. 그래서 이스라엘 민족은 방언의 천재들이다. 세계에서 외국어를 가장 다양하게 많은 외국어를 해야 하고 이에 대한 외국어 방언 유전인자는 천재적인 은사를 받은 민족이다. 오늘날까지 근현대사에서도 유대인들은 한 곳에 머무를수 없는 역사적 유랑을 천부적으로 안고 살아 왔다. 그래서 왠만한 언어는 그냥 눈치로도 알아 듣는다.

5절에 "그 때에 경건한 유대인들이 천하 각국으로부터 와서 예루살렘에 머물러 있더니"에서는 경건한 유대인 디아스포라가 세계 각국에서 와서 모여 있었다는 것이다.

6절에 ;이 소리가 나매 무리가 모여 자기의 방언으로 제자들이 말하는 것을 듣고 소동하여"라고 하는 것은 이 때의 방언은 혀 꼬부라진 소리 기도가 아니라 천하 각국에서 모인 경건한 유대인들의 태어난 곳의 언어로 제자들이 말하는 것을 듣게 되었다는 것이다. 디아스포라 유대인들이 외국에서 태어난 유대인일 수도 있고, 태어나서 어려서 외국으로 흩어진 유대인 디아스포라도 있을 수 있으며, 경건한 유대인이란 예수 그리스도를 영접한 그리스도인이라는 뜻이며, 제자들이 성령의 능력을 받아, 여러 각국에서 모인 유대인들의 출신지 지방언어로 말하게 되었다는 것이다. 혀 꼬부라진 알아 들을 수 없는 소리로 말한 것도 아니고, 알아듣지 못하는 혀 꼬부라진 소리로 말한 것을 자기 태어난 곳의 지방말로 알아듣게 되었다는 것도 아니다. 단지 제자들이 성령의 은사와 능력으로 여러 지방 외국 이방언어(방언)로 말했다는 것이다.

7절에 "다 놀라 신기하게 여겨 이르되 보라 이 말하는 사람들이 다 갈릴리 사람이 아니냐"라고 했는데 제자들이 다 갈릴리 출신 사람들인데 천하 각국에서 와서 모인 사람들이 태어난 곳의 지방언어(방언, 외국어)로 말하였다는 것에 경건한 유대인 디아스포라(유대인 예수쟁이)들이 신기함에 놀라는 장면이다.

8절에 "우리가 우리 각 사람이 난 곳 방언으로 듣게 되는 것이 어찌 됨이냐"는 갈릴리 사람들인 제자들이 천하 각국에서 모인 경건한 유대인(외국에서 태어난 유대인 2세들로써 예수쟁이된 자들)들의 각각 자기들의 태어난 곳의 지방 외국어 방언으로 말하게 되어 자기들의 말로 듣게 되어 놀라움을 표현하고 있다.

9절~11절까지는 5절의 "경건한 유대인들이 천하 각국에" 대한 구체적 지역을 설명하고 있다.

11절 "그레대인과 아라비아인들이 우리가 다 우리의 각 언어로 하나님의 큰 일을 말함을 듣는도다 하고"에서 혀 꼬부라진 소리기도는 없다. 분명한 의사 소통이 이루어진 것이다. 분명한 말로 말하고, 분명한 말로 듣게 되었다는 것이다.

제자들에게 성령의 은사와 능력으로 여러 나라 말을, 세계 각국의 언어를 말하게 하셔서, 즉 하나님 예수 그리스도의 성령이 이들 제자들에게 천하 각국에 전도하게 하기 위하여 이들에게 특별한 성령의 은사의 역사가 임하셔서 천하 각국의 방언을 분명하게 말하고 또 듣는 사람들도 자기들의 태어난 곳의 언어로 분명하게 듣게 되는 성령의 은혜의 역사가 있었던 것이지 혀 꼬부라진 소리로 기도하는 한국의 교회에서 알아듣지도 못하는 소리로 혼자서 기도한 상황의 그림은 어디에도 없다. 성경에 나오는 방언의 상황은 모두가 의사 소통 즉 사람과 사람의 대화를 말하는 그림이지, 우리나라 교회에서 성도들끼리 또는 목회자들과 성도 사이의 의사 소통의 수단으로 하는 그림은 성경 어디에도 없다. 방언이라는 개념이 헬라어도 글롯사이다. 이는 자연적으로 얻어지지 않는 언어를 말하는 것이다. 언어는 자연적으로 얻어지는 것이 아니라는 뜻이다. 방언은 언어이고 외국어이기 때문에 자연적으로 얻어질 수 없는 것이다. 자연적으로 얻어졌다고 하는 것은 언어가 아니라는 것이다. 방언은 말씀에 대한 반대말이다. 말씀은 하나님의 언어이다. 이스라엘 백성, 하나님의 백성들의 언어가 아니라는 뜻이다. 이방어, 방언은 믿지 않는 백성들의 언어라는 뜻이다. 요한 계시록에 나오는 "나라와 백성과 족속과 방언"을 말 할 때, 방언이라는 뜻은 이방 민족을 뜻하는 것이지 우리나라에서처럼 혼자서 기도할 때 내는 기도소리를 뜻하는 것이 아니다. 성경 어느 곳에서도 우리나라 신자들이 혼자서 기도할 때 소리를 내는 경우가 없으며 이 때 기도하는 기도소리를 방언이라고 한 곳은 한 곳도 없다. 사도행전 2장의 성령의 역사도 신약성경이 아직 쓰여지지 않고 예수님의 직제자 사도들에 대한 소명과 사명에 대한 예수님의 성령이 직접 역사하여 일어난 예수 그리스도의 특별 성령 역사가 있었던 것이다. 이를 모두 성령의 일반 은혜 역사로 여기고 지금도 모두 이러한 성령의 은사만을 원하는 것은 좀 무리가 있다. 말씀을 무시하고 오직 성령 은사주의에서 말씀(예언) 중심의 신앙으로 진보해야 할 것이다.

고린도전서 14장 방언에 대한 묵상

언어는 부모로부터 태어나서 쉬지 않고 말을 배우고 자란다. 얼마나 많은 말을 연습하고 훈련 받고 자라는가? 그리고 학교에 다니면서 얼마나 많이 글과 말을 배우는가? 오늘날 우리나라 교회에서나 일반 사람들에게서도 방언이라는 말이 옛날에는 사투리 또는 지방말이라는 일반 개념이었는데 언제인가부터 교회에서 알 수 없는 소란한 이상한 소리를 방언이라고 하는 뜻으로 바뀌었다.

물론 언어, 말이라고 하는 것은 새롭게 생겨났다가 또 없어지고 사라지는 것이다. 언어, 말은 그 시대를 나타낸다. 그러나 언어가 의사 소통, 시대 정신, 문화를 나타내는 것이라는 것은 서로 상대끼리 그 문화 대중 끼리, 알아 듣고 이해하는 도구이지, 아무도 알아 듣지 못하는 것은 어떤 의미도 없어서 그런 사람은 미친 사람, 좀 이상한 정신병자라고까지 말한다. 그런데 교회에서 아무도 알아 들을 수 없는 소리를 내면서 어떤 신비한 하나님과의 대화의 언어, 하나님과의 기도의 언어 수단이라고 하는 것은 정상을 벗어나는 것이다. 나 개인적인 나만의 체험을 다른 사람은 알 수도 없기 때문에 체험하지 않은 사람은 말 할 자격도 없다는 논리는 놀리는 것이지 그 이상도 아니다.

방언은 언어이다. 말이다. 말은 의사 소통의 도구이며 수단이다. 말은 상대가 있음을 전제로 하는 조건이 성립되어야 한다. 즉 대화와 의사 전달을 위한 소통의 수단이다. 그러므로 분명한 표현이 되어야 한다.

고전14장은 사도 바울이 열 가지로 문제가 많은 고린도교회에 쓴 편지로 교회 안에서 특히 가르치는 자들이 어떻게 가르치고 인도할 것인가 권면하는 부탁의 서신이다. 교회에서 섬기는 자들에게 권면하는 권면과 치리에 가까운 교육지침서에 준한다고 해야 할 것이다.

1절은 방언(외국어)보다 예언을 더 하려고 하라는 의미로 예언을 강조하고 있다. 예언은 앞으로의 날, 앞 날을 미리서 알아 맞추는 그런 뜻의 예언이 아니라 성경 말씀을 맡은 자들에게 말씀을 더욱 잘 가르칠 것을 말하고 있다.

2절은 "방언(외국어)을 말(언어)하는 자는 사람에게 하지 아니하고 하나님께 하나니 이는 알아 듣는 자가 없고 영으로 비밀을 말함이라"

우리는 이 절에서 중요한 단어에 대한 이해를 대부분의 성경 해석자들이 오해를 하는 경우가 많다. 물론 방언에 대한 개념이지만 성경 전체에서 "영"이라는 단어를 성령으로 해석하거나 번역하는 것을 조심해야 한다. 영어 성경에서는 영어 소문자 spirit으로 쓰고 있다. 이는 하나님의 성령을 쓸 때는 대문자로 'Spirit' 또는 'SPIRIT'으로 표기한다. 소문자로 쓴 경우는 그냥 사람의 마음, 인간 개인의 마음, 정신을 뜻 한다. 그래서 혹시 '성령으로 비밀을 말 한다'라고 해서는 안 된다. 그리고 다음으로 "비밀"이다. 영어 성경에서는 이 비밀을 'secret'으로 적지 않고, 'mystery'로 적고 있다. 알려 주어도 알 수 없는 것을 의미하고 있다. 그러므로 좀 더 정확한 의미는 자기 개인의 인간적 마음으로 아무도 알 수 없는 신비한 말을 한다고 하고 있다. 사람이 말하니까 그냥 말 한다라고 표현했지 실제는 말하는 것이 아니다. 왜 알아 들을 수 없는 외국어로 자기 혼자만 아는 소리로 말하면 안 된다는 것이다. 우리는 이 고린도전서나 고린도후서를 읽기 전에 고린도라는 도시의 그 시대의 상황, 즉 사도 바울이 이 글을 써서 보낼 때의 그 도시와 또 그 고린도교회의 상황을 알아야 한다. 교회 내에서의 복잡한 인간 관계와 성도들간의 복잡한 알 수 없는 사건과 상황을 파악하여야 정확한 해석을 할 수 있을 것이다.

그 당시 고린도시는 매우 무역과 산업이 발달한 항구 도시이다. 로마제국 시대이다. 로마가 식민지 지배 통치하는 도시에서 각 지방, 외국에서 온 사람들이 살고 있는 도시이다. 그 도시에 유대인과 이방인, 유대인들도 유대에서 온 디아스포라 1세대도 있을 수 있고 유대인이지만 이방에서 태어나 이방에서 자란 유대인들도 상당 있을 수 있으며, 이방인이 유대인과 결혼한 가정도 있을 수 있으며, 전적 이방인도 있을 것이며, 그리스인, 로마인, 등등, 부자, 가난한 성도 등 다양한 성도가 혼재된 상태일 수 있을 것이다. 이러한 때에 아직 이방에서의 율법의 문제도 상당하였을 것이다. 아직 신약 성경이 없었을 때이며 사도 바울의 신학도 정립되기 이전이었다. '영'이라는 뜻의 헬라어 '뉴프마'는 성령을 뜻할 때도 있지만 천사, 사탄, 마귀를 뜻하는 경우도 있기 때문인데 여기서는 분명 성령을 의미하지 않는다. 그리고 비밀은 헬라어로 '뮈스테리온'으로 영어의 미스테리로 번역 의미하는 것이 옳다.

전체적인 맥락에서 사도 바울은 1절에서 5절까지 방언보다는 예언하기를 더 권면하고 있다.

4절에서 "방언(외국어)을 말하는 자는 자기의 덕을 세우고 예언하는 자는 교회의 덕을 세우나니"에서 외국어를 잘하는 것은 자신을 자랑하거나 과시하는 것으로 자기를 나타내기를 좋아하는 것이므로 예언이 성경(구약) 성경 말씀을 가르치고 설명하는 것이 교회의 덕 즉 하나님의 덕을 세우는 것이라는 의미이다.

외국어(방언)으로 말하는 것은 자기 괴시로 자기를 드러내려고 하며, 자기를 높이 세우려는 것의 의미로 당시 고린도교회 성도들의 교만으로 타락하여 바울 사도가 권면한 것이다.

5절 "나(사도 바울 자신)는 너희가 다 방언(외국어, 지방 말) 말하기를 원하나 특별히 예언하기를 원하노라 만일 방언(외국어)을 말하는 작 통역하여 교회의 덕을 세우지 아니하면 예언하는 자만 못하느니라"

오늘날 우리나라 교회에서 속칭 방언(기도할 때만 하는 알아들을 수 없는 기도소리)를 통역하는 사람이 있을까? 통역이 되는가? 사도 바울이 이런 통역이 되는지도 통역이 안 되는지도 모르는 사도일까? 얼마나 많이 이방지역의 전도여행을 하다가 죽을 고비도 수도 없이 경험한 사도인데....

사도 바울은 방언의 천재이다. 아니 이스라엘 민족은 방언에 관해 천재적인 유전인자DNA를 가지고 있다. 이들은 유목민족이다. 이동 민족이다. 가축을 데리고 초지를 찾아 옮겨 다니면서 이방 족속들과 더불어 살아가는 적응의 천재성을 가지고 있다. 사도 바울은 헬라어와 로마어, 아람어, 히브리어, 등 대학자이면서 이방 전도를 다니면서 곳곳의 언어를 익히고 말씀을 증거한 사도 중의 사도이다.

모든 은사가 교회의 덕과 질서를 먼저하는 것이다. 은사는 연합과 합력을 위해 선한 주님의 뜻을 이루는데 그 목적과 이유가 있다.

교회에서 외국어로 말할 때는 통역을 하여 분명한 말씀을 전해 교회의 덕을 세우라는 뜻으로 통역을 말하느것은 방언이 외국말이라는 것으로 하나님의 말씀을 분명히 해석하여 전달하기를 교회 성도들에게 권면 부탁하는 것이다.

이 사도 바울의 서신은 편지인데 교회에서 상당한 책임을 가지고 있는 목회자들에게, 중직자들에게 보내는 편지이다. 일반 초신자들에게 보내는 편지가 아니다. 자기 믿음이 좋다고 하는 성도에게 보내는 편지이다.

6절 "그런즉 형제들아 내가(사도 바울) 너희에게(고린도교회 성도) 나아가서 방언(외국어, 지방사투리, 지방말)으로 말하고 계시나 지식이나 예언이나 기르치는 것으로 말하지 아니하면 너희에게 무엇이 유익하리요"

사도 바울은 여러 지방으로 쉴 새 없이 전도 여행을 다니기 때문에 여러 지방 언어 즉 여러 가지 외국어, 방언을 잘 하였다. 그는 당대 최고의 엘리트 석학으로써 히브리 민족이면서 로마 시민권자였다. 그 시대에는 다메섹(시리아 다마스커스)에서 부활하신 예수님을 만난 사도로써 바울은 물론 예수님도 아람어를 사용하셨다. 말하자면 예수님도 아람 방언을 하신 것이다.

7절부터 11절까지에서

9절의 말씀처럼 혀로 알아 듣기 쉬운 말로 말하라는 권면을 무려 6절을 아주 쉬운 비유를 들어 매우 이례적인 많은 설명을 구체적으로 예를 들어 설명하고 있다. 문맥 상으로 앞 뒤를 보면 6절도 결국은 방언 외국말을 할 때 통역을 하고 알아 듣기 쉬운 말로 분영하게 말하는 권면 부탁이다.

11절 "그러므로(결론) 내가 소리의 뜻을 알지 못하면 내가 말하는 자에게 외국인(성경 주석에는 "야만인")이 되고 말하는 자도 내게 외국인(야만인)이 되리니"라고 하고 있다. 즉 외국말(방언) 듣는 사람이 알아 듣지 못하면 야만인이 되고 외국어(방언)를 말하는 사람도 야만인이 된다는 것은 상대가 알아 들을 수 있는 말로 말하라는 것이다. 야만인이라는 말은 참으로 모역적인 말인 것이다. 이 정도로 방언하는 것을 상대를 생각하고 배려해서 하라는 것으로 소통을 중시하고 있다. 분명한 말로 상대를 배려한 말로 하라는 것이다.

6절의 앞에서 "그런즉" 리라고 하여, 교회의 유익에 대하여 중간 결론을 말하였고 11절에서 "그러므로"라고 하여 결론적으로 말하기를 외국어 방언을 듣는 사람이 알아 듣지 못하면 알아 듣지 못하는 사람이나 방언(외국어) 말하는 사람도 야만인이 된다는 것은 당시 고린도 교회가 얼마나 방언의 문제가 교회에 심각한 문제가 되었나를 알 수 있는 대목이다.

또 하나의 결론은 11절에서 "그러므로 방언을 말하는 자는 통역하기를 기도할지니"라고 하여 외국말 방언을 하는 사람은 통역도 하기를 기도하라는 것이며 즉 스스로 통역도 하라는 것이다. 이는 외국어를 하려거든 2중 언어, 상대방이 알아 들을 수 있는 언어도 알아야 한다는 것이다.

14절 "내가 만일 방언으로 기도하면 나의 영이 기도하거니와 나의 마음은 열매를 맺지 못하리라"

성경에 유일하게 방언(외국어)로 기도하는 경우를 언급하고 있는데, 여기서 "나의 영"은 외국어로 기도하는 사람의 영으로 개인적 육신적 마음 생각으로 기도한다는 뜻이며 그래서 외국말(방어)로 기도하는 것은 마음에 열매를 맺지 못하니 외국말 방언으로 기도하지 말하는 것이다. 설령 자기가 외국말을 잘 아는 경우인데도 외국말로 기도하는 것을 삼가라는 권면이다.

여기서도 영은 성령을 뜻하는 것이 아니고 인간적인 자기 개인의 육신적 마음을 말하는 영어 소문자 spirit으로 영어 성경은 쓰고 있다.

물론 영어 성경이 꼭 맞느냐고 할 수 없다고 할 수도 있다.

16절 "그렇지 아니하면 네가 영으로 축복할 때에 알지 못하는 처지에 있는 자가 네가 무슨 말을 하는지 알지 못하고 네 감사에 어찌 아멘 하리요"

필자도 많은 경험을 한 경우이다. 동시 통역 방언기도를 한다고 하면서 필자에게는 하지 않았지만 옆 사람에게는 알아들을 수 없는 말로 기도를 하면서 동시 하나님께서 지금 말씀하신다고 하면서 우리말로 통역도 하면서 기도하는 경우를 경험했다. 여러 사람을 불러 둘러 서서 한 사람을 가운데 앉히고 머리와 등을 두드리면서 방언을 해야 한다고 알아 들을 수 없는 소리로 소리를 치면서 안수를 하면서 때리면서 방언이 나올 때까지 한다고 하면서 심리적인 심한 압박 가운데서 알아들을 수 없는 소리를 내면 방언이 터졌다고 하면서 할렐루야를 외치는 등 참으로 놀라운 상황을 목격하기도 했다. 필자는 중간에 나왔지만…

새벽 기도 시간에도 난리(亂離)법석(法席)이다. 기도원에서는 뛰어다니는 사람, 뒹구는 사람, 큰 소리로 우는 사람, 큰 소리로 웃다가 울다가 바닥을 때리면서 그야말로 성령께서 지금을 임하셨다고 하는가, 곧 주님이 오신다는 등, 정말 왜 이런 것인가? 나만 왜 성령이 임하시지 않는가? 나는 믿음이 없는 것인가? 열심히 없는 무미건조한 상막한 믿음인가? 나의 잘못된 부분이 무엇인가? 고민까지 해야 되는 형편에 이르게 될 지경이었다. 다른 사람들은 확 달라졌다. 큰 소리로 무조건 아멘, 집회 시간 내내 두 손 들고 아멘, 할렐루야만 외친다. 두 손 들과 열심히 열정적으로 성령이 충만하여 도저히 설명할 수 없는, 이해랄 수 없는 성령의 은혜가 충만한 경우가 많다. 분명 성령의 임재와 은혜이다.

이러한 경우를 무시하거나 없다거나 폄하하거나 전혀 그렇지 않고 매우 좋은 믿음이다. 확실한 믿음이다. 단지 그렇게 되는 것이 좋은 믿음이고, 단지 그렇지 아니하면 좋은 믿음이 아니다 라고 할 수 없다는 것이다. 방언기도를 조금도 폄하하지 아니한다는 것만은 확실하게 규정할 필요가 있다.

그러나 성경 말씀은 어떤 원리와 규정으로 이 방언이라는 단어의 개념과 의의를 말씀하고 계신가를 알아보고 알 수 있다면 서로 소통하는 것이 하나님의 뜻과 의를 이루는 길과 방법이 될 수 있을 것이다.

16절은 외국말로 축복 기도를 했을 경우, 외국말 알아 듣지 못하는 기도 받는 사람이 어떻게 무슨 말 기도 한 것인지 모르는데 감사하고 아멘 하겠느냐? 감사도 못하고 아멘도 못 한다는 뜻이다. 그래서 교회에 덕이 되지 못한다는 말씀이다. 교회 지도자들이나 중직자들에게 하는 말씀의 서신이다.

18절 "내가(사도 바울이) 너희 모든 사람보다 방언(외국어, 지방말)을 더 말하므로 하나님께 감사노라" 사도 바울은 여러 지방에 전도를 다니기 때문에 지방말(방언)이나 외국어(방언)를 잘 하였다. "방언을 더 말하므로"는 말을 많이 한다는 뜻이 아니고 여러 가지 지방 말을 할 줄 안다는 뜻이다.

여기서 고린도시와 고린도교회에 대해 대부분 알고 있지만 참고로 잠간 언급하고 넘어가는 것이 좋을 것 같다.

고린도교회에는 고린도시가 항구도시로써 무역, 산업, 상업, 선박 관련 업무 등이 발달하여 여러 지방에서 모여 든 사람들이 많아 각 지방말 즉 외국어, 방언, 사투리를 쓰는 신자들이 많았던 것이다.

또한 이스라엘 민족은 외국어에 능통한 유전적 능력이 뛰어난 방언민족이라고 해도 과언이 아니다. 유대인은 디아스포라 되 세계 열방에 흩어져 있어 그 곳 언어를 잘 할 뿐만 아니라 또한 히브리 모국어를 반드시 잘 하는 민족이다. 오늘날도 어느 곳에 있든지 자기들의 언어와 문화와 식생활의 습관과 전통과 율법의 규정을 철저히 지키며 살고 있는 민족이다. 유대인은 디아스포라의 하나님의 섭리에서 나타난 은사와 은혜가 바로 방언 외국어이다.

또한 더욱 중요하고 관심있게 보아야 할 것은 당시 바울 서신을 쓸 당시의 고린도 지방 그 도시의 시대적 배경과 문화 그리고 고린도교회 성도들의 성향과 고린도교회 상황과 현실을 주목해야 한다.

고린도시는 아테네(아덴) 옆에 있어 헬라지역에 있는 로마 식민지의 무역 및 산업이 번성하여 여러 지방에서 모여든 사람들이 많아 각종 이방 종교와 문화가 성행한 곳이다. 그로 인하여 사회적 질서와 안전 범죄 등 문제와 여러 치안 문제와 행정적 문제 등, 요즘 말하는 텃새도 심한 곳이기도 했다. 상업 도시, 항구 도시, 외국인 도시 등의 문제로 물질, 돈, 성적 타락이 심한 곳이며 그런 지리적 상황과 다양한 문화가 혼재된 곳으로 타락한 도시였다.

헬라 아테네 신들, 흑해에서 지중해로 나가는 길목, 로마로 가는 길목의 항구, 소아시아와 로마 중간에 위치하여 무역과 수공업의 중심 도시로 매우 발달한 항구 도시였다. 각 지방에서 온 이방인들이 도시인 고린도시의 고린도교회 또한 여러 이방인들이 모여 있었던 교회였다.

특히 고린도전서 7장 18절에 "할례로 부르심을 받은 자가 있느냐"라고 수사적 표현을 하고 있는 것은 고린도교회를 잘 아는 바울이 묻고 있는 것은 유대기독교인이 그리 많지 않고 극히 일부 소수 였다는 것이다. 즉 유대인이 별로 없다는 것이요, 이방인이 많다는 반증이며 이방인이 이방언어 자기 출신지 언어를 사용한 사람이 많았을 것이지만, 유대민족은 어느 곳에서 태어나고 자라도 결코 히브리어를 포기하지 않는 민족성을 오늘날도 유지하고 있다.

19절 "그러나 교회에서 네가 남을 가르치기 위하여 깨달은 마음으로 다섯 마디 말을 하는 것이 일만 마디 방언으로 말하는 것보다 나으니라"

이 경우의 그림은 어떤 그림인가? 혼자서 기도할 때의 상황 그림일까? 교회에서 가르칠 때의 상황 그림이다. 가르치는 사람은 누구일까? 방언으로 가르친다는 것이다. 다시 언급하지만 성경의 언어는 그냥 아무런 개념 없이 하나님이 말씀하시지 않는다. 일관성이 있고 분명한 개념의 언어로 말씀하고 계신다는 것은 성경 전체를 통하여 현현이 나타나고 있다. 필자가 언어학을 외국어를 전공했지만 언어학적으로 성경을 보지만 어느 한 곳도 혼자서 기도할 때 알아 들을 수 없는 말로 기도하는 상황의 그림으로 여겨지는 경우를 찾지 못 했다. 아직은 잘못 보았을 수도 있지만. 고린도교회에서 가르치는 교사, 장로, 중직자, 권사, 안수집사, 전도사, 강도사 등 요즘 교회 시스템으로 비유하자면 그렇다고 할 수 있을 것이다. 이 때 알아들을 수 없는 이상한 말로 하나님과 대화하고 소통한다고 동시통역 방언의 경우를 말하는 것일까? 즉 가르칠 때, 가르치는 자 즉 교회 리더들은 한 마디로 쉽고 분명한 말로 설명하여 오해나 분란이 없는 가르침으로 하라는 것이다. 이 때는 성경이라고 하는 것은 구약성경을 말하는 것이다. 신약성경은 아직 출간되지 않았던 시대이다. 그래서 바울의 역할을 참으로 중요했다. 유대 전통 율법과 선교지의 전통 풍습 등과의 갈등은 요즘에 성경이 있는데도 모든 사람이 제각각의 신학을 하는데 그 때야 어떠했을까? 소통을 방법과 가르치는 방법을 지혜롭게 덕스럽게 하라는 것이다.

19절에서도 언급하고 있지만 이 고린도전서는 교회에서 가르치는 자들에게 보내는 서신이다. 고린도교회에서 공적인 일

즉 교회에서 행해지는 모든 공적인 집회 모임을 할 때를 말하고 있는 것이다.

자기가 아는 외국어 방언 또는 자기 출신지역 지방말로 제각각의 말로 교회 공적 집회에서 사용하면 알아 듣지 못하는 사람, 처음 교회에 나온 사람, 교회에 나온지 얼마 되지 않은 사람, 믿음이 연약한 자, 믿지 않는 자, 인간적인 교제로 나온 자, 이단도 있을 수 있으며, 믿지 않고 사람을 만나기 위해 나온 사람, 등등 그냥 세상 사람들이 모두 모인 곳이다. 이런 사람들이 미쳤다고 하지 않겠느냐? 라고 할 수도 있다는 것이다. 그러므로 품위와 질서를 지키고 방언이 필요하면 통역을 하라는 것이다. 이 또한 대화의 도구로써의 방언을 말하는 것이지 기도할 때의 기도 말을 뜻하는 것이 아니다.

20절 "형제들아 지혜에는 아이가 되지 말고 악에는 아이가 되라 지혜에는 장성한 사람이 되라"한 마디로 방언 외국어로 가르치지 말고 지혜롭게 말하라는 것으로 어린아이처럼 행동하지 말라는 것이다. 그리고 말을 많이 하지 말고 간결하고 과묵한 자가 되라는 것이다. 교회에서는 말이 많아서 서로 오해하고 분란이 생기는 원인과 이유가 말이 많아서 생기는 일이 대부분이다.

21절 "율법에 기록된 바 주께서 이르시되 내가 다른 방언을 말하는 자와 다른 입술로 이 백성에게 말할지라도 그들이 여전히 듣지 아니하리라 하였으니"

여기서 율법에 기록된 바는 이사야 28장 11절 " 그러므로 더듬는 입술과 다른 방언으로 그가 이 백성에게 말씀하시리라"의 말씀으로 바울 사도가 이사야서를 거론하시면서 쉬운 말로 알아 듣기 쉽게 전하고 말하여도 하나님을 받아 드리지 않고 하나님을 모르는데 하물며 알아 듣기 어려운 말로 전하지 말라는 말씀이다. 마태복음 6장 7절에서도 예수님께서 말씀하시기를 "또 기도할 때에 이방인과 같이 중언부언하지 말라 그들은 말을 많이 하여야 들으실 줄 생각하느니라"라고 하셨다. 중언부언은 헬라어로 밭탈레게오로 알아듣지 못하게 아무 뜻도 없이 중얼거리는 것을 말하고, 반복해서 같은 소리를 계속해서 괜히 중얼거리는 것을 말한다. 이 말은 알아듣기 쉬운 말이라 할지라도, 좋은 말이라도, 가르치는 말이라도 말을 많이 하지 말라는 뜻이다.

22절 "그러므로 방언은 믿는 자들을 위하지 아니하고 믿지 아니하는 자들을 위하는 표적이나 예언은 믿지 아니하는 자들을 위하지 않고 믿는 자들을 위함이니라" 방언(외국어)는 믿지 않는 사람에게 전도할 때, 그 지방 사람들에게 그 지방말로 하여야 할 때 하는 말이며, 믿는 자 즉 성도들에게 할 때는 방언(외국말)이 필요하지 않다는 것이다.

23절 "그러므로 온 교회가 함께 모여 다 방언으로 말하면 알지 못하는 자들이나 믿지 아니하는 자들이 들어와서 너희를 미쳤다 하지 아니하겠느냐"

교회에서 공적 집회할 때 여러 나라, 여러 지방 방언 외국어로 각각 자기 외국말로 말하면 믿지 않는 자들이나. 믿음이 연약한 자들이나, 방언(외국어)를 할 줄 모르고 알아듣지 못하는 사람들은 미쳤다고 할 것 이다 라는 말씀으로 사도 바울이 극단적인 표현으로 "미쳤다"라는 표현을 사용하면서까지 교회의 질서와 품위를 강조하며 방언(외국어, 사투리 등)으로 인하여 교회의 혼란을 경계하고 방언(외국말) 사용을 교회 안에서 금하기를 권면하고 있는 서신이다.

26절 "그런즉 형제들아 어찌할까 너희가 모일 때에 각각 찬송시로 있으며 가르치는 말씀도 있으며 계시도 있으며 방언도 있으며 통역함도 있나니 모든 것을 덕을 세우기 위하여 하라" 방언과 통역을 함께 말씀하고 있다. 통역이 무슨 뜻이겠는가?

통역이 왜 필요한가? 우리나라 교회에서 '방언기도'할 때 통역이 필요한가? 성경에는 우리나라 교회에서의 경우처럼 혼자서 '방언기도'하는 경우와 상황이 나오는 대목이 한 곳도 없다. 우리나라 교회에서 기도할 때 통역이 필요한 경우가 있는가? 방언이라는 헬라어 '글롯사'는 일관 되게 한 의미로 쓰였지 다른 용어로 쓰인 경우가 없다. 헬라어 '글롯사'의 의미는 '자연적으로 얻어지지 않는 것'이라고 설명되는 단어이다. 즉 오랜 훈련과 학습을 통하여 서로 약속이 되어야 하는 소통의 수단이다. 약속을 위한 소통이고 학습이며 훈련이다. 약속이 필요 없다면 훈련이나 학습도 필요치 아니한 것이다. 우리나라에서 기도할 때 혼자서 알아들을 수 없는 기도소리는 다른 언어의 개념으로 나타내야 한다. 그것을 일반 세상에서는 방언이라고 하지 않고 주술(呪術)이라고 한다. 주문(呪文)이라고도 한다. 방언은 외국어이기 때문에 통역이 필요하고 있어야 한다는 것이다. 고린도전서 14장에 통역이 방언과 함께 다섯 번 나온다. 그만큼 방언과 통역은 함께 있어야 한다는 것이다. 외국말이기 때문이다. 혀 꼬부라진 소리를 어떻게 방언이라는 언어라고 하는지 근본적인 개념이 안 되어 있는 한국 교회의 현실이 안타깝다. 이제까지 한국 교회사와 선교 역사가 몇 년인데 이런 기본 개념도 안 되어 있다는 것인가? 지금의 시대가 어느 시대인데 성경을 그냥 읽어 보면 알 수 있는 것을 왜 자꾸 성경을 짜깁기 해석하여 왜곡하고 자기 고집과 아집으로 해석하는지 그 의도와 목적과 동기를 이해할 수 없다. 이제 오만과 편견을 버려야 할 때가 되었다.

27절 "만일 누가 방언으로 말하거든 두 사람이나 많아야 세 사람이 차례를 따라 하고 한 사람이 통역할 것이요"

28절 "만일 통역하는 자가 없으면 교회에서는 잠잠하고 자기와 하나님께 말할 것이요"

한 마디로 교회에서 외국말로 할 때는 통역 없이는 말하지 말라는 것이다. 단호한 표현이다. 질서를 지키지 못할 것들은 하지 말하는 것이다. 잠잠하고 자기와 하나님께 하라는 표현은 참으로 완곡한 표현 같지만 매우 단호한 결단력있는 표현이다. 자기와 하나님께 하라는 것을 그래 통역 없이는 나와 하나님과 대화하는 것이니까 다른 사람은 알아듣지 못하는 말로 하면 된다는 것이 아니다. 하나님께서는 온 땅에 모든 신자들이 동시에 기도해도 다 알아듣는 분이시다. 알아듣지 못해서 두 세 사람이 차례를 따라 통역하라는 것일까? 성경에서 말하는 방언은 기도를 의미하는 것이 아니다. 방언은 기도소리, 기도말을 의미하는 것이 아니다. 기도하는 경우를 지금 말하고 있지 않다.

39절 "그런즉 내 형제들아 예언하기를 사모하며 방언 말하기를 금하지 말라"

이제 "방언 말하기를 금하지 말라"라고 했으니 우리나라에서 기도할 때 말하는 기도말소리를 의미하는 것이 아니다. 외국어 말하기를 금하지 말라라는 것이다. 왜 외국어는 선교와 전도에 필수한 선교 전도의 가장 좋은 은사 은총이다. 그러므로 성도는 외국어(방언)를 열심히 해야 한다. 특히 교회 중직자와 교회 지도자들들에게 방언 즉 외국어의 필요성을 말하고 있는 것이다. 혀 꼬부라진 기도소리를 하라는 것이 아니다. 착각해서는 안 된다.

다음은 혀 꼬부라진 기도소리하는 신자들이 인용하는 구절에 대해서 구체적으로 방언과 영에 대하여 방언과 영 대신, 혀 꼬부라진 소리시도와 성령을 넣어서 바꾸어 해석해 보면 혀 꼬부라진 소리기도하는 성도들이 인용하는 말씀 구절들이 2절의 '혀 꼬부라진 소리기도(방언기도)는 사람에게 하지 아니하고 하나님께 하나니 이는 알아 듣는 자가 없고 성령(영)으로 말함이라' 이렇게 해석하는 것이다. 혀 꼬부라진 소리기도를 방언으로, 영을 성령으로 해석하고 있다. 이는 전혀 잘못된 해석이다.

5절의 "나는 너희가 다 방언 말하기를 원하나"를 혀 꼬부라진 소리로 모두 기도하기를 원한다라고 해석하는 것이다.
16절에 "내가 너희 모든 사람보다 혀 꼬부라진 소리기도(방언)를 더 말하므로 하나님께 감사하노라? 사도 바울ㅇ도 혀 꼬부라진 소리기도를 잘 했다는 것으로 해석된다?
이렇게 해석하면 성경 전체에 얼마나 방언이라는 표현이 많은데 그리고 방언이라는 표현 대신에 다른 성경에는 말 또는 언어를 방언이라고 표기된 성경이 많은데 이는 성경을 완전 혼란에 빠뜨리는 것이다. 어떻게 같은 단어를 개념이 전혀 다른 표기를 한다는 말인가? 성경에 나오는 방언이라는 단어에 혀 꼬부라진 소리기도로 대입해서 해석을 하면 말이 되는가 확인하면 쉽게 알 수 있다. 그러나 방언이라는 단어 대신에 외국말 그 지방언어로 바꾸어 사용하면 아무런 이상이 없다. 오히려 더 쉽게 이해가 된다.
41절: 모든 것을 품위 있게 하고 질서 있게 하라.
최종적인 결론은 방언, 외국어, 각 지방말도 듣는 사람이 알아 듣지 못할 때는 하지 말라는 것이며 하물며 자기도 모르는 무아지경, 무의식 중에 하는 소리는 말할 것도 없이 하지 말아야 하며, 교회에서 질서와 품위가 없을 때는 하지 말라는 것이다. 성경에서 방언과 기도는 전혀 관련이 없다. 아무리 좋은 것도 교회에서는 질서와 품위가 없을 때는 해서는 안 된다는 것이다. 이제 우리는 믿음이 질서와 품위가 있어야 한다. 하나님의 질서와 성품과 인격을 닮아야 한다. 무조건 복만 받으면 된다는 기복주의와 은사주의가 한국 교회를 병들고 부패하게 하고 있다. 성령 은사주의, 성령 세례, 방언 세례 등 참으로 조심하고 질서와 품위 있는 믿음이 되기를 간절히 소망한다. 성경에서 나오는 방언이라는 개념은 우리 나라 교회에서난 산에서 굴에서 기도할 때의 상황과 환경에 대한 경우의 방언이라는 것이 없고 방언이 기도와 관련이 된 부분이 없다. 우리 나라에서의 방언이라는 개념은 방언기도의 준말이다. 우리 나라 교회에서의 방언이라는 개념은 방언기도를 뜻하는 말이지 방언 그 자체를 뜻하지 않는다. 수 천 년 동안 세계 모든 언어로 지금까지 읽혀져온 성경이 그렇게 단어에 대한 개념도 없이 쓰여진 말씀이 아니다. 성경을 그렇게 개념 없는 책으로 보지 말하야 할 것이다.

방언은 창세기에서부터 요한계시록까지 하나님의 백성들이 아닌 이방인들의 언어라는 뜻이며, 하나님의 말씀이 아닌 것이 방언이라는 의미이며, 하나님의 백성들의 언어가 아닌 것이라는 의미이다. 요한계시록에서 "나라와 백성과 민족과 방언과"에서 일곱 번 나오는 방언이라는 의미는 기도를 의마하는 것이나 언어를 의미하는 것이 아니라 이방이라는 의미이다. 믿지 않는 백성들, 민족들이라는 뜻으로 이방인들이라는 개념으로 쓰였다.

7장
[구약과 신약의 유월절과 오순절]

바로의 폭정 아래 노예계급으로 살았던 히브리인들이 마침내 하나님의 구원계획에 따라 모세의 인도로 출애굽하게 되었다. 이스라엘 자손들은 출애굽에 동참하겠다고 나선 당시의 애굽에 살던 수많은 다른 종족들(성경은 잡족이라고 번역하고 있다)과 함께 큰 무리를 지어 애굽의 초원지역인 고센 지역을 떠나 홍해를 기적적으로 건너 망망한 광야를 지나 마침내 시내 산자락에 도착하게 되었다. 길고도 험한 여정을 걷고 또 걸어서 시내 산 지역에 도달한 것이다.(물론 하나님은 자신이 독수리 날개가 되어 그들을 업어 날랐다고 하셨지만...(출 19:4)

성경은 히브리인들이 애굽 땅을 떠난 지 삼 개월이 되던 날이라고 기록하고 있다.(출 19:1) 한글개역개정번역은 출애굽한지 "삼 개월이 되던 날"이라고 말하고 있지만, 출애굽한지 "세 번째 달 초하루" 정도로 번역하는 것이 좋을 것이다. 설명하자면 출애굽을 하던 날이 나중에 유월절로 지키게 된 날이었고, 또한 유월절이 들어있는 달을 이스라엘 역사의 원년 첫 달로 정하게 되었다(출 12:2). 출애굽 하던 날을 기념한 유월절이 첫 달 15일경이었으니, 요즘 말로 하자면 1월 15일에 출애굽을 한 셈이다. 그리고 대략 3월 1일 정도에 시내 산자락에 도착하게 되었다는 것이다. 그렇다면 이스라엘민족이 시내 산에 도착하여 모세를 통해 하나님의 율법(토라)을 수여받은 것은 출애굽 후 50일 경이 된다고 생각하시면 좋을 것이다. 근데 50일이라면 오순절(五旬節, pentecost)이 아닌가? 어쨌든 출애굽한지 오순절이 되었을 때 이스라엘 자손들은 시내 산에서 율법을 수여받게 된 것이다. 출애굽을 한 후 시내 산자락에서 율법(십계명)을 수여받았다는 사실 자체는 매우 의미심장한 영적 교훈을 담고 있다. 첫째로, 이스라엘이 애굽의 바로 폭정에서 구출 받게 된 것은 전적으로 하나님의 주도권 아래 이루어진 선물이었다는 점이다. "오직 은혜"로 구원을 받게 된 것이다. 이스라엘의 입장에서 자신들의 구원을 위해 그들이 한 것은 하나도 없었다. 그들 뿐 아니라 여러 혼합 민족들도 출애굽에 동참하게 되었으니, 그들 역시 하나님의 은혜로우신 구원에 참여하게 된 것이다. 어쨌든 구원을 계획하시고 구원을 실행하시고 구원을 성취하신 것은 오로지 하나님 자신의 손에 의해서였다. 그렇게 구원을 받은 이스라엘이 이제 하나님의 새로운 민족으로 새롭게 탄생하여(다시 태어남, 중생, 거듭남) 길고 긴 광야 여정을 시작하게 된 것이다.

둘째로, 이제 광야 여정을 통해 이스라엘은 하나님 백성으로 자신들의 정체성을 확고히 해야 하게 되었다. 그 일을 위해 하나님은 모세를 통해 율법을 주셨다. 그러므로 율법은 이제부터 시작되는 길고 긴 광야 여정을 위한 "생명의 양식"으로, 광야를 걸어가는 순례자 공동체를 위한 "이정표"로서 주어진 것이다. 율법은 하나님 백성이 되기 위한 조건이 아니라 하나님 백성으로 살아가는 표지가 된 것이다.

마지막으로 우리가 배우게 될 영적 가르침은, 신약의 교회는 모형론적으로 구약의 이스라엘 백성과 같다. 교회는 신약의 하나님의 백성 공동체이기 때문이다. 아시다시피 교회가 탄생한 것은 예수 그리스도가 유월절 어린양으로 자신을 드려 죽으시고 부활하신 후 오십 일(오순절)째 되던 날이었습니다. 쉽게 말해 **부활절로부터 오십일이 되던 날에 성령이 강림하시고 큰 산고의 고통 속에서 교회가 출생하게 된 것이다. 교회는 성령의 오심과 함께 시작된 것이다.**

이런 의미에서 **구약의 하나님의 백성으로서 이스라엘이 유월절 후 오순절에 율법을 시내 산에서 수여받은 것이나, 신약의 하나님의 백성으로서 교회가 유월절 후 오순절에 성령을 시온 산에서 받게 된 것은 놀라울 만한 하나님의 구원 경륜을 드러내고 있다.** 여기서 다시 한 번 집고 넘어갈 가르침이 있다. 교회의 출생 역시 전적으로 하나님의 주도권 아래 시작된 것이란 사실이다. 그리고 구약교회가 율법을 생명의 양식과 이정표로 삼아 광야를 지나가야 했듯이, 신약 교회는 성령을 광야에서의 생존을 위한 필수적인 양식으로, 또한 광야적 삶에서 길을 가리켜주는 이정표로 삼으면서 광야를 지나가야 한다는 것을 가르치고 있는 것이다.

이스라엘이 어떤 일을 기화(奇貨)로 출애굽을 하게 되지요? 유월(踰越, pass over)절에 애굽의 장자들이 모두 죽임을 당하는 일을 기화로 이스라엘이 출애굽을 하게 된다.

하나님은 그 출애굽의 서막(序幕)인 유월절이 시작된 달을 일년 중의 첫 달로 삼으라고 이스라엘의 달력을 아예 바꿔 버리셨다.

(출12:1-2)

1.여호와께서 애굽 땅에서 모세와 아론에게 일러 가라사대

2.이 달로 너희에게 달의 시작 곧 해의 첫 달이 되게 하고

유월절은 원래 3월에서 4월 사이에 있는 절기다.

그런데 그 달을 첫째 달로 삼으라 하시는 것은 하나님은 이스라엘의 역사를 구속사에 맞추시고 계신 것이다. 유월절은 구원의 시작 부분이므로 첫 번째 달이 되는 것이다.

(레23:4-5)

4.기한에 미쳐 너희가 공포하여 성회로 삼을 여호와의 절기는 이러하니라

5.정월 십사일 저녁은 여호와의 유월절이요.

이렇게 그 뒤부터 이스라엘의 정월(正月)은 유월절이 있는 달이 된 것입니다. 그 유월절에 이스라엘 백성은 점도 없고 흠도 없는 양을 잡아서 머리와 내장까지 완전히 다 먹어버려야 한다. 다 먹지 못하고 남은 것은 아침이 오기 전까지 모두 태워서 없애 버려야 한다.

그것은 어린양이신 예수 그리스도의 수난과 온전한 죽음을 상징하는 것이다. 그리고 그렇게 양을 통째로 전부 먹어야 하는 것은 복음의 통전(通典)성을 가리키는 것이다.

거기에 대해서는 다음에 다루기로 하겠다.

뿐만 아니라 이스라엘 백성은 어린양과 함께 무교병과 쓴 나물을 아울러 먹어야 한다.

(출12:8~10)

8.그 밤에 그 고기를 불에 구워 무교병과 쓴나물과아울러먹되

9.날로나 물에 삶아서나 먹지 말고 그 머리와 정강이와 내장을 다 불에 구워 먹고

10.아침까지 남겨 두지 말며 아침까지 남은 것은 곧 소화하라.

무교병은 죄와 죄의 증상들인 고통 속에서의 탈출이 얼마나 긴박하고 급박한 것인지를 보여주는 상징물이었다. 유대인들의 주식은 누룩이 들어가 잘 부풀려진 유교병이었다.

그런데 하나님께서 그들에게 유월절에 먹으라 했던 무교병은 누룩이 들어가지 않은 떡을 말하는 것이다. 그것은 유대인들이 애굽에서 나오는 일이 누룩을 넣어 빵을 부풀릴 시간도 없이 급박(急迫)하고 긴급(緊急)한 일이었음을 보여주는 시청각 자료였던 것입니다.

그리고 동시에 무교병은 죄를 상징하는 누룩이 빠진 떡으로

죄에서 건져진 하나님 백성들이 먹는 신령한 "떡"을 가리키는 것이었다.

그 말은 다른 말로 긴박한 하나님의 구출작전에 의해 죄에서 건져진 하나님의 백성들은 이 세상에서 죄와 관계없는 삶을 추구해야 함을 고지(告知)하는 것이다.

따라서 유월절에 이스라엘 백성들이 먹어야 했던 무교병은 . 죄인들에게 있어서의 구원의 긴박성과 긴급성을 가리킴과 동시에 구원을 얻은자들이 이 세상에서 어떠한 자세로 살아야 하는지에 관한 내용이 함께 내포되어 있는 것이었다.

그리고 쓴 나물은 이스라엘 백성들이 죄 된 세상을 상징하는 데 애굽에서 겪은 고난과 수치를 상징하는 것이다.

이스라엘 백성들은 매년 돌아오는 유월절에 무교병과 쓴 나물을 양과 함께 먹으면서 애굽의 고난과 애굽의 수치를 떠올리며 그 속에서 건져주신 하나님의 은혜에 감사하는 마음을 가질 수 있었고 그러한 죄 된 세상 속에서 빠져 나오는 일이 얼마나 긴박하고 긴급한 일이었는지도 다시금 곱씹을 수 있었으며 그러한 긴박하고 긴급한 상황 속에서 하나님의 은혜로 말미암아 자신들이 죄 없는 순결한 하나님의 백성이 되었음을 반추하며 감격할 수 있었다.

그런데 앞서 말씀드린 것처럼 그 무교병과 쓴 나물은 항상 죄 없이 죽은 어린 양고기와 함께 먹어야 한다.

여러분은 그 세 가지 음식이 의미하는 바가 어떤 이야기를 담고 있는 것인지가 금방 연결이 되는가?

쓴 나물과 같은 죄의 고통 속에 있던 하나님의 백성들이 그 긴박한 상황 속에서 무교병과 같은 죄 없는 순결한 백성으로 재창조되기 위해서는 점도 없고 흠도 없는 어린양의 죽음에 의해서만 가능하다는 예수 그리스도의 십자가의 필연성이 "그 유월절이라는 절기 속에 담겨 있는 메시지인 것이다."

신약으로 가서 구약의 그 유월절이라는 그림이 어떻게 해설이 되고 있는지 찾아본다.

(고전5:7-8)

7.너희는 누룩 없는 자인데 새 덩어리가 되기 위하여 묵은 누룩을 내어버리라 우리의 유월절양 곧 그리스도께서 희생이 되셨느니라

8.이러므로 우리가 명절을 지키되 묵은 누룩도 말고 괴악하고 악독한 누룩도 말고 오직

순전함과 진실함의 누룩 없는 떡으로 하자.

(요1:29)

29.이튿날 요한이 예수께서 자기에게 나아오심을 보고 가로되 보라 세상 죄를 지고 가는 하나님의 어린양이로다.

유월절 어린양이 누구인가? "예수 그리스도다." 어린양 예수 그리스도가 성도의 쓴 나물을 모두 짊어지고 먹혀버림으로 그들이 "순결한 누룩 없는 떡이 되는 것이다."

사도 바울은 그렇게 어린양 예수 그리스도의 죽음으로 쓴 나물 같은 세상 속에서 건져진 하나님의 백성들은 이미 누룩 없는 자로 새롭게 창조가 되었으므로 누룩 없는 자답게 묵은 누룩을 내어버리고 순전함과 진실함으로 살아야 한다고 권고 하고 있다.

이렇게 어린양의 죽음으로 인해 쓴 나물의 상태에서 무교병의 상태로 재창조된 하나님의 백성들은 그의 남은 생애동안 죄 없는 순결한 참 무교병 즉 예수 그리스도를 계속해서 먹음으로 해서 순결한 하나님의 자녀로 성숙되어져 가야 한다는 것이다.

그 유월절이 구원의 종착역이 아니라는 것이다. 그래서 하나님께서도 이스라엘 백성들에게 유월절을 먹으라고 하실 때 마

치 어디론가 급히 떠날 사람들처럼 지팡이를 잡고 서서 서둘러 먹게 하신 것입니다.

(출12:11)

11.너희는 그것을 이렇게 먹을지니 허리에 띠를 띠고 발에 신을 신고 손에 지팡이를 잡고 급히 먹으라 이것이 여호와의 유월절이니라.

하나님은 이미 구원이 확보된 이스라엘 백성들에게 먹을 것을 급히 먹고 어디로 떠나라고 말씀하시는 것이다.
어디로 가야할까? 홍해를 건너 광야를 지나 "가나안으로 들어가야 한다.

그런데 이스라엘이 사십년간 통과하여 지나가야 했던 광야에서 했던 유일한 일은 옛 사람을 죽이고 새 사람이 되어 가나안으로 입성한 것 뿐 이었다

옛 사람 육십 만 명이 광야에서 모두 죽고 새 사람 육십 만 명이 가나안에 들어간 것을 기억할까?

(출12:37, 민1:45-46)

따라서 성도가 유월절 어린양이신 예수 그리스도에 의해 구원을 얻은 뒤 새 하늘과 새 땅에 들어가기 까지 이 땅에서 해야 할 일은 점도 없고 흠도 없는 어린양 예수 그리스도를 닮아가는 일인 것이다.

그리고 결국에는 새 하늘과 새 땅에서 점도 없고 흠도 없는 어린 양으로 부활하여 하나님 앞에 서게 되는 것이다. 그게 유월절이다. 그리고 그게 바로 구원이다. 이렇게 구원은 하나님의 백성들이 죄로 말미암아 망해버린 쓴 나물 같은 세상에서 건져져서 하나님 백성다운 자로 성숙되어져 가다가 결국에는 하나님의 아들과 같은 영광을 입고 하나님 나라로 입성하는 것 전체를 말하는 것이다.

우리에게 그 구원을 선물해 주러 오신 우리 주님은 알라딘의 요술램프처럼 문지를 때마다 나타나 소원이나 들어주는 그런 저급한 만화 속의 괴물이 아닌 것이다.

그런데 죄인들은 알라딘의 요술램프에 나오는 마술사 지니와 같은 메시아를 기다리고 있었고 지금도 그러한 예수를 부르고 있는 것이다.

주님은 6장에서 바로 그 생명의 떡이신 유월절 어린양이 자신이며 그 누룩 없는 생명의 떡을 먹은 자들은 이 세상의 힘을 추구하는 것을 목적으로 사는 것이 아니라 이 세상에서 누룩 없는 무교병으로서의 삶을 추구하는 것을 목적으로 살아야 함을 주지시켜주신 것이다.

그래서 6장이 유월절로 시작이 되는 것입니다. 그 유월절로부터 오십일 째 되는 날이 오순(五旬)절이다.

(레23:15-16)

15.안식일 이튿날 곧 너희가 요제로 단을 가져온 날부터 세어서 칠 안식일의 수효를 채우고

16.제 칠 안식일 이튿날까지 합 오십일을 계수하여 새 소제를 여호와께 드리되

유월절 다음날부터 칠일동안은 무교절이다. 그 무교절 중간에 첫 이삭 드리는 날이 있다. 그 첫 이삭 드리는 날은 유월절 이후 첫 안식일 다음 날이다. 신약의 표현대로 하자면 안식 후 첫날이다. 그 때 이스라엘 사람들은 첫 이삭을 하나님께 바친다. 유월절에 어린양이 한 알의 밀알이 되어 땅에 묻혀 죽고 안식 후 첫날 부활하여 하나님 백성의 첫 열매가 되는 예수 그리스도의 죽음과 부활이 그 속에 담겨 있는 것이다. 그 첫 이삭 드리는 날로부터 일곱 주를 세어 일곱 번째 안식일 이튿날까지가 오십일이다.

하나님은 그 때를 오순절로 지키라고 하신다. 그리고 그 오

십이라는 숫자는 일곱 날 곱하기 일곱 주에서 나온 숫자라서 칠칠절이라고도 부른다. 그리고 그 오순절 날은 보리가 추수되는 때이기도 해서 맥추절이라고도 한다.

그렇다면 유월절이 하나님의 백성 이스라엘이 어린양의 피로 죽음을 면하게 된 날을 기념하는 날이라면 오순절은 출애굽 광야 사건에서 어떤 것을 기념하는 절기일까? 이스라엘이 시내산에서 율법을 받은 날을 기념하는 날이 오순절이다.(메레디스 클라인)

하나님의 완전수 칠이 일곱 번 반복되는 것에서 우리는 하나님의 전적인 주권을 보아야 하는 것이고 그러한 하나님의 전적인 주권에 의해 세상에 성령이 부어지고 하나님 백성들이 추수되기 시작하는 구속사 속에서의 현실을 오순절 속에서 볼 수 있어야 하는 것이다.

하나님께서 시내산에서 이스라엘에게 율법을 주며 당신의 백성은 당신께서 요구하시는 법을 잘 지켜야 하며 그 법을 잘 지켜낼 때에 하나님으로부터 복을 얻을 수 있음을 모세를 통해 말씀하셨다. 그런데 이스라엘은 그 법을 지킬 수 없었다. 모세가 시내산에서 율법을 받아 내려왔을 때 이미 그 징조가 나타났다. 모세가 시내산에서 율법을 받는 동안 이스라엘 백성들이 금송아지를 만들어 놓고 그 것을 가리켜 '여호와'라 부르는 일이 생겼다. 그 때 모세는 십계명 돌 판을 던져서 깨버렸다. 그 십계명 돌 판의 파괴는 거룩한 하늘의 것과 죄악된 세상의 것이 함께 동거할 수 없음을 상징적으로 보여주는 사건이었다. 첫 번째 십계명 돌 판은 하나님께서 준비하시고 하나님께서 쓰신 하나님의 것이었다.

(출32:16)

16.그 판은 하나님이 만드신 것이요 글자는 하나님이 쓰셔서

판에 새기신 것이더라

그렇게 첫 번째 돌 판은 거룩한 하나님의 것이었다. 그 거룩한 것이 우상이라는 죄악 앞에 서자 심판이 일어난 것이다. 그 심판은 이스라엘 백성 삼천 명의 죽음으로 현실화 되어 나타났다.

(출32:26-28)

26.이에 모세가 진문에 서서 가로되 누구든지 여호와의 편에 있는 자는 내게로 나아오라하매 레위 자손이 다 모여 그에게로 오는지라

27.모세가 그들에게 이르되 이스라엘의 하나님 여호와께서 이같이 말씀하시기를 너희는 각각 허리에 칼을 차고 진 이 문에서 저 문까지 왕래하며 각 사람이 그 형제를, 각 사람이그 친구를, 각 사람이 그 이웃을 도륙하라 하셨느니라

28.레위 자손이 모세의 말대로 행하매 이 날에 백성 중에 삼천 명 가량이 죽인바 된지라.

이렇게 타락한 죄인들은 절대 하나님의 법을 지켜 낼 수 없음이 증명된 것이다. 그러나 하나님은 그 불가능하고 무능력한 당신의 백성들을 구원해 내실 계획을 창세전에 이미 세워 놓고 계셨다.

오순절에 모세에게 주셨던 율법을 이제 직접 그 백성들의 마음속에 새겨 버리는 것이었다.

(렘31:31~33)

31.나 여호와가 말하노라 보라 날이 이르리니 내가 이스라엘 집과 유다 집에 새 언약을세우리라

32.나 여호와가 말하노라 이 언약은 내가 그들의 열조의 손을 잡고 애굽 땅에서 인도하여내던 날에 세운 것과 같지 아니할 것은 내가 그들의 남편이 되었어도 그들이 내 언약을

파 하였음이니라

33.나 여호와가 말하노라 그러나 그 날 후에 내가 이스라엘 집에 세울 언약은 이러하니 곧
 내가 나의 법을 그들의 속에 두며 그 마음에 기록하여 나는 그들의 하나님이 되고 그들은 내 백성이 될 것이라

 이렇게 예레미야를 통해 말씀하신 하나님의 언약이 언제 이루어졌을까? 하나님의 백성들의 마음속에 하나님의 법이 뚫고 들어와 하나님 백성으로 추수되기 시작한 것이 언제일까? 바로 신약의 오순절 마가의 다락방에서이다. 예수 그리스도께서 유월절 어린양으로 죽으셔서 우리 성도들이 쓴 나물과 같은 세상에서 건져졌다. 그렇게 죽으신 예수 그리스도는 첫 이삭 드리는 날인 안식 후 첫날 부활하심으로 첫 이삭이 되셔서 하나님 백성들의 탄생을 예고 하셨다. 그로부터 오십일 후 시내산에서 이스라엘이 율법을 받았던 그 때에, 환언하면 본격적으로 보리가 추수되는 맥추절에 하나님의 전적인 주권에 의해 하나님의 택한 자들 마음속에 하나님의 법이 새겨지게 되고 하나님의 백성들이 추수가 되었다. 하나님께서 하늘로부터 성령을 부으셔서 하나님의 택하신 백성들의 마음속에 하나님의 법을 직접 새겨 버리심으로 이제 하나님의 백성들이 그 법을 지키던 지키지 못하던 하나님의 법을 품고 있는 자로서 하나님의 백성으로 칭해지게 된 것이다. 그렇게 오순절 날 성령이 임하게 되자 실제로 큰 추수가 일어났다.

(행2:39~41)
 39.이 약속은 너희와 너희 자녀와 모든 먼데 사람 곧 주 우리 하나님이 얼마든지 부르시는자들에게 하신 것이라 하고
 40.또 여러 말로 확증하며 권하여 가로되 너희가 이 패역한

세대에서 구원을 받으라 하니

41.그 말을 받는 사람들은 세례를 받으매 이 날에 제자의 수
가 삼천이나 더하더라

오순절 날 성령이 임하시고 베드로가 그 자리에서 설교를 시
작했다. 베드로는 요엘서에서 예언된 성령 강림의 이야기가
바로 오늘 이 자리에서 성취된 것이라는 것과 예수 그리스도
의 주 되심과 그리스도 되심을 설교했다. 그 때 삼천 명이 추
수가 되었다.

오순절의 시작이라 할 수 있는, 시내산에서 하나님의 법이 죄
악 된 세상에 임했을 때에 삼천 명이 죽었다. 하나님의 법은
타락한 인간들이 절대 지켜낼 수 없다는 것을 보여준 것이다.
그런데 성령이 임하시고 하나님의 법이 하나님 백성들 마음속
에 새겨지자 똑같은 죄인들 사이에서 추수가 일어났다. 역시
삼천 명이다. 이렇게 오순절 역시 하나님의 전적인 은혜에 의
한 하나님 백성들의 영적인 출애굽을 함의하고 있던 절기인
것이다.

마지막으로 오늘 본문에 등장하는 이스라엘의 세 번째 절기인
초막절은 가을 추수가 끝나고 알곡들을 창고에 저장해 놓고
그러한 수확을 허락하신 하나님의 은혜에 감사를 하는 절기이
다. 그래서 초막절을 수장(收藏)절이라고도 부르는 것이다. 그
리고 초막절은 자신들이 누리는 풍요가 출애굽의 결과로 주어
진 것이라는 것을 기억하고 기념하는 절기이기도 하다. 그래
서 그들은 초막절 기간 동안 초막을 짓고 일주일간 텐트 생활
을 하게 되어 있다. 그래서 장막절이라고도 부른다.

(레23:39~43)

39.너희가 토지소산 거두기를 마치거든 칠월 십오일부터 칠

일 동안 여호와의 절기를 지키되 첫날에도 안식하고 제 팔일에도 안식할 것이요

40.첫날에는 너희가 아름다운 나무 실과와 종려 가지와 무성한 가지와 시내 버들을 취하여너희 하나님 여호와 앞에서 칠일 동안 즐거워할 것이라

41.너희는 매년에 칠일 동안 여호와께 이 절기를 지킬지니 너희 대대로의 영원한 규례라너희는 칠월에 이를 지킬 지니라

42.너희는 칠일 동안 초막에 거하되 이스라엘에서 난 자는 다 초막에 거할지니

43.이는 내가 이스라엘 자손을 애굽 땅에서 인도하여 내던 때에 초막에 거하게 한 줄을 너희 대대로 알게 함 이니라 나는 너희 하나님 여호와니라

이 초막절에 이스라엘 백성들은 세 가지 예식을 반드시 행해야 했다.

맨 먼저 그들은 이 초막절 기간에 일주일 동안 장막을 짓고 생활을 해야 했다. 우리가 43절에서 본 바대로 하나님께서 이스라엘을 애굽 땅에서 인도하여 내셨을 때 그들이 광야에서 장막에 거했던 것을 대대로 잊지 않게 하시기 위해 그들에게 장막을 짓고 그 곳에 살게 하신 것이다. 광야에서의 이스라엘의 장막은 하나님의 보호하심을 상징하는 것이었다. 그 들이 생활했던 장막도 물론 하나님의 지키심의 상징이었지만 이스라엘의 대표적 장막이었던 성막은 하나님의 임재로 인한 지키심과 돌보심의 상징이었던 것을 여러분은 알고 계실 것이다. 그래서 그들은 장막을 치고 초막절을 보내면서 하나님의 인도하심과 지키심과 보호하심에 의해 자신들이 구원을 얻었을 뿐만 아니라 풍성한 수확까지도 하나님의 지키심과 보호하심의 결실이라는 것을 감사하며 보냈던 것이다. 두 번째로 이스라엘은 초막절 기간 동안 실로암 못에서 물을

떠다가 성전 제단에 물을 부어 제단으로부터 물이 흐르게 해야 했다. 광야에서 그들을 반석의 생수로 먹이신 하나님을 기념하는 것이었다.(출17:5-7)

세 번째로 이스라엘은 초막절 기간 동안 성전에 큰 촛대를 세우고 항상 불을 켜 두어야 했다.

그것도 역시 광야에서 불기둥과 구름기둥으로 그들의 앞길을 비추어 그들을 약속의 땅으로 인도하셨던 하나님의 인도하심에 대한 감사의 행위였다.(출13:21-22)

초막절이 담고 있는 그러한 상징적 행위들은 모두 예수 그리스도 안에서 완성이 된 것들이다.

우리가 1장을 공부하면서 확인한 것처럼 요한은 예수님이 인간의 몸을 입고 이 땅에 오신 것을 예수님께서 장막을 치신 것으로 표현을 한다.

(요1:14)

4.말씀이 육신이 되어 우리 가운데 거하시매 우리가 그 영광을 보니 아버지의 독생자의영광이요 은혜와 진리가 충만 하더라.

여기서 '거하시매'라고 번역이 된 헬라어 '스케노오'는 '장막을 치다, 천막을 치다'라는 의미이다.

우리를 쓴 나물과 같은 세상에서 건져 내셔서 끝까지 지키시고 보호해 주시는 참 장막이신 예수 그리스도께서 이 땅에 오심으로 우리는 이 세상 어떤 것의 공격으로부터도 안전하게 지켜지게 된 것이다.(롬8:35-39)

요한은 새 하늘과 새 땅에서 하나님의 장막이 하나님의 백성들을 온전히 감싸 안고 있는 것을 보았다.

(계21:3-4)

3.내가 들으니 보좌에서 큰 음성이 나서 가로되 보라 하나님의 장막이 사람들과 함께 있으매 하나님이 저희와 함께 거하시리니 저희는 하나님의 백성이 되고 하나님은 친히 저희와 함께 계셔서

4.모든 눈물을 그 눈에서 씻기시매 다시 사망이 없고 애통하는 것이나 곡하는 것이나 아픈것이 다시 있지 아니하리니 처음 것들이 다 지나갔음이러라

바로 이러한 천국 현실을 초막절이라는 절기가 담고 있었던 것이다.

8장
신의 언어인가? 하나님과의 대화
한국교회에서의 알아들을 수 없는 기도(방언기도)

방언기도라는 말은 성경에도 나오지 않는 단어이다. 방언이라는 단어는 많이 나오지만 방언기도는 나오지 않으며 **한국교회에서 방언이라는 말은 방언기도를 말하는 것이다.** 방언은 방언이고, 기도는 기도이다. 그러나 방언기도는 기도를 방언으로 한다는 것이다. 성경에 나오는 방언은 대화의 언어를 말하는 것이다. 기도를 말하는 방언은 없다. 고린도전서 14장 14절에 한 번 나온다 "내가 만일 방언으로 기도하면 나의 영이 기도하거니와 나의 마음은 열매를 맺지 못하리라"

NIV영어성경에서는 가정을 들어 "For if I pray in a tongue, my spirit prays, but my mind is unfruitful." 그리고 나머지 방언이 나오는 문장은 모두 "방언으로 말하는 자는", 또는 "방언 말하기를" 즉 고린도전서 14장 2절, 4절, 5절, 6절, 13절, 19절, 21절, 23절, 27절, 39절 등 모두 방언으로 말하는 것을 나타내고 있다. '말하다'는 NIV영어성경에서도 영어로 'speak'로 나타내고 있다. 이는 말하는 것은 듣는 사람이 있는 것을 전제로 하는 것이다. 대화, 의사소통으로 하는 것이다. 영어로 모두 'speak in tongue'으로 쓰고 있다. 영어 tongue은 혀를 뜻하는 것이 아니라 단수 또는 복수로 동사 speak와 함께 쓰여서 '말', '언어', '방언'이라는 의미로 쓰인 것이다.

그러니까 성경에서 말하는 방언과 한국교회에서 말하는 방언 기도와는 전혀 다르다. 성경에는 한국교회에서처럼 혼자서 기도할 때 알아들을 수 없는 말소리로 기도하는 경우를 말하는 방언은 없다. 방언이라는 말은 지방(地方)의 방(方)자와 언어(言語), 말을 뜻하는 어(語)이다. 어떤 지방의 말 언어이다. 지방 사투리이다. 또는 외국어를 말한다. 사전에는 기독교에서 성령을 받은 자가 무아지경에서 하는 말이라고 한다. 방언의 영어는 dialect 방언 지방사토리 지방언어이다. 영어사전에서는 a way of speaking a language that is used only in a particular area or by a particular group이라고 설명하고 있다. 즉 어떤 특별한 그룹에 의하거나 또는 어떤 특별한 지역에서만 사용되는 언어를 말하는 방법이라고 설명하고 있다. 영어사전에서는 우리 한글 사전에서처럼 성령을 받은 자가 무아지경에서 하는 말이라는 뜻이 없다. 그러면 알아들을 수 없는 기도소리에 대한 것은 우리나라 교회에서만 있는 것인가? 서양 미국에서는 성령 받은 사람이 없는 것인가? 아니면 기도할 때 알수 없는 소리로 기도하는 사람이 없는 것일까?

 히브리어는 구약에 8번의 방언이라는 단어가 나온다 모두 지방언의의 뜻으로 쓰였으며 히브리어는 '라숀' 또는 '레쇼나'라고 한다. 뜻은 혀 즉 말하는 기관으로 말, 언어, 방언을 뜻한다. 그러나 히브리어 원어 '라숀' 또는 '레쇼나'로 쓰인 표기는 무려 115번 나온다. 이는 방언이라고 한글 번역은 8번 나오지만 방언이라는 '라숀'이나 '레쇼나'로 표기되는 단어는 115번인데 이는 다른 번역 버전 성경에서는 '언어'로 번역하였기 때문이다. 이는 방언이 언어라는 것이다. '언어' '말'로 번역하기도 했기 때문이다.

 개역개정성경에는 신약과 구약 모두 40번의 방언이라는 단어가 나온다. 신약에서는 맨 처음 마가복음 16장 17절에 "믿는 자에게는 이런 표적이 따르리니 곧 그들이 내 이름으로 귀신을 쫓아내며 새 방언을 말하며"라고 새 방언을 언급함으로써 믿은 자들에게 주시는 표적을 "새 방언을 말하며"라고 하셨다는 것이 방언을 믿음의 새 표적으로 말하는 근거일 것이다. 즉 방언을 성령세례의 근거로 말하는 것이다. 여기서 쓰이는 성경의 헬라어 원어는 '글롯사'이다. 이 헬라어 '글롯사'의 의미는 '혀' '언어' '특히 자연적으로 얻어지지 않는 것'이라는 뜻이다. 언어는 자연적으로 얻어지지 않는다. 태어나서부터 부모를 통하여 수 많은 훈련과 연습을 통하여 모든 사람들과 미리 약속된 언약이다. 미리 언약되지 않는 것은 소통이 될 수 없다. 어떤 한 커뮤니티에서 공동체가 미리 훈련과 연습, 학습을 통하여 미리 약속 언약되지 않는 것은 언어로서의 소통 능력을 상실한 것은 아무런 의미가 없는 것이다.

영어로는 tongue, language로 쓰이고 있다. 사도행전 2장 4절과 고린도전서14장 5절에서 쓰인 경우이다.

신약에서 쓰이고 있는 방언이라는 단어는 모두 '글롯사'로만 표기되어 있다. '글롯사'로 표기된 헬라어원어 성경에는 신약에서만 46회가 나온다.

마가복음에 3번, 누가복음에 2번, 사도행전에 6번, 로마서에 2번, 고린도전서에 18번, 빌립보서에 1번, 야고보서에 4번, 베드로전서에 1번, 요한1서에 1번, 계시록에 8번 나온다.

기도라는 단어는 히브리어로 '팔랄'이리고 하는데 이는 '판단하다(공식적으로 또는 정신적으로), 중재하다, 기도하다, 탄원하다, 간구하다'의 뜻이다. 이 '팔랄'이 구약에는 82번 나온다.

고린도전서 12장 10절에서는 "각종 방언 말함을"이라고 하는 부분에서 "각종"이라는 헬라어가 '게노스'이다. 이 의미는

'여러 가지, 각각'의 의미가 아니고 '혈족의, 족속의, 친척의, 민족의 자손의' 등의 뜻으로 다시 번역하면 '각 족속들의 자기 지방말을 말함을'이라고 번역이 된다. "각종"이라는 단어 자체에 족속, 혈족, 민족이라는 뜻이 들어 있으므로 이 "방언"이라는 단어에는 '혈족들의 언어 말'이라는 의미과 자동 성립되는 것이다.

신약에서 '기도하다'라는 헬라어는 '프로슈코마이'인데 이는 '하나님께 기도하다' 즉 하나님께 간청하다, 하나님께 예배하다의 뜻으로 마태복음 26장 39절의 영어로 'pray to God'이다.

'프로슈코마이'의 어원은 '유코마이'이다. 이는 '소원하다'이다. 함축적으로 하나님께 기도하다, 하고 싶어한다, 원하다의 의미로 고린도후서 13장 9절의 경우이다.

신약에 헬라어 '프로슈코마이'는 80회가 나온다.

그러므로 방언과 기도가 합해진 단어 말의 '방언기도'라는 단어는 히브리어로는 성경에 어떻게 쓰여졌는지 알 수 있다. 그리고 헬라어로는 '방언기도'라는 단어는 어떻게 사용되었는지 알 수 있다.

이는 일관되게 언어로써의 의사소통의 수단으로 자연적으로 습득된 표현이 아니라 연습되고 훈련된 미리 약속으로써의 언어인 것이다. 두 사람 간에 의미의 약속, 공동체 커뮤니티에서의 약속된 의미의 소리 발음 발성이 서로 정하고 훈련하고 교육되어 사용되는 미리 약속된 의미가 언어인데 이 방언은 그런 언어로써의 의미로 성경은 방언이라고 성경 전체에서 일관되고 통일되게 분명하게 사용하고 있다. 어떻게 '방언'이 알아 들을 수 없고, 이해할 수 없는 의사표현으로써의 '방언기도'라는 의미로 성경을 해석할 수 있다는 것인지 참으로 안타깝고 도저히 이해할 수 없는 현실이다. 현실적으로 알아 들을 수 없는 소리로 기도하는 현상에서 누구나 할 수 있는 실질적인 기도소리를 탓하는 것은 아니다. 그러나 언어체계가 아닌 것을 어떻게 언어의 한 분류로 규정하고 정의할 수 있는가? '신의 언어'인 신비한 언어를 인간적인 방법으로 접근하는 것은 옳지 않다고 한 것도 인정할 수 있다. 이 때는 우리는 새로운 개념의 단어를 사용해야 한다. 언어는 그렇게 생성되고 소멸되어 언어의 역사성을 갖는다. 이런 경우 우리는 '신언(神言)이라고 하면 된다. 또는 '성령방언'이라고도 할 수 있다. 성경에 분명 확실한 개념으로 수천년동안 형성된 개념을 오역하고 있기에 문제가 되는 것이다. 또는 한국교회에서만 있는 현상이라면 '오순절방언', '한국교회방언', 강남교회방언', '신방언', 한국교회새방언' 등등으로 새로운 단어를 만들어 사용하는 것이 좋다. 그렇다할지라도 이는 '기도'의 일종이지 '방언'의 일종이 아닌 것이다. 기도에 있어서의 새로운 일부 교회에서의 '새기도'라고 할 수 있는 것이다.

하나님께서는 자기 백성들에게 분명한 언어로 말씀을 주셨다. 분명한 언약을 주셨다. 그런데 들어도 알 수 없고, 글로 쓸 수도 없고, 이해할 수 없는 알아 들을 수 없는 소리 즉 '신의 언어', '하나님과의 대화언어'라고 하는 것을 하나님이 주셨다고 할 수 있을까? 무속적인 우상숭배적인 소리를 하나님의 구원의 성령세례라는 것이 한국교회의 현주소라는 것이 참으로 안타깝다. 혼란스럽다. 무속 주술과 섞여 있는 것 같은 혼란과 혼동에 빠져있다. 외국에서 많은 공부와 연구를 하신 유명하신 박사님들, 신학자들, 화려한 세계적인 이름과 이력으로 책으로 설교로 강연으로 예배를 통하여, 기도를 통하여 주장하는 것에 많는 사람들은 온전히 빠져서 동의하고 동조하고 주장하고 있는 현실이 한국교회와 목회자들과 신학자들과 신학교와 성도들이 계신다. 저자의 주변에서도 그게 뭐 그리 중요하고 신경 쓸 것이냐고 반문한다. 그것은 자기 체험이므로 말 할 수 있는 부분이 아니라는 것이다. 그렇다. 존중한다. 그러나 그렇지 않다고 말 할 수 있는 것도 존중받을 필요가 있다.

대부분의 대형 유명 교단에서는 일부러 조장하고 권하고 강요하여 일반화되어 있으며, 이런 기도를 못하면 구원 받지 못한 신앙으로 간주되고 있다. 한국교회의 일반화된 현상이 되었다.

그래서 한국교회가 샤마니즘적 기복주의화, 탐욕적 자본주의 신앙이 되었다고 할 수 있을 것이다. 맘몬 우상 숭배적 기복주의, 주술적 기복주의, 성령세례적 은사주의, 자기 개인 체험적 은사주의 신앙으로 타락하였다.

하나님의 약속 언약의 하나님이시다. 말씀을 주신 것이 언어이다. 언어는 약속이다. 하나님은 말씀으로 오셨다. 예수님도 말씀으로 오셨다. 언어로 오셨다. 다시 오실 때도 언어로 오실 것이다. 실제로 말씀으로 오실 것이다. 주님은 말씀이시니까. 말씀으로 약속하셨다. 언어로 계약하셨다. 말씀으로 계약하셨다. 글로 계약하신 것이 성경이다. 성경은 하나님의 공증 증서이시다. 두 돌판에 글로 언어로 확실하고 분명하게 언어로 계약하셨다. 편무계약으로 하셨다. 영원히 변하지 않도록 돌판에 계약하셨다. 계약서를 돌판으로 하신 분은 하나님 한 분 밖에 안 계신다. 사람들이 모두 자기가 옳다고 하고, 무슨 말을 환상 가운데 했다고 하고, 자기만 들었다고 하고, 또는 보았다고 하고, 꿈에 보았다, 실제로 산 속에서 만났다, 천국에 갔다왔다는 등 이 세상의 인간의 수만큼이나 많은 자기 체험으로 하나님을 현혹하지 못하게 하시기 위해 두 돌판에 하나가 아니고 두 돌판에, 하나만 있으면 그것도 분실하거나 깨거나 없어질까 봐서 두 돌판에 분명하고 변하지 않게 하셨다.

성경을 기준으로 하지 아니한 어떤 은사도 성령도 능력도 은혜도 위험하다. 인간에게는 위험하다. 성경을 근거하지 아니한 은사, 기도, 성령도 위험하다. 은사. 기도, 성령이 위험한 것이 아니고 사람, 인간이 위험하다. 본성이 위험하다. 본성이 믿을 만한 것들이 하나도 없는 전적 타락한 인간이기 때문이다.

수천 년, 아니 수만 년이 지나도, 영원히 성경은 변하지 않게 하시기 위하신 것이다. 세상이 변하고, 인간이 변하고 모든 것이 변해도 성경은 변하지 않게 하시기 위한 것이다. 성경을 떠나서, 성경에 근거가 없는 그 어떤 것도 위험하다. 하나님은 애매모호하신 것을 싫어 하신다. 적당한 것을 싫어하신다. 중언부언하시는 것을 싫어하신다. 반신하시는 것을 싫어하신다. 100%가 아니면 간음이다. 종합적이고 다원적인 것을 싫어하신다. 이것도 좋고, 저것도 좋고 이래도 좋고 저래도 좋고 하시는 것을 싫어하신다. 성경은 수 천년 동안 많은 사람들이 검증하고 시험하여 일관되게 증거된 확실하고 분명하게 개념이 정리된 언어의 말씀이다. 말도 안 되는 아무런 개념도 없이 쓰인 단어가 없다. 같은 단어가 일관되게 같은 개념으로 쓰였다. 언어가 있는 것은 실제 존재하는 것이다. 말이 없는 것은 없다. 말이 있는 것은 실제로 존재하는 것이다. 추상적인 개념이나 관념적인 것도 말이 있기 때문에 있는 것이다. 이 세상에 새로운 것이 생기면 반드시 꼭 말이 생긴다. 언어의 역사이다. 무엇인 변하면 말도 변한다. 뜻이 변하면 그 말도 변한다. 그 존재가 없어지면 말도 없어진다. 알 수 없는 것이 있다면 그에 대한 말이 곧 생기는 것이다. 나 혼자만 알고 다른 사람은 모르는 것은 말이 생기지 않는다. 말은 두 사람 이상이 서로 알고 소통할 때 생기는 것이다. 그러므로 언어는 약속이다. 약속은 나와의 약속이 아니다. 그것은 다짐이다. 말씀은 약속이다. 언어는 약속이다. 그리고 그 약속을 훈련하는 것이다. 그것이 언어이다. 공부는 열심히 연구하고 훈련하고 연단하여야 말씀을 이해할 수 있다. 하나님은 열심히 공부하고 연구해야 알 수 있는 분이시다. 쉽게 알 수 있는 분이 아니시다. 언어로 된 말씀을 열심히 공부하고 연구해야 잘 알 수 있는 분이시다. 서로 상대와 약속된 뜻과 의미를 사용할 때, 서로 이해학 소통하며 서로 소리의 약속이 훈련이 영감 계시와 창조의 능력을 우리에게 부여하신다. 언어를 통하여 우리의 영혼을 풍성케 하신다. 언어는 영혼이다. 혼련된 영혼이 언어이다. 질서와 품위의 언어를 사용하기를 하나님은 기뻐하신다. 질서와 품위의 영혼을 기뻐하신다. 어긋나고 굽어지고 망가진 한국 성도들의 기도, 과연 하나님 보시기에 좋아 보일까? 이런 기도를 하나님은 기뻐하실까? 이방인들도 좋아하지 않는다는 것을 하나님이 기뻐하실까?

요한계시록에서는 방언이라는 단어가 8번 나오는데 모두 방언의 개념이 이방이라는 개념으로 사용되었다. 방언이라는 말의 개념은 하나님의 백성들의 언어, 말이 아니라 믿지 아니한 사람들 이방인들의 언어의 의미이며, 하나님의 말씀이 아닌 것이라는 개념의 의미이다. 하나님의 백성들의 언어가 아닌 이방인들의 언어가 방언이라는 의미의 개념이며 두 번째는 하나님의 말씀이 아닌 것을 의미하는 개념인 것이다.

이해할 수 없고 알아 들을 수 없는 기도소리를 과연 성령의 은사이며 성령세례인가? 아니면 사탄의 유혹인가, 무속의 주술인가?

성령세례가 아니면 구원은 없는 것인가?

성령세례만 구원의 표적인가?

성령세례란 무엇인가?

성령세례가 성경적인가? 성경에서 구원은 어떻게 받는가?

한 마디로 말하면, **구원 받은 신자는 성령세례를 받은 것이다. 일반적으로 모든 구원의 확신을 가지고 있다면 확실한 성령세례를 받은 것이다. 성령께서 믿는 자 모두에게 내주하시는 것이다. 이것이 성령세례이다. 저자는 덧붙여 말하자면 성경 말씀을 통하여 예수 그리스도를 믿게 되면 말씀세례, 성령세례를 받은 것이다. 예수님이 육신으로 오신 것은 말씀이 육신으로 오신 것이다. 예수님은 말씀이며, 성령이다. 성령이 육신으로 오신 분이 예수님이 친히 인간의 모습으로 오신 것이다.** 예수님의 공생애 기간에는 모두 예수님을 통하여 제자가 되고 사도가 되고 신자가 된 것은 살아 계신 성령을 통하여 구원을 받은 것이다. 그리고 예수님이 직접 말씀이 육신이 되신 상태에서는 직접 성령이 아직 신약성경을 완성된 시대가 아니었기에 직접 말씀이 말씀으로 믿음을 받은 사람은 성령의 강한 인치심으로 인하여 성령세례가 강력하게 역사하신 것이다. 그러나 살아 계신 주님과 함께 사역하면서도 아직 육신적인 세상적인 것들을 온전히 벗어버리지 못한 제자들과 또는 사도들은 예수님의 부활 이후 오순절에 강한 성령의 역사를 통하여 강력한 성령의 역사가 일어났던 것이다. 오늘날도, 오늘도 말씀을 통하여 어떤 사람에게는 강한 성령의 역사가 불처럼 타오르게 되는 것이며, 하나님 예수 그리스도 성령님과 말씀에 은혜가 전적 능력의 은혜로 역사하는 것은 창세기 이후 지금까지 우리 인간의 노력이나 인간의 능력으로 이루어지는 것은 전혀 없다. 오직 주님의 전적 은혜 이외는 어떤 것도 아닌 것이다.

한국교회에서 60% 이상이 '방언기도'라고 하는 기도를 한다고 한다. '방언기도'를 하는 것이지 '방언'을 하는 것은 아니다. 이점을 철저하게 구분하여야 한다. 이것을 구분하지 않기 때문에 성경에 대한 이해에 여러 가지 오해가 생기는 것이다. 사실 성경에서 '방언'이라는 단어에 조금도 어려울 것이 없고 글을 쓰고 연구할 것도 없다. 그냥 방언은 방언이고 방언기도는 방언기도이니까. 성경에는 방언기도라는 단어가 한 군데도 나오지 않으니까 오해할 것도 말 것도 없다. 단지 고린도전서 14장 14절에 "방언으로 기도하면"이라는 말이 나오는데 이는 공적인 기도, 여러 사람 앞에서 소통으로 하는 공적 기도를 말하는 경우이다. 즉 외국어로 기도하는 것을 의미하는 것이므로 우리나라 교회들에서 혼자서 하는 기도나 또는 일부 교회에서 회중 앞에서 알아 들을 수 없는 기도하는 것과는 전혀 다른 경우와 상황이므로 혼동을 가질 수 도 없다.

겉으로는 장로교회인데 안에서는 '방언기도'를 하는 경우가 많다. 신앙생활에서 기도가 차지하는 비중과 역할은 막중하다. 신앙의 거의 모든 것을 결정하는 되는 것이 기도라고 하여도 과언이 아닐 것이다. 이 기도의 형태와 내용은 신학과 신앙의 중대한 문제이다. 그래서 이 기도한 문제를 그냥 지나치기에는 너무도 아쉽고 안타깝다.

과연 성경에서는 이를 어떻게 보고 있으며 어떻게 해야 할 것인가?

이 알아 들을 수 없는 기도소리를 정말 하나님이 이해를 하는 것인가? 그리고 이 기도는 능력으로 나타나는 것인가? 그 알아 들을 수 없는 기도소리는 효과가 있는 것인가? 성경은 어떻게 말하고 있는가?

금하고 있는가? 개인의 자유인가? 은사인가?

믿음 생활에서 기도의 형태와 컨텐츠가 바로 서는 것은 매우 중요한 신앙의 요소이다. 오늘날 한국교회의 모든 문제가 이 기도에 있다고 봐야 하지 않을까 싶다. 성경에 근거하지 않은 기도, 성경에 근거하지 않는 설교, 성경에 근거하지 않는 찬양 등 교회의 문화와 성례와 그리고 교회의 전통의 기준이 성경에 근거하는지 그 원칙과 기준이 올바르고 분명해야 한다.

고린도전서 14장 14절에는
"방언으로 기도하면"이라는 구절은 있지만 한국교회에서 말하는 통상적인 뜻의 알아 들을 수 없는 소리로 말하는 기도를 뜻하는 "방언으로 기도하면"이라는 뜻이 아니다. 그러므로 우리가 보통 교회에서나 성도들끼리 말하는 '방언'은 '방언기도'의 준말인데 성경에서는 우리 한국교회에서나 성도들끼리 말하는 '방언'인 '방언기도'라는 뜻의 단어의 개념은 성경 어디에도 없다. '방언'이면 '방언'이고, '기도'이면 ;기도'이고, '방언기도'이면 '방언기도'이다. 즉 성경에서의 '방언'과 우리 한국교회에서나 일반 목회자나 신학교, 성도들이 말하는 '방언'에 대한 개념과 그 단어에 대한 실체를 아직 한국 교회사와 한국 신학에서 정리되지도 못하고 있다. 참으로 안타깝다. 어떤 위세에 놀려서 감히 말하지 못하고 그 흉내내기에 급급하다. 그 흉내는 부흥만 하면, 교세만 크면 모든 것을 삼켜버리는 괴물적 집단이 되어 버렸다. 교세가 작으면, 교인수가 적으면 목사는 어디가서 말도 못 한다. 무슨 죄인처럼.
이제 '방언'이라는 단어는 한국교회 뿐만 아니라 일반 사람들에게도 통용되는 보통명사의 단어가 되어 버린 느낌이다.
그래서 성경이 필요하다. 사실 성경은 인류 역사에서 글을 만들고 백성들이 글을 배우고 글을 읽히고 말을 배우고 모든 일상 생활의 언어를 말하게 하는 기능과 역할을 해 왔다.

어떤 주술적인 언어도 성경의 의미를 혼란케 할 수 없다. 바언의 시초는 바벨탑이다. 인간의 탐욕과 교만으로 하나님을 배반하고 하나님께 도전하는 인간을 하나님이 막으신 것이 바벨탑이다. 방언은 하나님의 징계의 표현이다. 하나님이 인간의 죄에 대한 벌의 상징이고 죄에 대한 벌의 표시이다. 하나님을 믿지 않는 이방인에 대한 표시의 상징이 방언이다.

믿음의 성도는 어느 나라, 어디에 있어도 이방인이 아니다. 필자도 동남아, 중동, 유럽, 등 여러 나라에서 지내 본 적이 있었지만 그 곳에 가 있는 동안에 필자는 이방인이라고 생각해 본적이 없다. 이방인은 그 곳 예수님을 모르는 그들이 이방인인 것이다. 하나님의 자녀들이 아닌 자들이 이방인이며 하나님의 말씀을 모르는 자들의 언어가 '방언'인 것이다

알아 들을 수 없는 속칭 '방언기도'로 교회가 부흥하고 이 나라가 백성들이 모두 '방언기도'로 큰 물질적 축복과 부귀영화, 명예권세, 무병장수를 누린다 할지라도 하나님의 말씀에서 어긋난 것은 '어긋 남'이다.

성경에서의 "방언"은 일관되게 "방언"은 방언으로 일반적인 사전적 의미의 지방언어, 지방말, 사투리, 외국어 등의 뜻으로 의사소통의 수단인 정상적인 언어의 의미로만 사용되었다. 이렇게 축약된 언어의 사용을 일반화하여 그냥 성경에서 나오는 방언이라는 단어를 '방언기도'라고 해석산 것은 심히 안타깝다. 평상시에 저자가 일반 가까운 성도들에게나 심지어는 가족들에게도 이런 의미를 비추기만 해도 그냥 신앙생활에서 한느 것이니까 내버려 두면 되는 것이고 하는 사람은 하고 하지 못하거나 안하는 사람은 안하면 되는 것이지 신경 쓸 필요가 없다는 식으로 말한다 체험적인 것인데 다 신앙적 체험을 통하여 받은 소중한 은사인데 인정해야 한다는 것이다. 오히려

권명해야 한다고 하기도 한다. 어떤 분들은 아예 들으려고 하지도 않고 이상한 사람 또는 전혀 믿음이 없는 사람으로 치부하기도 한다. 무섭다. 물론 이것에 목숨을 거는 것도 아니고 심각한 것도 아니다. 그냥 성경을 말하는 것 뿐이다.

고린도전서 14장 2절에서 "방언을 말하는 자는 사람에게 하지 아니하고 하나님께 하나니 이는 알아 듣는 자가 없고 영으로 비밀을 말함이라"라고 하여 '알아 듣는 자가 없고'에 초점을 맞추어 하나님과 직접 대화하고 말하는 것이므로 사람은 알아 들을 수 없어도 하나님은 다 알아 듣지만 인간은 알아 들을 수도 없고 이해할 수도 없는 것이 '방언기도'라고 할 수도 있을 것이다. 여기서의 의미는 방언을 외국어의 의미로 말하고 있다. 즉 기도하는 경우를 말하는 것이 아니고 외국어로 말을 하는 것은 사람에게 하는 것과 같은 것이 아니고 마치 하나님께 말하는 것처럼 된다는 것이며 이는 알아 듣는 사람이 없고 "영으로 비밀을 말함이라"라고 했는데 여기가 중요하다. 여기서 "영"이란 성령이라고 생각하게 되는 것이 오류이다. 이는 성령이 아니고 사람 자기 자신의 '영'이다. 영어로는 소문자로 'spirit'로, 'his spirit'로 적고 있다. 말하는 그 사람의 영으로 말한다는 것이다. 자기 생각대로 말하는 것이다. 성령이라면 대문자로 'Spirit'로 적어야 한다. 그리고 '비밀'이라는 말도 영어로 'secret'이 아니고 'mistery'로 적고 있다. secret은 말하면 알게 되는 것이며, mistery는 말해도 알 수 없는 것을 말하는 것으로 우리말로 번역하면 '신비로운 것'을 의미한다. 즉 말해도 이해할 수 없고 밝힐 수 없는 것이다. 영어성경은 "For anyone who speaks in a tongue does not speak to men but to God. Indeed, no one understands him; he utters mysterys with his spirit"이라고 적고 있다. 저자는 영어 전공을 했는데 영어의 어원의 대부분은 헬라어와 로마어다. 영국은 로마의 400여년간 지배를 받았기 때문에 로마의 절대적 영향을 받았다. 또한 로마시대 이전에 그리스 헬라는 모든 학문과 의학 수학 천문 지리 철학 정치 사회 문화 등 모든 면에서 로마인들에게는 숭상의 대상이 되었으며 거의 모든 언어의 어원이 되어 있다. 영어는 그 로마어와 그리스 헬라어의 영향과 관계 속에서 형성 되었고 발전되었으며 같은 language family를 이루고 있다.

그래서 요즘도 유럽어종들은 서로 왠만하면 쉽게 배우고 알아들을 수 있다. 언어체계와 유사언어가 너무 많기 때문이다. 그런 맥락에서 저자가 중동지역에 많은 경험을 갖고 있는데 아랍어와 히브리어는 매우 같은 동질성을 가지고 있다. 지금은 사라진 인류 최고의 문명 문화를 이루었던 이집트어는 사용되지 않고 사라졌다는 것은 참으로 아이러니이다. 히브리민족 유목민과 중동의 베드윈족은 같은 유목민족들이다. 한곳에 머무르지 않고 목초지를 따라 가축을 이끌고 이곳 저곳으로 이동하는 이동민족이다. 가는 곳마다 다른 정착민족과의 대화를 해야하는 방언의 천재들이다. 방언에 대한 DNA가 잘 형성되어 있다. 사도행전에서 나오는 상황을 실재로 상상이 간다. 세계 여러 곳으로 흩어져 있던 이스라엘 디아스포라 유대인들은 엘루살렘으로 명절인 유월절을 지내기 위해 왔다는 것은 여러 방언을 하는 사람들로 가득했을 것이다. 당시 엘루살렘은 사도 바울도 마찬가지였듯이 아람어(시리아어)가 공용어였으며, 또한 헬라어도 잘하는 사람들이 많았으며, 당시는 로마의 지배 하에 있는 식민지 였기 때문에 로마어도 상당한 사람들이 많았을 것이다. 고린도라는 도시라는 상황도 주시해야 할 것이다. 항구도시이면서 산업도시이다. 여러 곳에서 이방인들이 각자 자기 방언을 하는 곳이었다. 그곳에 있는 교회의 중직자들에게 바울이 편지를 하는 것이다. 교회의 여러 가지 문제들에 대하여 권면의 편지이다. 온갖 여러 곳에서 모이신 각기 다양한 믿음의 체험들과 살아온 환경이 매우 극단적으로 다른 사람들이 한 곳 교회에 모여서 신앙 생활을 하는 곳이었다.

고린도전서 14장 2절에서 영어로 speak라는 단어가 두 번 나오며 또한 utters라는 동사 단어가 나온다. 이는 기도하다 라는 단어가 아니다. 기도하다는 pray인데 기도한 것이 아니라 speak했다는 것이다. 이는 말하다라는 뜻이다. 그리고 영어 utter도 말하다라는 의미이다. 기도하는 것이 아니다. 성경 전체에서 방언이라는 단어가 나오는 곳에서 기도하다 라는 단어가 나오는 경우가 없다. 모두 말하다 라는 의미이다. 모두 대화와 소통의 개념으로 사용되었다. 인간적인 자기 생각을 외국어로 말하는 것을 나타내고 있다.

3절과 잘 대비되고 있다.

"그러나"로 시작한다. 반전을 나타내는 말이다. 앞의 서술에 반전하고 있다. 앞을 부정하고 있다. 3절은 긍정적이다. "그러나 예언하는 자는 사람에게 말하며 덕을 세우며 권면하며 위로하는 것이요"

4절은 어떤가? 4절은 2절과 같은 맥락이다. "방언을 말하는 자는 자기의 덕을 세우고 예언하는 자는 교회의 덕을 세우나니"

2절이 더욱 명확해졌다. 특히 2절의 자기 영 즉 his spirit, 대문자 Spirti 성령이 아니다. 영어 대문자로 Spirit이라면 성령으로 말하는 것이다. 자기 육신의 영이다. 영어 소문자 spirit은 귀신이라는 뜻으로 쓰인다. 또한 성령이 항상 좋은 것으로만 인도하는 것만은 아니다. 예수님도 성령에 이끌리어 40일간 시험을 당하셨다. 사도 바울도 전도할 때 성령의 계시로 한 것들 중에서 실패하고 잘못된 경우가 참으로 많아 수 없이 많은 고난과 고통을 당했다. 사도와 제자들도 모두 수없이 많고 많은 고난과 시련과 시험 속에서 인간적으로 생각하면 저주스러운 삶을 살았다.

우리는 십자가를 복으로 여기지 말아야 한다.

또한 5절에서 방언의 의미와 정의가 무엇을 의미하는지 더욱 명확해진다.

"나는 너희가 다 방언 말하기를 원하나 특별히 예언하기를 원하노라 만일 방언을 말하는 자가 통역하여 교회의 덕을 세우지 아니하면 예언하는 자만 못하니라"

사도 바울은 여러 나라 언어를 사용할 줄 하는 방언의 천재요 방언의 대가이다. 여러 지방 방언을 능통하게 했다. 헬라어의 대가이다. 아람어도 잘 하셨다. 물론 예수님도 아람어를 쓰셨다. 당시 아람어는 공용어나 마찬가지였다. 히브리어는 물론이요 당시 로마 시민권자였기에 로마어도 또한 잘했던 것이다. 여러 지방에 다니면서 선교에 일생을 바쳤던 바울은 진정 방언을 잘하기를 원했던 것이다. 그러나 선교의 대상지역의 방언을 선교에 꼭 필요한 요소이지만 그보다 먼저 우선인 것이 성경 말씀을 더욱 잘 아는 것이 우선인 것이다. 그래서 예언하기를 원한 것은 말씀 선포의 능력과 은혜가 우선이라는 의미이다. 그러나 말씀 선포나 하나님 말씀을 잘 아는 것도 중요하지만 우선은 교회 여러 사람들과 서로 사랑으로 질서와 성품으로 사이좋게 지내는 것이 우선이다. 교회에서 분란을 일으키지 않고 질서를 지키는 것은 어떤 것보다 우선이라는 것이다. 즉 교회의 덕을 세우는 것은 모든 것의 기본이며 가장 중요한 요소이다. 외국어를 잘하고 말씀을 잘 알고 말씀을 잘 선포하고 전한다 할지라도 그 사람의 성품과 인격이 사람들에게 덕망이 얻지 못한다면 그 어떤 방언의 실력이나 하나님 말씀을 잘 전한다할지라도 교회의 덕이 되지 못

한다는 의미이다.

교회의 덕에 반대되는 말이라면 자기 덕이 될 것이다. 자기 자랑이 된다는 것이다.

외국어 방언을 말하는 자는 교회의 덕을 세우기보다는 자기의 덕, 자기 이익, 자기 자랑을 세운다는 것이다. 매우 부정적인 의미로 말하고 있다. 자기 과시인 것이다. 공동체를 무너뜨리고 있다는 완곡하고 강력한 표현이다. 나무람이다. 힐난이다. 꾸직고 있는 것이다. 이 고린도전서 14장은 매우 심히 질책하고 있다는 느낌이 강하게 든다. 교회에서 방언 외국어를 사용하는 것을 강하게 나무라고 있는 것이다.

14장 전체를 읽으며 어떤 느끼이 드는 글인가? 방언을 하라는 느낌인가? 하지 말라는 느낌인가? 아니면 방언을 해서 좋다는 느낌인가? 방언을 해서 좋지 않다는 느낌인가?

고린도전서 14장 7절부터 11절까지는 소리와 언어와의 개념을 명확하게 설명해 주는 아주 상세하고 구체적으로 말하고 있다.

그리고 11절은 외국인이 된다고 하는 의미인데 이는 주석에서 야만인이 된다고 하는 말은 매우 모욕적이며 치욕적인 지적을 하고 있는 것이다. 교회의 책임있는 성도들에게 아주 심각한 충고를 하고 있는 것이다. 편지 서신이어서 격식을 차렸지만 일상 언어적이라면 심한 말로 질책했을 것이다.

18절에는 바울도 방언을 모든 사람보다 더 잘 한다고 고백하고 있다. 이도 외국어로써의 의사전달 수단으로써 언어를 말하는 것이다. 바울이 알아 들을 수 없고 이해할 수 없는 소리를 일관되게 '방언'과 우리가 한국교회에서 말하는 '방언'은 즉 '방언기도'를 "방언"이라고 표기하는 서신을 보냈겠는가?

우리나라의 교회에서의 '방언'은 '방언기도'를 줄여서 통상적으로 '방언'이라고 말하기 쉽게 말하는 것

이지 성경에서 말하는 '방언'과는 전혀 개념이 다른 것이다. 물론 같이 보는 사람도 있을 수 있을 것이다. 그리고 성경에는 어느 곳에서도 우리나라 교회에서 말하는 기도할 때, 알아들을 수 없는 소리로 기도하는 경우가 나오는 상황이 없다. 고린도전서 14장 14절에서 단 한 번 나오는 "방언으로 기도할 때"라는 경우는 공적 기도를 말한다. 그러나 성경에 나오는 방언은 공적이면서 공개적인 방언을 말하고 있다.

만약 성경이 "방언"을 "언어"로 표기하기도 하고 하는 의미를 '방언기도'로 뜻하는 것을 '방언'이라고 아무런 주석도 없이 사용한 것은 일관되게 같은 의미로 사용하고 있는 것이다.

"언어"라는 단어가 구약에만 25군데 나오며 이 '언어'라는 히브리어 단어는 '라숀' 또는 '레쇼나'로 표기하고 있는데 이는 '방언'을 표기할 때도 같은 히브리어를 사용하고 있다.

그리고 신약에는 '언어'라는 단어가 3번 나오는데 헬라어는 '방언'을 나타낼 때 사용한 '글롯사'를 사용하고 있다. 이는 '방언'과 '언어'가 구분하지 않고 모두 같은 단어를 사용하고 있는 것이다. 즉 '방언'이 '언어'이고 '언어'가 '방언'이라는 것이다.

그리고 구약에서 "이르시되", "말하되", "이르되", "말씀에" 등에 대한 히브리어 '아마르'를 4,325번 나온다. 이는 분명한 의사표현을 말로 하신 것이다.

신약에서는 "말하되", "이르시되", "여짜온대", "말씀하시되", "말하기를", "...하시고", "말씀" 등을 헬라어로 '레고'로 표기하고 있다.

성경은 매우 일관성과 통일성, 일치성을 나타내고 있다. 성경이 그냥 허술한 말씀으로 이루어진 것이 아니다. 이 세상에서 성경만큼 아름다운 표현과 정확한 문법과 문장구조를 가지고 있는 글은 없다. 얼마나 철저한 개념 정리가 잘 되어있는

지 모른다. 아무렇게나 자기 마음대로 해석하고 번역할 수 있는 글이 아니다. 벌써 하나님은 이 세상에 무수히 많은 사람들이, 별별 사람들이 별별스럽게 하실 것을 미리 아시고 함부로 자기 생각과 마음대로 할 수 있도록 성경을 그렇게 허투루 하지 아니하셨다. 영원히 변개하지 못하게 하신 것이다.

알 수 없는 것으로 하나님을 기만하고 속이는 것은 할 수 없다.

성경에는 '방언기도'라는 단어는 없다. 고린도전서 14장 14절에는 "방언으로 기도하면"이라는 말은 나오지만 이는 방언으로 기도하는 것은 공중 회중 공적인 외국어 방언 기도를 말하는 경우이다. 우리나라 교회에서 말하는 '방언'이라는 말의 '방언'은 '방언기도'를 말하는 것이다. 구러므로 성경의 방언과 우리나라 교회에서의 방언과는 완전 다른 것이다. 성경에서 방언은 언어, 외국어, 말, 지방말, 지방 사투리 등의 뜻이고 우리나라 교회에서의 방언은 혼자서 기도할 때 알아들을 수 없는 기도소리인 것이다.

성경에 '방언'이라는 단어를 '방언기도'라는 의미로 해석하면 모든 '방언'이 해석이 되지 않는다. 더욱이 '알아 들을 수 없는, 이해할 수 없는 말의 기도'로 해석하면 어느 한 곳도 해석이 올바로 되지 아니하다.

같은 한 단어가 이럴 때는 이런 전혀 다른 의미로, 저럴 때는 저런 전혀 다른 의미로 해석된다는 얼마나 혼돈되고 혼란한 말씀이 되겠는가? 하나님은 무질서를 가장 싫어 하신다. 하나님은 질서를 창조하셨다. 창조의 시작과 완성은 질서이다.

마태복음 6장 7절에서는 "또 기도할 때 이방인과 같이 중언부언 하지 말라 그들은 말을 많이 하여야 들으실 줄 생각하느니라" 이 말씀에 함유된 의미에는 이방인은 말을 많이 하는 것을 인식되어 있다. 즉 중언부언하는 것은 이방인이라는 의미가 함축되어 있다. 6절에서는 "너는 기도할 때에 네 골방에 들어가 문을 닫고 은밀한 중에 계신 네 아버지께 기도하라 은밀한 중에 보시는 네 아버지께서 갚으시리라"

7절에 말씀 중에 "이방인과 같이"와 "중언부언하지 말라"는 말씀 부분에 주목해야 한다. 이방인은 누구인가? 헬라어로는 '에드니코소'로서 다른 종족을 말하며 어원은 '에드노소'이며 이는 일반적으로 다신교도을 의미한다. 그리고 "중언부언"이라는 뜻의 헬라어는 '밭탈로게오' 즉 말을 더듬다, 지루하게 재잘거리다, 공연히 반복하다, 주문처럼 말하다 등의 의미를 가지고 있다. 영어로는 stammer, babbbling, like pagan 등의 의미이다.

영어성경에서는 pagan이라는 표현을 쓰고 있는데 이는 이방인을 번역한 것인데 이는 이교도, 다신교도를 뜻하는 것이다. 8절에서 그들을 분받지 말하고 예수님께서 말씀하시고 계신다.

즉 알아 들을 수 없는 말로 기도하는 것은 다신교도, 즉 혼합주의 교도들이 하는 것과 같다는 것이다. 주술적 주문과 같은 것이다. 무당이 굿을 할 때, 사용하는 '정성이 부족하다'고 접신한 무당이 굿주에게 제물의 돈을 요구하면서 '치성이 부족하구나'하면서 복채를 요구하는 소리와 같아 보인다. 이때 접신한 무당은 접신한 상태에서 직통 계시와 직통 통역도 한다. 저자는 이런 상황을 기도원 등에서 목격한 경험이 있다. 교회에서도 상당한 목사들이 이런 경우가 상당히 많다는 것이 한국교회의 현실이다.

지나친 성령 체험 은사주의, 치유 치료사역이라는 은사주의 목회가 너무 많다는 사실에 놀랍다.

성도들은 이런 상황에 오히려 매료되고 아무런 거리낌 없이 받아들이고 있다는 사실에 또한 놀랍다.

예레미야 33장 3절에 유명한 구절 "너는 내게 부르짖으라 내가 네게 응답하겠고 네가 알지 못하는 크고 은밀한 일을 네게 보이리라"해서 크게 부르짖어 기도해야 응답을 받는다고 하는 것도 꼭 그렇게 큰 소리로 기도한다. 간절히 기도하라는 의미이다. 그리고 간절히 큰 소리로 기도하는 것보다 더 중요하고 우선하는 것은 하나님을 알고 하나님 뜻대로 기도하며 성경 말씀에 근거해서 성경말씀과 하나님이 기뻐하시는 뜻대로 기도하는 것이 가장 우선해야 할 기도인 것이다. 내 욕심과 자기 탐욕으로 기도하는 것은 하나님의 뜻대로 기도하는 것이 아니다.

고린도교회적인 방언 은사와 사도행전적 방언 은사에 대한 것은 구분할 필요가 있다.

고린도교회는 고린도교호회와 고린도 도시의 그 시대의 특수상황을 이해애야 한다.

사도행전에서 말하는 성령강림 때의 시대상황을 이해해야 한다.

헬라문화와 라틴 로마문화 그리고 아람어를 일상언어로 쓰고 있던 시대이다. 예수님도 아람어를 쓰셨다. 사도 바울도 헬라어를 어려서부터 배웠다. 히브리인 부모 밑에서소아시아의 다소에서 자라고 배웠다.

이스라엘 민족은 세계에서 가장 외국어를 잘하고 또 가장 많은 외국어를 사용하고 있으며 세계에서 히브리 이스라엘 민족만큼 많은 외국어를 쓰고 있는 민족도 없을 것이다. 그 이유는 어느 한 곳에 뿌리를 두고 살아온 민족이 아니다. 그러나 자기 민족의 신앙과 문화에 대한 집착은 대단하다. 그들의 민족공동체 결속력은 세계에서 가장 뛰어나다고 할 수 있다.

가나안의 여러 많은 족속들이 사용하는 언어는 거의 비슷한 발음체계를 가지고 있다고 할 수 있다. 현재의 이슬람 아랍어와도 많이 비슷한 단어가 많다. 같은 language family이다. 서로 쉽게 알아 듣고 쉽게 배운다. 아람어와 히브리어와의 유사정도 많다. 아람어는 시리아어이다. 그 당시에는 시리아의 다마스커스(예수님 시대의 다메섹이다)의 언어가 공용어와 같은 역할을 했다. 더 먼저의 역사로 거슬러 올라가면 시리아는 앗수르지역이다 앗수를 민족이다. 앗시리아라고도 하는 이 민족은 이스라엘 즉 북이스라엘을 점령하여 북이스라엘 민족을 앗시리아 민족 등 타민족과 혼합하는 정책으로 남유다 즉 전통 히브리인들의 유대인들의 정통혈족들이 사마리아라고 하여 경멸의 대상으로 삼았던 곳이다. 북이스라엘은 그래서 앗시리아의 식민지가 되어서 언어가 이스라엘의 공용어가 되다시피 하였다. 한편 남유다 역시 바벨론의 침략으로 모든 남유다의 백성들도 바벨론으로 끌려가서 그곳으로 이주하게 되는 불행한 역사가 민족이 흩어지는 디아스포라의 역사 가운데에서 언어가 혼재되고 공용되고 문화와 종교 등 모든 면에서 선진국이었던 앗시리아, 바벨론, 바사(페르시아,지금의 이란), 애급(이집트), 그리스 헬라, 로마의 침략과 지배 하에서 유랑 민족이 되었을 뿐만 아니라 본래가 유목민으로서 정착민족과 달리 언어를 가는 곳마다 그곳의 언어를 배워서 그들과 소통해야 하는 놀라운 신속한 적응력은 세계 어느 곳에서나 뛰어난 능력을 나타내는 민족성을 가지고 있는 것이다. 그 어려운 가운데에서도 민족성과 자기 언어를 잃지 않고 유지하고 있는 것은 말씀이 그 중심을 지키고 있었기 때문이다. 다중언어를 사용할 줄 아는 사람은 창조력과 적응력이 좀 뛰어난 것이 사실인 것 같다.

이러한 점을 그대로 본받은 것이 이슬람의 코란에 대한 이슬람교의 코란 경전을 아직도 세계 어느 곳에서도 번역을 못하게 하고 오직 아랍어로만 된 경전을 고집하고 있다. 이로 인하여 이슬람 국가의 백성과 민족들은 서로 언어적을 다른 언어를 가지고 있으면서도 많은 언어적 소통을 이루고 있다. 카톨릭도 로마시대까지도 오직 로마 라틴어 성경만을 유지하였으며 다른 언어로 번역을 하지 못하게 하였으며, 설교도 라틴어로 설교를 해야만 했다. 종교의 경전의 번역의 금지는 여러 가지 장점과 단점을 가지고 있었다. 루터의 종교 개혁은 성경의 번역으로 촉발되었다.

이스라엘의 지역은 블레셋족속들이 먼저 정착하여 살고 있었던 지역이다. 히브리라는 뜻은 '강을 건너 오다'라는 어원을 가지고 있다. 그들은 아브람은 지금의 이라크 남쪽 하란에서 유브라데 강을 건너 당시의 가나안 땅에 들어갔다. 가나안 7족 중에 팔레스타인 지역은 블레셋 땅이었다. 지금의 팔레스타인이라는 말은 블레셋에서 변화된 말이다. 오늘날의 팔레스타인 분쟁, 중동 분쟁의 중심지인 것이다.

이들의 언어는 유사한 단어가 매우 많다. 지금도 그 팔레스타인 지역에는 언어의 혼재가 함께하고 있다.

사실 이스라엘 민족은 애굽에서 430년을 살았다. 그것도 노예로 살았다. 애굽의 모든 노동력을 담당했다. 요셉을 훌륭한 믿음의 선조로 여기고 있지만 사실은 요셉은 자기 부귀영화, 명예권세를 이루기 위해 온전히 애굽인으로 귀하하여 부모 형제도 찾지 아니했다. 그리고 더욱이는 이스라엘 민족이 노예가 된 것은 요셉으로 인한 역사가 되었다. 그리고 애굽에서 나올 때 이스라엘민족은 다른 족속들의 노예들과 함께 나왔다. 노동총파업으로 인해여 애굽은 노동총파업에 강력한 공권력을 사용했다. 총파업의 지도자는 모세였다. 요즘말로 민노총노조위원장이었다. 이스라엘 민족은 지금까지의 역사를 보면 세계에서 가장 혈통이 혼재된 민족이라고 해도 과언이 아닐 것이다. 그러나 지금도 그들은 그들의 혈통을 중시하여 어떻게든지 자기의 혈통의 순수성을 유지하기 위한 노력과 주장과 논리를 전개하고 그 방법을 나름대로 규칙과 규정을 정하여 관리하고 있다.

창세기 1장 3절에서 "하나님이 이르시되 빛이 있으라 하시니 빛이 있었고"라고 하셨다. 하나님의 첫 번째 말씀이며, 첫 번째 창조이시다. 여기서 "이르시되"와 "빛이 있으라"라고 말씀하셨다는 의미에서 말씀을 어떤 언어로 말씀하셨을까?
요한복은 1장 1절은 "태초에 말씀이 계시니라 이 말씀이 하나님과 함께 계셨으니 이 말씀은 곧 하나님이시니라"라고 하셨는데 이 말씀은 헬라어로 '로고스'이다. 어원은 '레고'이다. 과거형으로 '계셨다'이다.
'말씀'은 헬라어로 '로고스'이다. '말씀'이라는 단어는 개역개정성경에 한글로 425번 나오고 신약의 헬라어로는 '로고스'라는 단어는 316번 나온다.
그리고 구약성경에서는 '말씀'이 히브리어로 '아마르'인데 히브리어 '아마르'로 쓰인 단어가 총4,325번 나온다. 한글 개역개정성경에 '말씀'이라는 단어로 구약성경에는 1,575번 나온다.
창세기 11장은 매우 의미가 있는 중요한 장이다. 1절에서부터 9절까지의 '바벨'에 대한 말씀은 참으로 의미가 중요하다.
11장 1절 "온 땅의 언어가 하나요 말이 하나였더라"에서 '언어'는 히브리어로 '싸파' 또는 '쎄페트'이며, 이 히브리어 '싸파' 또는 '쎄페트'로 사용된 단어가 구약에 162회 사용되었으며 '말'이라는 단어는 히브리어로 '다바르'인데 이 히브리 원어로 사용된 '다바르'는 1,233회 사용되고 있다.

그러나 한글 '언어'로 표기된 단어는 25회이다.

창세기 11장 1절부터 9절까지는 언어에 대한 하나님의 창조 질서와 그 의지를 분명하게 하신다. 하나님의 창조섭리와 그 형상대로 만드신 인간에 대한 사용 언어에 대한 뜻과 개념을 분명하게 밝히셨다.

"온 땅의 언어가 하나요 말이 하나였더라"

7절에 "자 우리가 내려가서 언어를 혼잡하게 하여 그들이 서로 알아듣지 못하게 하자 하시고"라고 하셨다. 인간의 죄악과 탐욕으로 인하여 하나님이 언어를 혼잡하게 하셨다. 언어를 혼잡하게 한 것은 우리의 죄악 때문이다.

언어를 혼잡하게 하는 것이 과연 하나님의 뜻과 의에 합당한 것인가?

알 수 없고 이해할 수 없는 소리를 하나님의 성령세례라고 하는 것은 사탄 마귀의 유혹에 빠지는 것이라고 할 수 있다. 9절 "그러므로 그 이름을 바벨이라 하니 이는 여호와께서 거기서 온 땅의 언어를 혼잡하게 하는 자를 바벨이라는 것이다. 히브리어 '바벨'은 혼란을 뜻하며 어원은 '발랄'인데 '섞다, 혼잡하다, 섞다'의 뜻이다. 혼합주의 신앙, 다신주의 신앙을 뜻한다. 언어, 말을 혼잡하게 하는 것은 바벨론의 우상숭배이다. 바벨론이라는 우상의 제국도 '바벨'에서 나왔다. 요한계시록에서도 최후의 심판에서 멸망과 심판의 대상에 대한 상징으로 ; 바벨론'을 말하고 있다. '바벨'은 종교 다원주의사상의 우상숭배 사상이다. 요즈음 에큐메니컬운동, 세계종교통일론, wcc, 빈야드운동 은사운동 등은 혼합주의적 성령운동, 은사운동은 성경보다는 성령체험적 은사주의 신앙이 범람하고 있다. 이는 위험하다. 성경에 근거한 말씀 중심 신앙을 벗어나는 것은 위험의 요소를 안고 있다.

고린도시의 고린도교회는 혼잡한 온갖 우상숭배와 그리고 그리스 헬라의 파르테논신전 등 신들의 도시이며, 무역 항구도시로서 온갖 나라에서 돈 벌러 온 사람들이 혼잡해 있는 도시와 타락의 도시이다. 고린도라는 뜻은 '음란'의 뜻이다. 한 마디로 타락과 음란과 탐욕과 물질만을 추구하는 생존경쟁이 극심한 도시였다. 여러 지방과 여러 나라에서 온 사람들이 자기들의 신과 우상과 그리고 방언인 자기 지방말을 사용하여 생활하고 있어서 자기 신의 우월성과 언어 문화의 우월성을 서로 나티내고 있는 현상이 심각한 곳이라는 시대상황과 지리적 여건을 고려하야야 한다.

창조섭리적인 면에서 하나님이 인간 특히 하나님의 뜻을 거역한 자들을 흩으시고 언어를 혼잡하게 사신 뜻이 무엇인가? 불순종과 탐욕과 교만과 죄악으로 가득한 인간의 외면과 내면 모두를 보시고 내리신 고뇌의 결단인 것이다.

하나님의 말씀이 아닌 것은 방언이다.

하나님의 뜻과 다른 것은 불순종이며 방언이다.

방언은 불순종과 교만과 탐욕과 죄악을 의미한다.

즉 인간의 언어, 인간의 뜻, 인간의 생각, 인간의 행동, 인간의 표현, 인간의 혀, 사탄의 혀를 의미한다

계시록 17장 152글은 "또 천사가 내게 말하되 네가 본바 음녀의 앉은 물은 백성과 무리와 열국과 방언들이니라"라고 말하고 있는데 이 '방언'도 음녀의 앉은 물에 해당하고 있다.

요한계시록에는 '방언'이라는 단어가 7번 나오는데 모두 계5:9, 계7:9, 계10:11, 계11:9, 계13:7, 계14:6, 계17:15에서 "각 족속과 방언과 백성과 나라 가운데에서". "각 나라와 족속과 백성과 방언에서", "많은 나라와 방언과 임금에게", "백성들과 족속과 방언과 나라 중에서", "각 족속과 백성과 방언과 나라를 ", "모든 민족과 종족과 방언과 백성에게", "백성

과 무리와 열국과 방언들"이라고 나오는데 여기서는 '방언'이 모두 '외국어', '언어' 그 자체를 말하기보다는 이방민족을 말하고 있다. 즉 하나님을 믿지 않는 민족과 백성, 즉 이방민족과 백성을 나타내고 있는 의미이다. 앞에서도 언급했지만 '방언'의 헬라어는 '글롯사'로 '자연으로 얻어지지 않는 것'을 의미하는 것으로 미리 서로 같은 것을 철저한 훈련과 학습과 연단을 통하여 얻어지는 약속을 하여 얻어지는 결과와 과정인 것이다.

'방언'이라는 단어가 성경 전체에서 무슨 의미와 개념을 사용되었는지 이해해야 한다. 말씀에 있어서의 단어들이 성경 전체를 통하여 어떤 개념으로 사용되었는 이해한다면 그 단어를 평상시 일상 가운데에서 믿음으로 생활하고 말하는 습관과 훈련이 되어야 할 것이다. 무의식 중에 나이를 물어볼 때, '무슨 띠이예요?'라고 물어보는 것도 신실한 신앙인이라면 조심해야 할 것이다. 물론 꼭 그런 것들이 그 사람의 신앙의 전부를 나타낸다고 할 수 없지만, '우연'이라는 말도 그렇고, '자연'이라는 말의 의미도 하나님의 창조섭리를 부정하는 의미가 그 안에 들어 있다는 것을 알아둘 필요가 있다.

창세기 11장 1~9절은 하나님이 언어, 창조 개념과 섭리, 그리고 하나님의 뜻과 의가 무엇인지 정확하게 이해해야 할 것이다.

세상 법도 문자적으로 해석하여 법을 제정한 본래의 의도와 개념, 그리고 그 본래의 목적을 외면하고 그 문자적 해석을 하여 법을 교묘하게 이용하고 빠져 나가 자기 권력과 이익에 이용한 경우가 실제 세상 사회에서 얼마나 많은가? 특히 변호사, 판사, 검사, 정치인, 등 특정 권력층들이 이를 교묘하게 이용하고 있는 현실이 있다.

하나님이 본래의 뜻과 섭리를 모르고 악용하는 경우가 성경에도 많이 있다.

그래서 헌법재판소가 헌법과 법의 본래의 목적과 그리고 그 적용을 잘 하고 있는가를 기존과 적용을 판단하고 있는 것이다.

더욱 창세기를 연구하고 창세기의 하나님의 창조 섭리와 말씀과 명령과 규례를 이해하고 적용하고 있는지 돌아보아야 할 것이다.

히브리어에 대한 역사적 고찰

히브리 이스라엘에서의 방언들

이스라엘 주변 족속들의 언어

이스라엘 민족의 언어의 변천사

창세기에서의 언어들

아브라함이 사용한 언어

그리고 그 이전의 언어들

애굽의 언어와 고센에서의 히브리민족의 언어

요셉과 야곱의 소통 대화 언어관계

가나안에서의 정착 후의 언어

히브리어의 역사

모압, 압몬, 에돔, 블레셋, 등과 가나안 족속들의 언어들

aramaic, biblical, aramaic 구약성서의 아람어

armaic alphabet 아람문자 앗시리어체,(히브리어의)정사각형 문자

초대교회 예수님 당시의 이스라엘 민족의 언어

기도에서의 사용언어

토속신앙의 신접언어

무당굿언어

고전14:22 그러므로 방언은 믿는 자들을 위하지 아니하고 믿지 아니하는 자들을 위하는 표적이나 예언은 믿지 아니하는 자들을 위하지 않고 믿는 자들을 위함이니라

여기 22절에서는 표적이라는 말과 예언이라는 말을 올바로 이해하는 것이 중요하다. 표적이라는 것은 표시라는 말이다. 또 증표하고도 할 수 있다. 방언이 믿지 않는 자들을 위한 표시—표적이라는 것이다. 믿지 않는 자들에게 보여주기 위한 것이라는 것이다. 예수 그리스도, 육신으로 오신 하나님이시다. 무엇인가 새로운 시대를 맞이했다. 그것은 어떤 새로운 시대인가? 이제까지 유대인들만을 위한 신앙이었던 시대에서 이제는 모든 민족과 열방이 예수 그리스도을 믿는 시대가 되어야 한다는 것이다. 그렇게 되기 위해서는 모든 민족과 백성과 열방들의 각각의 언어로 전파되어야 한다는 것의 표시인 것을 말하는 것이다. 새 시대에 대한 새 언약을 말하느 것이다. 모든 민족에게 모든 각각의 민족과 백성들의 언어 즉 방언으로 예언(말씀의 대언)을 선포하실 것을 말씀하신 것이다. 즉 이제 예수님은 하나의 언어 즉 히브리어 이스라엘 백성과 민족의 언어로만이 아니라 모든 민족과 백성의 언어로 각각의 백성의 방언 언어로 말씀하시겠다는 표적으로 이 방언을 보여주신 것이다. 즉 표적, 표시, 증표로 삼으신 것이다. 이것이 바로 사도행전 2장의 오순절의 방언의 은사의 역사인 것이다. 이 세상의 모든 민족과 백성에게 각각 그 민족과 백성들의 언어로 말씀하시겠다는 언약의 증표인 것이다.

그러면 예언이란 무엇인가? 벧후1장 21절은 "예언은 언제든지 사람의 뜻으로 낸 것이 아니요 오직 성령의 감동하심을 받은 사람들이 하나님께 받아 말한 것임이라'이라고 말씀하고 계신다. 예언의 출처와 근거는 항상 언제나 하나님의 말씀이

다. 물론 미래를 예견하는 선지자, 선견자적인 것도 포함한다. 그러나 핵심은 하나님의 말씀을 대언하는 것 즉 하나님이 주신 말씀을 대언하는 것으로 성경의 무오성과 절대성을 순종하는 것과 그리고 미래에 일어날 일과 사건들을 미리 말하는 것인데 그 미래를 말하는 것이 하나님의 말씀에 기초하고 근거하여 말하는 것의 총칭인 것이다. 이에는 가장 중요한 핵심은 하나님의 말씀을 올바르게 참 진리의 말씀을 대언하는 것이다. 참 진리가 되지 못하거나 올바르지 못 하다면 예언이 될 수가 없다. 그러므로 하나님의 영성과 영감과 계시를 받아야 한다.

다시 계시란 무엇인가?

에베소서 3장 2~3절은 "너희를 위하여 내게 주신 하나님의 그 은혜의 경륜을 너희가 들었을 터이라 곧 계시로 내게 비밀을 알게 하신 것은   내가 먼저 간단히 기록함과 같으니"라고 말씀하시고 있다. 이는 신약성경은 '비밀'을 하나님의 구속 계획에 대한 진리를 한 때 감추었다가 예수 그리스도의 육신으로 오심을 계기로 계시한 것이다. 즉 계시는 밝히 보여 주신 것이라는 의미이다. 감추어진 비밀을 밝히 보여 드러내는 것이다. 그것은 말씀을 통하여 밝히 보여 주신 것이다. 그러므로 성경 말씀은 예언이면서 계시인 것이다. 이는 언약이면서 약속이며 계시된 비밀이며, 나타난 비밀이며, 미리 보여주는 예언이며 미리 보여주는 대언의 말씀의 선포가 되는 것이다. 하나님은 '비밀' secret이 아니라 'mystery'를 성령을 통하여 성령으로 말미암아 하나님의 거룩한 사도들과 선지자들에게 계시(啓示:알게 보여줌)한 것이다. 에베소서 3장 5절에는 "이제 그 거룩한 사도들과 선지자들에게 성령으로 나타내신 것같이"라고 말씀하신다. 이들을 통하여 이미 성경에 계시하셨다. 특히 이방인들에게 감추어졌던 비밀이 방언을 통하여 이방인들과 열방에 계시한 것이다. 이 방언을 통하여 이방인들이 함께 약속을 상속받는 자들이 되며 언약에 참여하는 자들이 되는 계시를 방언을 통하여 계시하는 것이며 그리스도와 함께 한 몸을 이루는 동역의 한 지체가 되는 표적이 방언인 것이다. 그러므로 말씀 선포는 선지자적 사도적 예언이며 계시인 것이다. 말씀의 대언이 예언이며 계시인 것이다.

9장
성경에서 방언이란
①무엇인가?
답: ①외국어이다.

사도행전2장2절~11절

 2. 홀연히 하늘로부터 급하고 강한 바람 같은 소리가 있어 그들이 앉은 온 집에 가득하며

3. 마치 불의 혀처럼 갈라지는 것들이 그들에게 보여 각 사람 위에 하나씩 임하여 있더니

4. 그들이 다 성령의 충만함을 받고 성령이 말하게 하심을 따라 다른 언어들로 말하기를 시작하니라

5. ○그 때에 경건한 유대인들이 천하 각국으로부터 와서 예루살렘에 머물러 있더니

6. 이 소리가 나매 큰 무리가 모여 각각 자기의 방언으로 제자들이 말하는 것을 듣고 소동하여

7. 다 놀라 신기하게 여겨 이르되 보라 이 말하는 사람들이 다 갈릴리 사람이 아니냐

8. 우리가 우리 각 사람이 난 곳 방언으로 듣게 되는 것이 어찌 됨이냐

9. 우리는 바대인과 메대인과 엘람인과 또 메소보다미아, 유대와 갑바도기아, 본도와 아시아,

10. 브루기아와 밤빌리아, 애굽과 및 구레네에 가까운 리비야 여러 지방에 사는 사람들과 로마로부터 온 나그네 곧 유대인과 유대교에 들어온 사람들과

11. 그레데인과 아라비아인들이라 우리가 다 우리의 각 언어로 하나님의 큰 일을 말함을 듣는도다 하고

2. Suddenly a sound like the blowing of a violent wind came from heaven and filled the whole house where they were sitting.

3. They saw what seemed to be tongues of fire that separated and came to rest on each of them.

4. All of them were filled with the Holy Spirit and began to speak in other tongues as the Spirit enabled them.

5. Now there were staying in Jerusalem God-fearing Jews from every nation under heaven.

6. When they heard this sound, a crowd came together in bewilderment, because each one heard them speaking in his own language.

7. Utterly amazed, they asked: "Are not all these men who are speaking Galileans?

8. Then how is it that each of us hears them in his own native language?

9. Parthians, Medes and Elamites; residents of Mesopotamia, Judea and Cappadocia, Pontus and Asia,

10. Phrygia and Pamphylia, Egypt and the parts of Libya near Cyrene; visitors from Rome

11. (both Jews and converts to Judaism); Cretans and Arabs -- we hear them declaring the wonders of God in our own tongues!"

2. και εγενετο αφνω εκ του ουρανου ηχος ωσπερ φερ

ομενης πνοης βιαιας και επληρωσεν ολον τον οικον ο
υ ησαν καθημενοι

3. και ωφθησαν αυτοις διαμεριζομεναι γλωσσαι ωσε
ι πυρος εκαθισεν τε εφ ενα εκαστον αυτων

4. και επλησθησαν απαντες πνευματος αγιου και ηρξ
αντο λαλειν ετεραις γλωσσαις καθως το πνευμα εδιδο
υ αυτοις αποφθεγγεσθαι

5. ησαν δε εν ιερουσαλημ κατοικουντες ιουδαιοι ανδρ
ες ευλαβεις απο παντος εθνους των υπο τον ουρανον

6. γενομενης δε της φωνης ταυτης συνηλθεν το πληθ
ος και συνεχυθη οτι ηκουον εις εκαστος τη ιδια διαλε
κτω λαλουντων αυτων

7. εξισταντο δε παντες και εθαυμαζον λεγοντες προς
αλληλους ουκ ιδου παντες ουτοι εισιν οι λαλουντες
γαλιλαιοι

8. και πως ημεις ακουομεν εκαστος τη ιδια διαλεκτω
ημων εν η εγεννηθημεν

9. παρθοι και μηδοι και ελαμιται και οι κατοικουντες
την μεσοποταμιαν ιουδαιαν τε και καππαδοκιαν ποντο
ν και την ασιαν

10. φρυγιαν τε και παμφυλιαν αιγυπτον και τα μερη
της λιβυης της κατα κυρηνην και οι επιδημουντες ρωμ
αιοι ιουδαιοι τε και προσηλυτοι

11. κρητες και αραβες ακουομεν λαλουντων αυτων τα
ις ημετεραις γλωσσαις τα μεγαλεια του θεου

영어 tongues를 한글성경은 행2:3절에서는 '혀'로 번역하였
으며 2:4절에서는 tongues를 '언어'로 번역하였으며 여기에

사용된 동사는 3절은 보인 것을 나타내는 표현이며 4절은 말하다가 동사로 표현되었다. 6절에서는 '방언'을 영어로는 'language'로 번역되었다.

그런데 헬라어 표기는 3절의 '혀'를 '글롯사'로 표기하고 있으며 4절의 '언어들'을 '글롯사'로 표기되었으며, 6절의 '방언'은 '디알렉토스'로 표기되었다.

3절 혀   tongues   글롯사γλωσσα

4절 언어   tongues   글롯사

6절 방언   language   디알렉토스

영어의 경우 tongues는 모두 언어라는 뜻으로 번역하는 것이 원칙적으로 옳으며, 헬라어의 '글롯사'의 의미는 자연적으로 얻어지지 않는 것을 의미하는 것은 훈련과 학습의 약속으로 인하여 의사가 소통되는 것을 의미하는 것이다. 혼자서가 아니라 서로 서로 사람들끼리 미리 약속된 의미를 정하여 연습하고 훈련하여 약속하여 그런 의미로 통일성을 가지고 소통하는 수단과 매개체로 사용하는 것을 의미한다. 6절의 디알렉토스의 의미는 대화, 담화의 의미를 갖고 있다. 3절의 표현이 문제이다. 이 표현은 시각적 보여진 형태에 대한 표현이다. 이 문장의 동사는 "보여"인데 이 동사는 영어로는 saw이다. they saw '그들이 보았다'이다. 어떻게 보았냐면 영어로는 'what seemed to be tongues of fire'처럼 보았다는 것이다. 여기서 보았다는 표현과 tongues에 대한 표현의 혼란성이 있으며, 또 한편으로는 불의 모양을 표현한 것으로 불꽃의 부분을 혀(의 갈라진)의 형상으로 보았다는 것이며, 직역한다면 '불의 언어'로 번역한다면 '언어(방언, 말)를 보았다'는 표현은 적절하지 못하다. 이는 전체적인 의미의 함의적인 표현으로 앞뒤의 전체 문장의 문맥에서 보아 해석해야 할 것이다. 직접적 표현에 대한 해석은 '갈라진 것'이 보였고 그 갈라진 것이 각 사람에게 임하였다는 것이다. 즉 임하였다는 것이다. 즉 방언(말, 외국어, 언어)이 임하였다는 것이다. 헬라어로 표현하면 '불의 글롯사'가 보였고 '불의 글롯사'가 임하였다는 것이다. 방언이라는 의미의 개념은 나누어진 언어를 말한다. 언어의 분화를 의미한다. 이는 바벨탑에서 연유된 언어의 혼란과 언어의 흩어짐을 의미한다. 탐욕으로 인하여 흩으신 민족들의 각각의 언어를 의미한다. 이제 새 언약으로 흩으신 언어 백성들을 소통하게 하는 역사의 새 언약으로 승화되는 새 계시의 예언이 성령의 역사로 통합되고 서로 소통되고 합치되는 말씀의 새 역사가 나타나게 되는 그림과 영상 언어가 나타난 것이다. 이 성령의 역사가 갈라진 불의 '글롯사'의 역사가 나타난 것이다.

결론적으로 3절, 4절, 6절은 모두 '언어(방언, 외국어, 말, 대화)의 의미인 것만은 분명하다. 다만 표현에 있어서 성령의 인도하심으로 표현되었을 뿐이다. 언어학적으로 그리스 헬라어는 형이상학적인 표현이 매우 능하다. 그리스가 철학, 종교, 문학, 수사학 등이 발달한 것이 그 연유가 될 것이다. 반면 로마어는 형이하학적인 언어가 발달했다. 그것은 건축, 법률, 군사 문화의 영향 때문이다.

즉 불의 혀는 갈라진 혀의 의미는 언어의 방언 즉 갈라진 언어, 나누어진 언어, 흩어진 언어를 통하여 이스라엘 언어(말씀, 율법), 하나님의 백성의 언어에서 벗어나 새 언약, 새 계명, 새 사랑, 새 생명나무의 언어 즉 '글로사'를 통하여 열방 만민 누구에게나 모든 언어로 전파하실 것을 예언하고 계시하신 성령의 강력한 징표이며 예표로 임하신 성령의 역사이다.

②왜 주셨을까?
답: ②열방전도에 대한 표적의 계시이다.

방언은 계시를 전달하는 데 사용한 하나님의 도구였다. 방언은 계시 즉 계시를 전달하는 예언하는 데 사용된 도구였으며, 예언의 수단이었다. 사도행전 2장의 방언의 역사는 하나님의 계시를 방언으로, 예언을 모든 민족에게 전하고 선포하고 대언하는 새 시대의 새 언약을 진리가 대언하는 표징으로 나타난 것이다. 이제 예수 그리스도의 오심으로 진리가 명백하게 계시되고 장차 또한 진리의 계시가 명백하게 계시될 것임을 나타내는 도구로서의 방언이 되는 것이다. 이 방언은 만민에게 모든 민족과 모든 백성에게 각자의 말로 분명한 계시를 선포하고 전하고 대언하는 역사가 선포되는 것을 표적으로 방언 언어가 각 사람에게 역사하신 것이다.

그렇다. 기독교가 가진 보편적 전민족적 모든 민족에게 말씀의 예언적 특성을 나타내는 데에 필요한 징조 표징이 한 번쯤은 꼭 필요했다는 사실은 확실했을 것이다. 오늘날 그 누가 기독교는 '유대민족'만의 종교라고 하는 생각을 할 수 있는가? 과도기적 시대를 표시하는데 필요했던 징조 표적은 이제 더 이상 존재하지 않는다. 그것은 하나님이 방언의 은사를 나타내어 그 방언의 은사를 통해 한 언어로 세상에 말씀하셨던 것을 이제 모든 언어 모든 방언으로 만국 열방, 하나님의 백성이 아닌 이방인들의 언어 방언으로 그 방언의 백성 민족에게 말씀하심을 분명하게 나타내 보인 것, 그 사건이 사도행전의 방언의 성령강림이며 성령세례인 것이다. 이것은 특별한 계시이며 특별한 표징으로의 계시인 것이다.

방언의 역사를 통한 성령의 역사는 그 특별 계시 외 특별 성령의 역사를 성령세례, 또는 성령강림이라는 여러 용어로 부를 수 있는 것이다. 이런 용어의 명명은 후에 여러 언어 여러 방언으로 계시되고 예언화 되었다고 할 것이다.

이제 방언은 징조지만 이제는 방언 성령 세례 등의 일반적인 성령의 인치심은 모든 일반적인 구원의 여러 많은 은혜의 하나의 개인적인 형태이지 특별한 것은 아니다. 이제는 성경이 예언과 계시의 모든 것을 품고 있으며 안고 있다. 그러므로 성경보다 더 앞서가는 계시와 예언은 없고 끝이 났다. 그러나 각각의 모든 개인들에게 있을 수 있는 다양한 형태의 예언과 계시는 있을 수 있고 있겠지만 성경보다 더 앞서거나 더 훌륭하다고 해서는 안 된다. 이전 성경의 무오성과 성경의 권위를 자기보다 아래로 낮추는 교만과 오만의 극치를 이루는 것이다. 그러므로 설령 어떤 성령의 은혜와 역사가 성경의 말씀인 예언과 계시의 범위를 자기 자신의 신앙적 체험으로 인하여 높이거나 강조하거나 선포하는 것은 매우 위험할 수 있다. 그러므로 개인적 은사 체험은 성경에 근거하여야 하며 설령 있다고 할지라도 겸손하게 감추고 말하는 것을 자제 절제하여야 한다. 진정한 신실한 그리스도의 예언자 선지자 대언자라면 모든 인간적인 모습은 감추어지고 가려지고 오직 주님만이 드러나야 한다는 것이 예언이며 계시이다.

그러므로 방언이 단지 말씀을 증거하고 전하는 표징으로써의 이방에 전하는 말씀의 수단으로 도구와 방법으로 보아야 할 것이다. 그리하여 만민에게 복음이 전파되는 은혜의 역사가 되는 것이 사도행전 2장이다.

이는 사도행전 1장 8절의 열매이다.

오직 성령이 너희에게 임하시면 너희가 권능을 받고 예루살렘과 온 유대와 사마리아와 땅 끝까지 이르러 내 증인이 되리라 하시니라

③사도행전 2장에서의 방언은 표적으로서의 방언이다.

이적으로서의 방언이다. 열방에 열방 각 족속과 열방 모든 민족의 각각 민족들의 방언 언어 말로 하나님의 말씀이 전파되

리라는 것에 대한 표적, 증거, 예표로써의 방언 표적이다. 여러 지방에서 여러 언어, 방언을 말하는 사람들에게 각각 그들의 다른 언어로 알아들을 수 있는 역사의 은혜가 일어난 것은 장차 이스라엘 민족의 믿음에서 열방의 믿음으로 전파되는 역사가 있을 것이라는 예표와 표적과 증거로써의 성령의 역사요 성령의 은혜의 표적이 나타난 것이다. 이후로 이 역사는 열방에 각 민족에게 그 민족들의 언어로 성령의 역사로 그 지방 방언으로 믿음이 전파되는 역사가 일어난 것이다. 그 중심에 그곳에 함께 있었던 사도와 제자들과 믿음의 형제자매들에게 열방에 그들의 방언을 전파되는 놀라운 열방 방언으로 말씀이 전해지는 역사가 일어나게 된 것이다.

그러므로 이 방언은 그 민족, 그 지방의 말과 언어로 믿음이 전파되는 표적으로서의 방언이 되는 것이다.

하나님은 자신을 자기 백성에게 보이고 나타내 보이고 알리고 알게 하는 것이 계시인데 그리고 예언인 성경을 통하여 계시하셨는데 오직 그 말씀인 성경을 주셨는데 그 말씀에 집중하고 그 말씀에 순종하지 아니하고 다른 것들에 특히 유사한 사이비 예언이나 사이비 계시들이게 관심을 보이고 호기심을 나타내는 것은 하나님을 모욕하는 것이며 배덕하는 망은 망덕의 다름 아닌 저주인 것이다.

고린도전서 14장22절은 "그러므로 방언은 믿는 자들을 위하지 아니하고 믿지 아니하는 자들을 위하는 표적이나"라고 하신 것은 너무도 당연하다. **방언의 개념은 믿지 않는 자들, 그 민족과 그 백성들의 언어를 방언이라고 하는 것이다. 하나님의 자녀들의 백성이 아닌 자들의 말을 방언이라고 하는 것이다. 구약에서는 유대민족 이스라엘 백성이 아닌 자들은 모두 이방인이며 이방인들의 언어는 모두 방언인 것이다. 그**러한 유대주의 유대교에서 완전 혁명적 성령의 역사가 사도행

전 2장의 방언의 역사인 것이다. 성령의 강력한 특별 역사가
일어난 것이다.

10장

세례, 침례, 할례, 성령세례, 성령
성령세례란 무엇인가?

요한복음 1장 32~34절

31. 나도 그를 알지 못하였으나 내가 와서 물로 세례를 베푸는 것은 그를 이스라엘에 나타내려 함이라 하니라

32. 요한이 또 증언하여 이르되 내가 보매 성령이 비둘기 같이 하늘로부터 내려와서 그의 위에 머물렀더라

33. 나도 그를 알지 못하였으나 나를 보내어 물로 세례를 베풀라 하신 그이가 나에게 말씀하시되 성령이 내려서 누구 위에든지 머무는 것을 보거든 그가 곧 성령으로 세례를 베푸는 이인 줄 알라 하셨기에

34. 내가 보고 그가 하나님의 아들이심을 증언하였노라 하니라

요한복은 1장은 신약의 창세기이다. 즉 예수 그리스도가 창조주 하나님이시며 예수 그리스도가 말씀이며 그 말씀으로 천지가 창조되었다는 말씀이다. 그리고 빛은 시간의 창조이며 빛은 예수 그리스도이며 시간인 것이다. 빛은 생명이며 생명은 시간으로 이루어져 있다는 것이다. 빛이신 예수 그리스도가 생명이라는 것이다. 14절의 말씀이 육신이 된 것은 예수 그리스도의 육신으로 오심은 말씀의 본체이신 분이 예수 그리스도인 것이다. 그리고 세례 요한의 증언을 통하여 성령이신 분이 예수 그리스도이시다는 것을 증언한다. 실제로 성령이 예수 그리스도이심을 직접 체험하고 경험한 세례 요한의 체험적 은사와 체험적 성령 세례를 증언하고 예언하고 있다. 이는 하나님을 예수 그리스도의 계시로, 예수 그리스도를 성령으로

계시하고 있다. 즉 예언의 말씀이 예수 그리스도이며, 말씀이 예수 그리스도를 계시하고 있음을 증언하고 체험하고 있는 성령 세례를 실제 체험하고 있는 상황을 예언하고 계시한 1장이다. 이는 신약 성경이 쓰여지기 전에 있었던 사실의 표적의 증거를 말하고 있다. 신약에서 말하고 쓰여진 "성경"이라는 단어와 "말씀"이라는 단어와 "예언"이라는 단어와 "계시"라는 단어와 이런 개념의 단어들은 모두 구약성경의 말씀을 말하는 것이다. 그러므로 신약에서의 예수님은 그 자체가 실체적 현상의 성령이며 육신이 성령을 대신하는 것이며 성령이 실제로 몸으로 오시어 나타내 보이는 성령인 것이다. 신약에서의 성령은 그 자체 육신이 성령인 것이다. 예수 그리스도의 몸이 성령이며 실체 말씀이 성령의 말씀인 것이다.

요한복음 1장은 모든 인류의 영원히 죄를 지고가는 하나님의 어린양의 모습과 성령과 불로 세례를 베푸시는 예수님의 모습이 핵심이다.

예수 그리스도는 그 자체가 성령이시다. 예수 그리스도는 육신으로 오신 말씀이며 육신으로 오신 하나님이신 것이다. 요한복음 1장 1절은 분명하게 나타내고 있다. "태초에 말씀이 계시니라 이 말씀이 하나님과 함께 계셨으니 이 말씀은 곧 하나님이시니라" 이어서 계속되며 요1:14절에서는 "말씀이 육신이 되어 우리 가운데 거하시매"라고 하신 것은 말씀이 성령이라는 것이다. 말씀은 성령이므로 말씀 세례를 받아야 한다. 말씀에 의한 성령의 세례를 받아야 구원을 이루는 길이나는 것이다. 필자는 이를 말씀세례라고 부른다. 예수 그리스도는 하나님이 육신의 몸으로 오신 하나님의 현현이며 하나님이 인간의 모습으로 오신 것이다. 예수 그리스도는 인간의 참 하나님의 형상이 되신다. 그리스도의 인간으로의 첫 역사를 목도한 세례 요한은 성령의 역사에 대한 예수 그리스도의 성령으로 잉태됨을 누구보다도 잘 알고 있다. 세례 요한은 예수 그리스도께서 성령으로 잉태되어 성령으로 탄생한 성령의 역사하심으로 태어난 하나님의 본체이심을 누구보다 잘 알고 계신다. 그리고 세례 요한을 따르는 세례 요한의 제자인 안드레는 바로 예수를 따르는 예수의 제자가 되고 그 형 베드로도 바로 예수님을 따르는 제자가 된다. 다음날 빌립이 예수님의 제자가 되고 빌립의 권유로 바로 나다나엘이 예수님을 따르는 제자가 되는 성령의 역사가 일어난다. 이들은 모두 성령의 세례를 받았다. 예수님의 직접적인 말씀 세례를 받은 첫 번째 말씀 세례를 받은 제자들이다. 성령 세례의 어떤 것도 성경은 말하고 있지 않다. 예수님의 제자들은 예수님의 직접적인 말씀으로 말씀세례를 받은 것이다. 그리고 예수님의 공생애 동안에 예수님의 말씀을 듣고 구원을 받은 수 많은 백성들은 직접적인 말씀을 듣고 말씀세례로 구원을 받은 자들이다. 예수님은 성령 그 자체이시다. 말씀 그 자체이시기도 하신다.

32절은 "성령이 비둘기 같이 하늘로부터 내려와서 그의 위에 머물렀더라"라고 하신 것은 예수님께서 성령 세례를 받으셨다는 것이다. 그리고 33절에서는 "성령이 내려서 누구 위에든지 머무는 것을 보거든 그가 곧 성령으로 세례를 베푸는 이인 줄 알라"하신 것으로 예수님을 하나님의 아들이라고 증언하고 있다. 즉 예수님은 성령으로 세례를 베푸시는 분이라는 것을 증언하고 있다.

즉 예수님은 성령으로 세례를 받으시고 말씀으로, 말씀성령으로 성령세례를 베푸시는 본이라는 것이 세례 요한의 증언이다.

요한복음 1장 35절~51절까지는 "이튼날"이 두 번 나오는데 모두 네 명의 예수님의 제자되는 성령의 세례 받은 자가 된다는 것을 설명하고 있다. 여기에 성령 세례라는 표현은 없다.

그러나 세례 요한의 29절에서 34절까지의 말씀은 예수님의 성령 세례를 나타내고 있다. 그러나 성령 세례를 받았다는 표현은 없다. 우리는 성령 세례의 보편성을 발견할 수 있다. 여기에서 성령 세례의 특별한 어떤 이벤트도 없고 특별한 어떤 설명도 없다. 말씀하시고 따른 것으로 끝이 났다. 즉 말씀이 성령 세례이며 말씀이 성령이시기 때문이다. 믿고 구원 받은 모두는 성령의 세례를 받은 것이다. 물론 예수님도 세례 요한으로부터 물로 세례(침례)를 받았다. 이는 예수님도 물로 세례를 받았던 것은 세례 요한은 권위와 전통을 인정하며 그에게서 순종의 모본을 보이기 위한 것이었다. 세례 요한이 물로 세례를 베푸는 것은 예수 그리스도의 오심을 예표하는 미리 보여주는 성령 세례를 나타내려 한 것이다. 세례 요한의 물로 세례(침례)는 예수 그리스도의 명령에 순종하여 물로 세례를 베푸는 것이었다. 요한복음 1장 33절에서 "나도 그를 알지 못하였으나 나를 보내어 성령이 비둘기같이 하늘로부터 내려서 누구 위에든지 머무는 것을 보거든 그가 곧 성령으로 세례를 베푸는 이인 줄 알라 하셨기에"라고 말씀 하신 것은 세례 요한의 물로 세례를 베푸는 것은 예수님의 성령의 명령이셨다. 물로 세례를 베푸는 것은 할례의 변화된 하나님의 언약의 표시이며 예수님의 성령 세례는 육신에 대한 세례가 아니고 이제는 예수님의 이 후의 세례는 모두 영에 부으시는 영적 세례인 것이다. 보이는 이벤트적 세례가 아니고 보이지 아니하는 영에 대한 영적 세례를 의미한 것이다. 이제 예수님의 세례는 형식적인 세례가 아니며, 보여주는 세례가 아니며, 외형적 세례가 아니며 내면의 속사람이 변화되고 속사람이 세례를 받는 성령의 세례를 세례로 규정하기 시작하신 새 언약의 표지인 것이다. 새 언약과 새 계명을 주신 것이다. 새 언약과 새 계명은 새로운 예수님의 직접적인 말씀인 것이다. 새 말씀의 성령을 주신 것이다. 진정한 영적 세례는 우리의 심령이 진정하게 영적으로 변화되었느냐 진정 거듭난 중생이 되었느냐 하는 것은 영적 인치심인 성령이 우리의 심령에 거하느냐 하는 것을 성령 세례라고 하는 것을 의미하는 것이다. 그러므로 우리는 누구든지 물로 교회에서 세례식을 받지 않았다 할지라도 우리의 심령의 예수 그리스도의 영이 머무는 것이라면, 말씀이 역사하여 거하는 것이라면 말씀 세례이며, 성령 세례를 받은 것이며 이는 자기의 믿음의 확신이 어떠한지에 달려 있다. 그러므로 우리의 믿음의 구원의 확신에 있다.

성령 세례에 대한 말씀은 사도행전 1장 5절과 요한복음 1장 31~33절 말씀과 연결되어 있다.

이는 오늘날 우리 교회에서의 물로 세례를 받는 것에 대한 성례전을 떠올리게 하기도 한다. 물로 세례를 받아야 꼭 세례를 받은 것으로 구원을 받았다는 것이 아니라는 것이다. 세례의 기원은 할례에서 기인하지만 할례는 태어난 지 8일 만에 부모로부터 이스라엘 민족 백성이라는 언약 백성의 태생적 구원 백성이 되는 징표이지만 이 할례의 다른 형식으로 물 세례를 통하여 하나님의 백성이라는 의식(儀式)을 통하여 구원 백성, 언약 백성의 징표로 삼았다. 이러한 의식(儀式)적이며 형식(形式)적인 구원의 언약은 자신의 의지와는 전혀 상관없이 이루어진다는 점에서 이 성령 세례는 자신의 의식(意識)과 의지(意志)에 따라서 예수 그리스도의 영이 임재하고 내재하시는 역사를 성령 세례라고 하는 새로운 새 언약의 시대와 새 언약의 새 계명이 주어진 역사적 성례전이었다. 말씀 성례전이다. 이 말씀 성례전이 되어야 한다.

우리 믿음의 성도들에게는 누구나 모두 구원에 확신이 있다면 그 어떤 형태로의 믿음이든지 그는 성령 세례를 받은 것이다. 구원의 확신이 없는 믿음은 성령세례의 어떤 형태의 믿음의 모습을 보이든지 다른 사람들에게는 어떻게 보일지 모르지만 매우 열정적인 교회 생활을 할지라도 그것은 fake일 수도 있다. 일반 교회에서 교회 중직자 성도들에게 그런 모습이 잘 나타나 있다. 장로, 목사뿐만 아니라 모든 성도들에게 믿음의 fake가 있을 수 있다. 설령 성령세례의 확실한 표징이 있다는 산 기도에서 뽑은 소나무 뿌리가 많아도, 산 기도에서 깨뜨린 바위 덩어리가 많고 커도, 그것이 확실한 성령세례의 표징이 될 수는 없다. 오히려 정반대의 모습을 볼 수도 있다. 이러한 것에서 우리 하나님은 이제까지 뿐만이 아니라 앞으로 더욱 더 가면 갈수록 세대가 지나면 지날수록 산기도와 바다기도와 섬기도 그리고 기도원기도에서 산을 옮기고 나무뿌리를 뽑고, 바다를 태풍으로 뒤엎고 강물을 거꾸로 흐르게 하는 능력의 은사를 보일지라도, 천국에 갔다 왔다고 천국 비행기를 타고 다녀온 천국여행기를 썼다 하였을지라도 우리는 그것을 성경 말씀을 통한 하나님의 대언의 예언과 성경을 근거로 한 예언 선포의 계시의 설교보다 더 나은 성령체험은 아니다. 성령체험은 성령세례이다. 이것은 허탄한 은사주의로 가기 쉬운 지름길이다. 은사는 체험적 성령의 역사요 성령세례의 하나이다고 할 수도 있다. 이런 성령세례의 체험과 그 은사를 무시하거나 폄하하는 것도 올바른 신앙적 태도는 또한 아니다.

말씀의 예언을 무시하고 세상의 예비 성도들과 신실한 성도들에게 흔들리는 분별력을 갖게 할 수도 있다. 이는 인간적인 탐욕과 교만의 본성이 사탄과 함께 역사하는 위험하고 무서운 fake 성령세례일 수도 있다.

벧전3:3. 먼저 이것을 알지니 말세에 조롱하는 자들이 와서 자기의 정욕을 따라 행하며 조롱하여

벧후3:16. 또 그 모든 편지에도 이런 일에 관하여 말하였으되 그 중에 알기 어려운 것이 더러 있으니 무식한 자들과 굳

세지 못한 자들이 다른 성경과 같이 그것도 억지로 풀다가 스스로 멸망에 이르느니라

17. 그러므로 사랑하는 자들아 너희가 이것을 미리 알았은즉 무법한 자들의 미혹에 이끌려 너희가 굳센 데서 떨어질까 삼가라

18. 오직 우리 주 곧 구주 예수 그리스도의 은혜와 그를 아는 지식에서 자라 가라 영광이 이제와 영원한 날까지 그에게 있을지어다

딤후3:1. 너는 이것을 알라 말세에 고통하는 때가 이르러

2. 사람들이 자기를 사랑하며 돈을 사랑하며 자랑하며 교만하며

약5:1. 들으라 부한 자들아 너희에게 임할 고생으로 말미암아 울고 통곡하라

2. 너희 재물은 썩었고 너희 옷은 좀먹었으며

3. 너희 금과 은은 녹이 슬었으니 이 녹이 너희에게 증거가 되며 불 같이 너희 살을 먹으리라 너희가 말세에 재물을 쌓았도다

구원받는 사람은 모두 성령세례를 받은 것이다. 당시 처음으로 예수님이 직접 살아계실 때, 말씀을 듣고 구원받고 믿게 된 사람들은 말씀세례를 받은 것이며 성령세례를 받은 것이다. 이는 다시 구약적 표현으로 한다면 말씀할례, 성령할례 등으로 표현하면 그렇게 되는 것이지 성령세례를 꼭 마가의 다락방에서만 성령세례가 있었고 어떤 특별한 경우에만 성령세례이고 다른 경우의 믿음을 받게 되는 것은 성령세례가 아니다 라고 할 수 없는 것이다. 필자는 성경의 말씀을 읽다가 구원의 확신을 받은 사람을 말씀세례를 받았다고 표현한다.

그러면 이제부터 성경 말씀을 읽다가 은혜 받고 구원받은 사람은 모두 말씀세례 받은 것이고 그 이전에 성경 말씀으로 구원받은 사람은 말씀세례가 아니다 라는 것은 아니다. 단지 표현의 문제일 뿐이다.

그런데 어떤 경우에 한국 교회에서 특별하게도 속칭 방언기도를 해야 성령세례를 받은 것이다. 특별하게 성령세례를 강조하는 것은 좀 무리가 아닌가 싶다. 성령세례를 받아야 특별한 능력을 받는 것처럼 여기는 경우가 있다. 이런 성령세례를 받아야 특별한 능력의 은사를 받는 것이다 라고 한 경우가 있다. 이런 알 수 없는 기도방언, 방언기도가 없으면, 방언기도 하지 못하면 구원 받은 것이 아니다. 방언기도를 할 때까지 계속해서 알 수 없는 기도방언을 어떻게든지 해야 구원의 확증이며 구원의 표시이므로 억지로라도, 가식으로라도 알 수 없는 기도소리를 내야 구원받은 것으로 간주하고 있다. 이렇게 함으로써 공동체의 일원으로서의 일체감과 소속감을 갖게 되어 함께 할 수 있다는 것이다. 그렇지 않으면 자격이 없다는 것이다. 이는 이단의 소속감으로의 집단적 공동체적 이단성이다.

11장
예언이란 무엇인가?

영어로는 prediction, prophecy, 동사는 fortell, prophesy, predict 등이다. 영어의 접두어 pre-, pro- 등은 모두 미리, 먼저, 앞으로 등의 미래를 나타내는 접두어이다. 그리고 predict의 dict는 말하다, tell, speak의 뜻이다.
예언(豫言)은 미래(未來)의 일이나 사건(事件)을 미리 짐작하여 말하는 것이라는 사전적 의미이다. 그러나 성경에서는 물론 이 사전적 말의 의미도 있지만 더욱 더 정확한 의미는 하나님의 말씀을 대언하는 것과 그 하나님의 말씀을 선포하고 알리는 말의 언사(言事)를 의미하고 있다.
즉 예언은 하나님 말씀을 말하고 표현하는 행위를 예언이라고 하며, 그 하나님의 말씀을 선포하고 전하는 행위를 예언이라고 한다.

하나님으로부터 직접 계시된 진리를 사람들에게 전하는 일을 가리킨다. 히브리어 '로에'(roeh)와 '호제'(hozeh)는 '보는 자'라는 뜻이며, ' 네부아'(nebu?h)는 '말씀을 전하는 자'를 의미한다. 헬라어 '프로페튜오'(propheteuo)는 '하나님께로 받은 메시지를 선포하다'(고전 11:4-5), '예언하다'(막 7:6; 눅 1:67), '숨겨진 어떤 것을 밝히다'(고전 14:24-25), '가르치다, 권고하다, 위로하다'(고전 14:3, 31), '예언적 은사를 갖는다'(행 21:9)를 의미한다. 예언은 미래에 관한 예측만이 아니라 성령에 의해서 과거와 현재의 내용 모두를 포함한다. 각 선지자들의 미래에 관한 메시지는 그것이 심판의 메시지든 구원의 메시지든 그 목적은 그 시대의 청중을 회개시키고 격려하기 위한 것이었다(마 3:2). 즉 하나님과 하나님의 언약, 하나님의 뜻, 하나님의 심판, 하나님의 구원, 장차 올 하나님 나라에 관한 메시지였던 것이다. 예언의 완전한 성취와 부분적인 성취 성경에 나타난 무수한 예언 가운데 어떤 것은 이미 성취가 되었고 어떤 것은 아직도 성취가 안되고 있다. 과거에 성취된 많은 예언들이 모두 동일한 모양으로 성취된 것이 아니라 다양한 형태를 띠고 있다. 완전한 성취 : 구약성경의 28.5%, 신약성경의 21.5%가 예언이다. 신구약 전체로는 27%가 예언이라고 볼 수 있다. 가뭄에 관한 엘리야의 예언(왕상 17:1), 아합의 죽음에 관한 예언(왕상 21:17)을 비롯하여 이스라엘의 멸망, 유다의 멸망 등 수많은 예언들이 이미 완전히 성취되었다. 그 중에서도 특히 메시아의 초림에 관한 예언은 모두 성취되었다. 부분적 성취 : 성경에 나타난 예언 가운데 어떤 것은 성취되었으나 그 예언이 포함하는 내용 전체가 아니라 일부분만 성취된 경우가 있다. 이 경우에는 그 예언의 나머지 부분은 그 후에 성취될 것이 분명하다. 따라서 이미 성취된 부분 외의 나머지 부분은 영적으로 또는 우화적으로 해석해서는 안된다. 예를 들어 여호와의 날에 관한 요엘의 예언은 오순절 날 성령이 임한 사건의 부분적인 성취였다(욜 2:28-32; 행 2:14-21). 그러나 이 예언의 다른 요소들은 아직 일어나지 않았다(욜 1-3장 참고, 요일 3:2). 그렇지만 성취되지 않은 예언은 미래에 관한 거대한 안목을 제공해 준다. 가장 중요한 것은 예언들을 우리가 함께 공유하고 있다는 사실이며, 하나님은 미래에 계획하시는 것이 무엇이든지 역사의 끝에 완전하고 영광스럽게 그것을 성취하실 것이라는 사실이다(엡 1:11-12).

이 말씀은 하나님과 그리고 그 아들 예수 그리스도와 그 보혜사 성령을 담은 그릇이 말씀인 성경인 것이다.

그러므로 말씀 안에 하나님이 계시며 말씀 안에 예수 그리스도가 계시며 그 말씀 안에 성령님이 내재 내주하시며 계신 것이다. 성삼위일체가 이 말씀 안에 계시며, 계신다는 뜻은 다름 아닌 계시(啓示)의 의미로 바로 말씀은 모든 성삼위일체에 대한 계시(啓示)는 믿음의 성도 즉 하나님의 자기 백성에게 나타내 보이는 것이기에 믿음의 백성에게는 모두 드러내 보이시며 보이시기를 기뻐하시며 보기를 원하는 백성들을 칭찬하시며 의롭다 여기시는 것이다. 이는 믿음이며 구원 구속이며 의롭다 여기시는 칭의이다.

예언도 계시도 시작과 유래는 창세기 아담과 하와에게 있으셨다. 그리고 계속해서 하나님과 자기 백성과 직접 언약하신다. 하나님은 중간에 누군가 개입하시는 것을 원치 않으신다. 자기 자녀와 백성들에게 직접 만나시고 대화하시고 친교하시기를 기뻐하시고 즐겨하시는 분이다. 그래서 직접 자신을 계시하시고 예언하신다. 하나님 아버지는 자기 자녀들과 사이에 중보자가 있는 것을 처음부터 원하시지 않으셨다. 오늘날도 하나님은 직접 우리에게 말씀을 통하여 예언하시고 계시하시고 계신다. 즉 중보자는 성경이며 하나님의 말씀이시다. 오늘날은 성경이 중보자이며 예언자가 되시며 성경이 직접 하나님을 계시하시고 계신다. 그리고 옛 언약과 함께 새 언약을 주시기 위해 하나님이시면서 독생자 아들 예수 그리스도를 보내셔서 새 언약을 주시고 새 말씀을 주셨다. 그렇다고 옛 언약을 폐하거나 평가 무효하지 않으시고 더욱 더 효과있게 하셨다. 예수 그리스도는 하나님이 직접 육신으로 오셨으며 동시 말씀이시다. 하나님의 본체 말씀이시며 하나님의 성령을 직접 나타내 보이신 그리스도의 영인 성령을 보내신 분이신 것이다.

이는 모두 하나님과 예수 그리스도와 성령을 계시하시고 예언하신 말씀을 더욱 드러내 보이시는 계시의 행위이며 표적인 것이다. 예수 그리스도는 하나님 자신의 표적인 것이며 새 언약과 새 생명과 새 사랑을 옛 언약과 옛 생명과 옛 사랑을 더욱 더 밝히 드러내시며 새 계시와 새 언약과 새 예언이 되시는 것이다. 이는 예수 그리스도를 통하여 옛 언약과 더욱 더 하나 되게 하시기 위함인 것이다. 새 언약은 옛 언약을 더욱 더 밝히기 위함인 것이다. 예수 그리스도는 하나님 아버지를 더욱 더 계시하시고 예언하시기 위함이다.

예언이라는 의미가 앞날의 일을 미리 예견하여 알아 내 주는 것이라는 뜻이지만 함의적이며 포괄적인 의미에서는 하나님의 말씀인 이 예언의 계시는 장차 살아가야 할 모든 삶과 생활을 어떻게 하며 살아가야 할 것인지에 대한 인생의 길과 행위와 생각과 마음을 가지고 하나님을 기쁘게 하나님 뜻대로 살아가야 할 것에 대한 말씀과 예언과 계시이므로 모두 앞날에 대한 말씀인 것이다. 그런 의미에서 하나님의 모든 말씀은 예언이며 예언이고 계시이며 오직 우리의 중보가 되는 것이다.

말씀은 모두 중보의 역할을 하는 것이다. 그러므로 말씀이 중보자이시다. 말씀이 예언이시다. 말씀이 계시인 것이다. 왜 말씀이 육신으로 오신 예수 그리스도이시기 때문이다. 오직 예수 그리스도만이 진리요 사랑이시기 때문이다.

이런 의미에서 구약에서는 이 예언의 시작은 모세이다. 모세는 하나님의 말씀을 직접 전달하고 대언하는 진정한 예언자이면서 중보자(仲保者)이었다. 그러면 또한 중보자란 무슨 뜻이며 어떤 사람인가? 중보자는 서로 대립 또는 적대관계에 있는 사람 또는 관련된 자들 사이에서 화해와 화목, 평화와 화평의 일치를 갖게하는 자를 말하는 것으로 하나님과 인간이 죄인들과의 관계를 화목한 관계로 변환하는 역할을 하는 관계로 구약에서는 모세이며 신약에서는 예수 그리스도이다. 그러나 우리 구원 받은 사람들도 예수 그리스도의 은혜와 능력을 받았으므로 우리의 기도와 우리의 헌신을 통하여 다른 사람을 주 예수 그리스도의 은혜의 자리로 인도하여 주님께서 그 사람의 믿음을 보시고 구원하시는 것은 예수님의 은혜로 구원받는 자로로 인도하신 우리가 중보자의 역할을 담당하고 감당하는 은혜를 허락하신 사역이라고 할 수 있다.

구약에서는 천사가 중보자의 역할을 담당한 경우가 있다. 아브람에게 찾아온 천사들이 있었고, 야곱에게 찾아온 천사들도 있었으며 더 먼저는 노아에게 찾아온 천사도 있었다. 더욱 더한 중보자는 직접적으로 하나님이 스스로 중보자의 역할을 자임한 경우도 있으며 성령님 또한 중보자이시며 보혜사이시다. 보혜사(保惠師)라는 의미도 중보자라는 의미와 같은 의미이며 같은 역할을 뜻하는 말이다.

그러므로 중보자, 보혜사, 성령님, 천사 등이 중보자이며 예언자이다. 우리도 하나님의 구원 받은 은혜의 능력을 받은 동역자이며 하나님의 사역자이기에 기도의 중보자이며 예수 그리스도의 은혜로 구원받은 자이며 그리스도의 사역의 동역자이므로 하나님, 주 예수 그리스도, 보혜사 성령님은 하나이신 삼위일체님이시므로 우리도 그 은혜를 받은 동역자이므로 중보의 은혜를 허락하신 것이다. 그러므로 그 사역을 맡은 자이기에 기도와 말씀과 예배와 전도와 사랑의 전달자 중보자로써의 사역을 최선을 다해 감당해야 할 것이다. 즉 하나님과 하나 되게 하는 자는 중보자인 것이다.

이 예언자는 다른 의미로 선지자라는 의미로도 대체된다. 선지자(先知者) 선견자라고도 한다. 즉 예수님 이전에 나타나 예수 그리스도의 강림과 하나님의 뜻과 말씀을 예견하고 예언한 사람을 나타내기도 한다.

선지자, 예언자, 선견자는 구약에서는 하나님이 계시한 뜻을 선포하는 것이었다. 물론 미래를 예견하는 것이라고도 할 수 있지만 하나님은 과거를 말하시지 않으시고 과거를 따지지 않으신다. 그러므로 하나님의 현재와 미래에 관해 주로 말씀하신다. 하나님의 말씀은 우리 인간의 앞날에 장래에 어떻게 행하는 것이 하나님의 뜻대로 사는 것인지를 말씀하시는 가르침과 교훈과 율법과 규율이다. 물론 선지사, 예언자, 선견자는 미래, 앞날에 대한 미래를 예견하는 통찰력을 지닌 것이 당연하다. 이러한 통찰력은 하나님이 주시는 계시의 예언을 통해서만 가능하다. 이러나 이 미래에 대한 예언을 너무 치우치거나 중시하며 강조하거나 지나치지 말아야 한다. 특히 종말론적 예언이나 예견 계시 등에 대한 것은 삼가야 한다. 미래에 대한 어떤 일어날 일에 대한 지나친 것은 매우 위험하고 잘못될 수 있는 가능성이 매우 높다. 그러므로 올바른 예언은 오직 성경의 하나님 말씀에 대한 범위를 넘어서는 것은 삼가야 한다. 그것이 설령 어떤 분명한 자기 자신의 환상이나 어떤 자신의 꿈이나 어떤 자신만이 경험한 징조 등을 위주로 말하는 것은 삼가야 한다. 이러한 것들이 많아지면 세상과 사회는 극도로 혼란과 무질서 또는 망상과 미혹한 미신적 세상으로 빠져들게 할 수 있다.

예언의 본질은 미래를 예견하고 있는가의 여부와는 전혀 상관없이 하나님의 말씀을 '대언'하는 데 관점을 두고 항상 정의한다. 예언은 하나님이 주신 계시 즉 성경 말씀을 대언하는 것으로서 때에 따라서는 미래 사건을 예견하는 것을 포함할 수도 있다.

이 계시의 핵심은 십계명인데 이 십계명은 미래를 예측하는 내용이 단 하나도 없다. 그러나 앞으로 어떻게 하나님의 명령과 규례를 지키며 살 것인지를 명령하고 계신다. 예언적 메시지를 대언하는 것과 선지자가 미래를 예언하는 것이 함축되어 있어 완전하고 무오한 말씀이라는 것이며 이를 믿는 것이 믿음이며 이를 순종하는 것이 믿음이며 이 순종을 통하여 믿음으로 구원에 이르는 것이다. 그런 의미에서 구원에 이르는 믿음의 말씀이 예언이며 계시이다, 성경 말씀은 그래서 계시이다. 진리를 밝히는 것이다.

그러므로 하나님의 말씀을 선포하고 대언하는 것이 예언이며 계시인 것이다.

예언이라는 단어의 히브리어로는 '나바'라고 하는데 '예언하다' 즉 예언이나 단순한 담화로 영감에 의해 말하다'라는 뜻이다. 선지자, 예언자, 일반적으로 영감(靈感)받은 사람을 히브리어로 '나비'라고 한다.

구약에서 '나바'로 사용된 히브리어 단어는 총102번 나오는데 예레미야서에서만 36회가 언급되었다. 그 다음이 에스겔인데 31번이나 '나바' 예언을 언급하고 있는 것을 보면 역시 예언의 선지자 예레미야와 에스겔이다.

신약에서는 헬라어로 예언하다는 '프롭헤튜오이다. 이 또한 '영감으로 말하다', '예언의 직무를 수행하다', '사건을 미리 말하다' 등의 뜻으로 쓰였다. 이 뜻은 시인도 해당되며 선지자라는 뜻도 된다.

12장
중보란 무엇인가?

중보자란 누구인가?

중보자 mediator,

중보arbitrate, mediate

일반적으로 적대적인 관계의 둘 사이에서 일을 주선하는 사람을 말한다. 성경에서는 하나님과 죄인된 사람 사이의 관계를 회복하게 하는 것을 의미한다. 히브리어로는 '멜리츠'(melits)로 '판결자'의 뜻으로 쓰였고(욥 9:33; 사 38:14), 헬라어로는 '메시테스'(mesites)로 이는 하나님과 인간의 깨어진 관계를 회복시켜 주신 예수 그리스도를 가리키는데 쓰였다 (갈 3:20; 딤전 2:5; 히 8:6; 9:15; 12:24). 예수 그리스도께서는 죄 많은 인간과 죄를 책망하시는 공의의 하나님의 진노로 인하여 중간에 막힌 담을 헐어버리고 하나님과 인간 사이의 단 한 분의 중보자가 되셨다(엡 2:14-18 참고). 그러므로 중보자는 예수 그리스도를 가리키는 호칭으로 성육신과 십자가의 죽음으로 이루신 그의 구속 사역과 화해의 행위를 가리킨다(엡 1:7; 골 1:20; 요일 2:2; 4:9).

1.선지자

하나님의 특별한 부르심을 받아(렘 1:5;암 7:12) 하나님의 말씀을 대언하는 사람을 말한다(렘 1:6-7, 9). 히브리어로는 '나비'(nabi?)로 '말하도록 부르심 받은 자'하는 뜻이다. 선견자라고도 불렸고(삼상 9:9), '하나님의 사람'(삼상 9:6; 왕상 12:22; 렘 35:4), '하나님의 종, 여호와의 종'(왕상 14:18;

18:36; 왕하 9:7)으로도 불렸다. 선지자직은 제사장과는 달리 세습되지 않았다. 헬라어로는 '프로페테스'(prophetes)로 이 단어는 '어떤 신의 대변자로서 그의 뜻을 사람에게 해석해 주는 사람'을 의미했다. 그러나 성경에서 말하는 선지자는 신의 말씀을 해석하는 사람이 아니라 하나님이 주시는 말씀만을 해석이나 가감 없이 그대로 선포하는 사람이었다(신 18:18). 때로는 자기의 의지와 주변의 환경이 말씀과 반대되는 경우가 있을지라도 하나님의 말씀이 임하면 그는 그 말씀을 들고 나가서 선포해야만 했다. 그 때문에 미움과 고난, 환난을 당했다(렘 38:1-6). 하나님의 참 선지자는 길흉을 말해주고 복채를 받는 이방 예언자들과 달랐다. 이스라엘 선지자는 단순히 길흉을 말해주는 미신적인 행위와는 달리 현 상황을 진단하고 백성들의 죄를 꾸짖고 바른 길로 인도하는 역할을 했다(왕하 17:13-14; 슥 1:4). 미래에 대한 예언(신 18:20-22)은 이차적인 사명이었다. 선지자들의 메시지 : 구약 선지자들의 메시지는 하나님으로부터 온 메시지일 뿐 아니라 하나님과 하나님의 언약, 하나님의 뜻, 하나님의 심판과 구원, 장차 올 하나님 나라에 관한 메시지였다. 선지자들이 전한 메시지는 '그때 거기에 사는' 사람들에게 선포되었다는 특징이 있다(겔 3:17; 암 4:12). 그들의 메시지에는 미래에 대한 예언이 들어있지만 선지자들의 말씀은 '그 당시 현재'를 겨냥하여 전해진 것이었다. 그래서 선지자들의 메시지는 우선적으로 이스라엘 백성들이 하나님의 언약 백성인 사실을 깨우치려는 내용이었다. 선지자들은 이스라엘 백성들의 우상숭배와 부패, 신앙이 있는 체 하는 외식 아래 들어 있는 불의를 지적하면서 회개를 촉구하였다. 선지자들의 메시지에는 미래에 대한 예언도 들어 있다. 그러나 그것은 현재를 위해서 주어진 것이었고, 그들에게 회개와 격려를 하기 위한 것이었다. 다시 말하면 미래에 관한

메시지는 심판의 메시지이든 구원의 메시지이든 그 당시의 메시지를 듣는 청중을 변화시키기 위해 선포된 것이었다. 그러므로 만일 이 같은 메시지가 선포되었는데도 사람들이 그 메시지를 받아들이기를 계속 거절한다면 그들은 의심할 여지없이 예고한 심판을 받을 것이고, 회개하여 주께로 돌아온다면 하나님은 심판을 멈추시고 그 대신 구원의 복을 백성들에게 부어주신다는 것이었다(렘 7:5-7; 18:7-8; 겔 18:23; 욘 3:4; 4:2). 마지막으로 선지자들이 선포한 메시지는 궁극적으로 장차 오실 메시아와 그의 나라에 관한 것이었다(사 2:2-3; 7:14; 42:4; 62장; 65:18-25; 렘 23:5; 겔 34:23-24; 37:24-25). 예레미야의 '참 선지자' 구별법 도덕성 테스트 : 참 선지자는 영적인 권위와 함께 도덕적으로 문제가 없어야 한다(렘 23:13-14). 영향력 테스트 : 선지자의 말을 들은 사람들이 실제적으로 돌이키지 않는다면 그가 하나님으로부터 온 선지자인지 확인할 필요가 있다(렘 23:14). 복음 테스트 : 십자가와 회개의 메시지 없이 무조건 '평안하다'는 메시지만을 전한다면 그 사람은 거짓 선지자이다(렘 23:16). 영성 테스트 : 어떤 사람도 비밀한 장소에서 하나님과의 시간을 보내지 않는다면 그 사람은 참된 선지자가 될 수 없다(렘 23:18-22). 신학적인 테스트 : 하나님의 친밀한 모습과 엄위한 모습을 둘 다 균형있게 이해하고 있어야 한다(렘 23:23-24). 메시지 테스트 : 하나님은 꿈이나 환상으로도 말씀하시지만 선지자들 마음에 메시지를 주셔서 말하게 함으로써 자신의 말씀을 전달하게 하신다(렘 23:25-32). 시대별로 본 선지자들의 역사 전(前) 왕국 시대의 선지자 : 선지자의 기원을 사무엘로 보는 사람들도 있지만, 모세(행 3:21-24)까지 거슬러 올라가는 사람도 많다. 모세는 이스라엘 국가의 첫 선지자이자(신 18:15; 34:10), 선지자 이상의 독특한 하나님의 종이라는 위치에서 하나님의 일을 하였던 사람이었다(민 12:6-8). 창세기 20:7에서는 아브라함을 선지자라고 말하는 내용도 나온다. 모세의 누이 미리암도 선지자로 일컬어지며(출 15:20) 드보라는 사사 시대에 활동했던 여선지자였다(삿 4:6-7, 9, 14). 사무엘은 사사 시대와 왕국 시대를 거쳐 선지자, 제사장, 사사의 역할을 수행한 사람이었다(삼상 3:20; 7:6, 15). 왕국 시대부터 여로보암 2세까지의 선지자 : 이 시기에 활동했던 선지자들은 대략 20여 명 정도가 된다. 그렇지만 벧엘이나 여리고, 길갈, 에브라임에 있었던 선지자들의 무리(왕하 2:3, 5; 4:38; 5:22)를 생각한다면 더 많은 선지자들이 이 시기에 활동했던 것으로 보인다. 이스라엘 왕국이 성립된 때부터 여로보암 2세까지 약 250여 년에 걸쳐 활동했던 선지자들은 옆의 표와 같다. BC 8세기 이후의 저술 선지자들(writing prophets) : 이스라엘이 남북으로 분열되어 제각기 하나님을 대적하고 정치, 도덕적으로 타락했을 때 하나님은 선지자들을 세우셔서 심판과 축복의 길을 말씀하셨다. 이 기간 동안에 하나님의 말씀을 문서로 남겨 놓은 선지자들은 16명에 이른다. 북왕국 이스라엘이 앗수르에 멸망당할 무렵 활동했던 선지자는 요엘, 요나, 아모스, 호세아, 이사야, 미가였으며 남왕국 유다가 바벨론에 멸망당할 무렵이나 바벨론 포로기에 활동했던 선지자들은 예레미야, 오바댜, 나훔, 하박국, 스바냐, 에스겔, 다니엘이었고 바벨론의 포로였던 유다가 본토로 귀환할 때 활동했던 선지자는 학개, 스가랴, 말라기였다. → 선지자들의 각각의 활동 상이나 메시지는 각 선지자들을 서술한 항목들을 참고하라. 세례 요한 : 말라기 이후 약 400년 동안의 침묵 기간을 지나 등장한 선지자가 세례 요한이었다(마 11:13). 세례 요한은 구약 선지자들이 증거해 온 그리스도의 오심과 그리스도의 구원의 역사를 증거하였다(눅 24:25, 27, 44; 요 1:45; 5:39; 11:51).

예수 그리스도 : 예수님은 모세가 예언하였던 그 선지자이시다(행 3:22; 신 18:15). 예수님은 하나님으로부터 오신 선지자이시되(마 21:11; 요 4:19; 6:14; 7:40; 9:17) 그 이상의 분이시다. 예수님은 구약의 모든 예언을 성취하고 완성하신 대선지자이시다(마 5:17; 눅 7:16). 신약교회 안의 선지자들 : 구약의 선지자 반열은 세례 요한으로 끝이 났다(마 11:13). 그러나 신약 교회 내에도 선지자라고 불리는 사람들이 하나님의 일을 하였다. 이들은 사도 다음으로 교회 안의 중요한 직분자였다(행 11:27; 엡 4:11; 고전 12:28; 계 18:20). 이들은 교사들처럼 성경을 가르쳤으나 성령의 직접적인 인도 아래서 영적인 통찰력과 하나님의 뜻을 깨달아 미래사를 예언하기까지 하는 특수한 직책을 수행하였다. 안디옥 교회의 유다와 실라(행 15:32), 빌립의 네 딸(행 21:9) , 아가보(행 21:10) 등이 초대교회의 선지자로 소개되고 있다. 다윗 시대 : 나단(삼하 7:2; 12:25), 갓(삼하 24:11) 여로보암 시대 : 이름이 밝혀지지 않은 선지자(왕상 13:1-10; 13:11-32) 르호보암 시대 : 스마야(대하 11:2-4; 12:5-15)와 잇도(대하 9:29; 13:22) 아사 시대 : 아사랴(대하 15:1-7)와 하나니의 아들 예후(왕상 16:1-12) 여호사밧 시대: 야하시엘(대하 20:14)과 엘리에셀(대하 20:37) 아합 시대 : 엘리야(왕상 17-19장)와 엘리사(왕상 19:19-21), 미가야(왕상 22:8-28), 한 선지자(왕상 20:13-28) 요아스 시대 : 스가랴(대하 24:20) 아마샤 시대 : 한 선지자(대하 25:15)

2.선견자seer
하나님이 계시하시는 꿈, 환상, 이상을 보고 예언하는 사람을 말한다(삼상 9:9). 히브리어로는 '로에'(roeh), '호제'(chozeh)로 '보는 자', '미리 보는 자'라는 뜻을 담고 있다. 선견자는 선지자와 같은 의미로 쓰였으나(삼하 24:11; 왕하 17:13; 사 29:10; 30:10; 암 7:12; 미 3:7) 선견자는 계시를 받는 방법을 강조하는 단어이다. 후대까지도 선견자라는 용어가 사용되었다(대하 16:7, 10; 사 30:10; 암 7:12). 성경에 나오는 선견자들로는 사무엘(삼상 9:19), 갓(삼하 24:11), 헤만(대상 25:5), 잇도(대하 9:29), 하나니(대하 16:7), 아삽(대하 29:30), 여두둔(대하 35:15) 등이 있다.

3.대언자 prophet
  남을 대신하여 말하는 사람을 말한다. 하나님은 모세에게 사명을 확인시키시고 형 아론을 모세의 대언자가 되게 하셨다(출 7:1). 여기서 대언자라는 히브리어 단어 '나비'(nabi')는 개역성경에서 주로 선지자로 번역되었는데, 하나님의 말씀을 맡아 전하고 선포하는 사람을 가리킨다. 아론은 모세의 대언자로 모세의 뜻을 전하는 역할을 했다. 그러나 결국 모세의 뜻은 하나님께 받은 것이므로 아론은 하나님의 뜻을 모세를 대신해서 전한 것이었다(출 4:14-15 참고). 요한은 "만일 누가 죄를 범하면 아버지 앞에서 우리에게 대언자가 있으니 곧 의로우신 예수 그리스도시라"(요일 2:1)고 했다. 여기서의 대언자 '파라클레토스'(parakletos)는 예수님을 가리킨다. 하지만 개역성경의 다른 부분에서 헬라어 파라클레토스는 보혜사로 번역되었고(요 14:16, 26; 15:26; 16:7), 성령을 가리킨다. 따라서 믿는 자들에게는 예수님과 성령님, 두 분의 대언자가 있는 것이다.

  4.모세, 선지자prophet, 예언자prophet, 선견자seer, 대언자

선지자를 일으키실 약속(민주적인 하나님) 백성들의 목소리에 귀를 귀우리시는 하나님

15. ○네 하나님 여호와께서 너희 가운데 네 형제 중에서 너를 위하여 나와 같은 선지자 하나를 일으키시리니 너희는 그의 말을 들을지니라

16. 이것이 곧 네가 총회의 날에 호렙 산에서 네 하나님 여호와께 구한 것이라 곧 네가 말하기를 내가 다시는 내 하나님 여호와의 음성을 듣지 않게 하시고 다시는 이 큰 불을 보지 않게 하소서 두렵건대 내가 죽을까 하나이다 하매

17. 여호와께서 내게 이르시되 그들의 말이 옳도다

18. 내가 그들의 형제 중에서 너와 같은 선지자 하나를 그들을 위하여 일으키고 내 말을 그 입에 두리니 내가 그에게 명령하는 것을 그가 무리에게 다 말하리라

19. 누구든지 내 이름으로 전하는 내 말을 듣지 아니하는 자는 내게 벌을 받을 것이요

20. 만일 어떤 선지자가 내가 전하라고 명령하지 아니한 말을 제 마음대로 내 이름으로 전하든지 다른 신들의 이름으로 말하면 그 선지자는 죽임을 당하리라 하셨느니라

21. 네가 마음속으로 이르기를 그 말이 여호와께서 이르신 말씀인지 우리가 어떻게 알리요 하리라

22. 만일 선지자가 있어 여호와의 이름으로 말한 일에 증험도 없고 성취함도 없으면 이는 여호와께서 말씀하신 것이 아니요 그 선지자가 제 마음대로 한 말이니 너는 그를 두려워하지 말지니라

5. 하나님
욥기16:19 지금 나의 증인이 하늘에 계시고 나의 중보자가 높은 데 계시니라

욥과 친구들 사이와 욥과 사탄과의 사이와의 중보자는 여호와 하나님이시다. 모든 관계의 중보자가 되시는 하나님이시다. 친구들의 조롱과 사탄과 하나님과의 시험과 하나님과 욥과의 관계와 욥과 사탄과의 관계 복잡한 관계의 얽히고 설킨 관계도 말끔히 푸시는 하나님이시다.

이사야38:14 이사야의 기도

14. 나는 제비 같이, 학 같이 지저귀며 비둘기 같이 슬피 울며 내 눈이 쇠하도록 앙망하나이다 여호와여 내가 압제를 받사오니 나의 중보(히:멜리츠)가 되옵소서

15. 주께서 내게 말씀하시고 또 친히 이루셨사오니 내가 무슨 말씀을 하오리이까 내 영혼의 고통으로 말미암아 내가 종신토록 방황하리이다

16. 주여 사람의 사는 것이 이에 있고 내 심령의 생명도 온전히 거기에 있사오니 원하건대 나를 치료하시며 나를 살려 주옵소서

17. 보옵소서 내게 큰 고통을 더하신 것은 내게 평안을 주려 하심이라 주께서 내 영혼을 사랑하사 멸망의 구덩이에서 건지셨고 내 모든 죄를 주의 등 뒤에 던지셨나이다

18. 스올이 주께 감사하지 못하며 사망이 주를 찬양하지 못하며 구덩이에 들어간 자가 주의 신실을 바라지 못하되

19. 오직 산 자 곧 산 자는 오늘 내가 하는 것과 같이 주께 감사하며 주의 신실을 아버지가 그의 자녀에게 알게 하리이다

20. 여호와께서 나를 구원하시리니 우리가 종신토록 여호와의 전에서 수금으로 나의 노래를 노래하리로다

욥9:33. 우리 사이에 손을 얹을 판결자(히:멜리츠:중보자)도 없구나

6. 천사/하나님의 전달자

욥기33:23

만일 일천 천사 가운데 하나가 그 사람의 중보자로 함께 있어서 그의 정당함을 보일진대

"Yet if there is an angel on his side as a mediator, one out of a thousand, to tell a man what is right for him,

갈라디아서 3:19~20

19. 그런즉 율법은 무엇이냐 범법하므로 더하여진 것이라 천사들을 통하여 한 중보자의 손으로 베푸신 것인데 약속하신 자손이 오시기까지 있을 것이라

20. 그 중보자는 한 편만 위한 자가 아니나 하나님은 한 분이시니라

7. 예수 그리스도/유일하신 중보자

디모데전서 2:5

5. 하나님은 한 분이시요 또 하나님과 사람 사이에 중보자도 한 분이시니 곧 사람이신 그리스도 예수라

6. 그가 모든 사람을 위하여 자기를 대속물로 주셨으니 기약이 이르러 주신 증거니라

5. For there is one God and one mediator between God and men, the man Christ Jesus,

6. who gave himself as a ransom for all men -- the testimony given in its proper time.

히브리서 8:6

그러나 이제 그는 더 아름다운 직분을 얻으셨으니 그는 더 좋은 약속으로 세우신 더 좋은 언약의 중보자시라

But the ministry Jesus has received is as superior to theirs as the covenant of which he is mediator is superior to the old one, and it is founded on better promises.

새 언약의 대제사장

히브리서 8장(대제사장, 제사장, 모세, 선지자,

1. 지금 우리가 하는 말의 요점은 이러한 대제사장이 우리에게 있다는 것이라 그는 하늘에서 지극히 크신 이의 보좌 우편에 앉으셨으니

2. 성소와 참 장막에서 섬기는 이시라 이 장막은 주께서 세우신 것이요 사람이 세운 것이 아니니라

3. 대제사장마다 예물과 제사 드림을 위하여 세운 자니 그러므로 그도 무엇인가 드릴 것이 있어야 할지니라

4. 예수께서 만일 땅에 계셨더라면 제사장이 되지 아니하셨을 것이니 이는 율법을 따라 예물을 드리는 제사장이 있음이라

5. 그들이 섬기는 것은 하늘에 있는 것의 모형과 그림자라 모세가 장막을 지으려 할 때에 지시하심을 얻음과 같으니 이르시되 삼가 모든 것을 산에서 네게 보이던 본을 따라 지으라 하셨느니라

6. 그러나 이제 그는 더 아름다운 직분을 얻으셨으니 그는 더 좋은 약속으로 세우신 더 좋은 언약의 중보자시라

7. 저 첫 언약이 무흠하였더라면 둘째 것을 요구할 일이 없었으려니와

8. 그들의 잘못을 지적하여 말씀하시되 주께서 이르시되 볼

지어다 날이 이르리니 내가 이스라엘 집과 유다 집과 더불어 새 언약을 맺으리라

9. 또 주께서 이르시기를 이 언약은 내가 그들의 열조의 손을 잡고 애굽 땅에서 인도하여 내던 날에 그들과 맺은 언약과 같지 아니하도다 그들은 내 언약 안에 머물러 있지 아니하므로 내가 그들을 돌보지 아니하였노라

10. 또 주께서 이르시되 그 날 후에 내가 이스라엘 집과 맺을 언약은 이것이니 내 법을 그들의 생각에 두고 그들의 마음에 이것을 기록하리라 나는 그들에게 하나님이 되고 그들은 내게 백성이 되리라

11. 또 각각 자기 나라 사람과 각각 자기 형제를 가르쳐 이르기를 주를 알라 하지 아니할 것은 그들이 작은 자로부터 큰 자까지 다 나를 앎이라

12. 내가 그들의 불의를 긍휼히 여기고 그들의 죄를 다시 기억하지 아니하리라 하셨느니라

13. 새 언약이라 말씀하셨으매 첫 것은 낡아지게 하신 것이니 낡아지고 쇠하는 것은 없어져 가는 것이니라

히브리서 9:15

15. 이로 말미암아 그는 새 언약의 중보자시니 이는 첫 언약 때에 범한 죄에서 속량하려고 죽으사 부르심을 입은 자로 하여금 영원한 기업의 약속을 얻게 하려 하심이라

For this reason Christ is the mediator of a new covenant, that those who are called may receive the promised eternal inheritance -- now that he has died as a ransom to set them free from the sins committed under the first covenant.

히브리서 12:24

새 언약의 중보자이신 예수와 및 아벨의 피보다 더 나은 것을 말하는 뿌린 피니라

to Jesus the mediator of a new covenant, and to the sprinkled blood that speaks a better word than the blood of Abel.

시기 질투

8.십자가의 피로 우리의 구원자이신 예수 그리스도

엡 1:7;

우리는 그리스도 안에서 그의 은혜의 풍성함을 따라 그의 피로 말미암아 속량 곧 죄 사함을 받았느니라

In him we have redemption through his blood, the forgiveness of sins, in accordance with the riches of God's grace

골 1:20;

그의 십자가의 피로 화평을 이루사 만물 곧 땅에 있는 것들이나 하늘에 있는 것들이 그로 말미암아 자기와 화목하게 되기를 기뻐하심이라

and through him to reconcile to himself all things, whether things on earth or things in heaven, by making peace through his blood, shed on the cross.

요일 2:2;

그는 우리 죄를 위한 화목 제물이니 우리만 위할 뿐 아니요 온 세상의 죄를 위하심이라

He is the atoning sacrifice for our sins, and not only

for ours but also for the sins of the whole world.
요일4:9
9. 하나님의 사랑이 우리에게 이렇게 나타난 바 되었으니 하나님이 자기의 독생자를 세상에 보내심은 그로 말미암아 우리를 살리려 하심이라
10. 사랑은 여기 있으니 우리가 하나님을 사랑한 것이 아니요 하나님이 우리를 사랑하사 우리 죄를 속하기 위하여 화목제물로 그 아들을 보내셨음이라

9. 동역자/성도
고전3:9
우리는 하나님의 동역자들이요 너희는 하나님의 밭이요 하나님의 집이니라

롬16:3 너희는 그리스도 예수 안에서 나의 동역자들인 브리스가와 아굴라에게 문안하라
롬16:9 그리스도 안에서 우리의 동역자인 우르바노와 나의 사랑하는 친구 스다구에게 문안하라
롬16:21 나의 동역자 디모데와 나의 친척 누기오와 야손과 소시바더가 너희에게 문안하느니라
고후8:23 디도로 말하면 나의 동료요 너희를 위한 나의 동역자요 우리 형제들로 말하면 여러 교회의 사자들이요 그리스도의 영광이니라
빌립보4:3 또 참으로 나와 멍에를 같이한 네게 구하노니 복음에 나와 함께 힘쓰던 저 여인들을 돕고 또한 글레멘드와 그 외에 나의 동역자들을 도우라 그 이름들이 생명책에 있느니라
빌레몬1:1 그리스도 예수를 위하여 갇힌 자 된 바울과 및 형제 디모데는 우리의 사랑을 받는 자요 동역자인 빌레몬

벧전 2:5
너희도 산 돌 같이 신령한 집으로 세워지고 예수 그리스도로
말미암아 하나님이 기쁘게 받으실 신령한 제사를 드릴 거룩한
제사장이 될지니라

벧전2:9
　그러나 너희는 택하신 족속이요 왕 같은 제사장들이요 거룩
한 나라요 그의 소유가 된 백성이니 이는 너희를 어두운 데서
불러 내어 그의 기이한 빛에 들어가게 하신 이의 아름다운 덕
을 선포하게 하려 하심이라

계1:6
그의 아버지 하나님을 위하여 우리를 나라와 제사장으로 삼으
신 그에게 영광과 능력이 세세토록 있기를 원하노라 아멘

계5:10
　그들로 우리 하나님 앞에서 나라와 제사장들을 삼으셨으니
그들이 땅에서 왕 노릇 하리로다 하더라

계20:6
　이 첫째 부활에 참여하는 자들은 복이 있고 거룩하도다 둘째
사망이 그들을 다스리는 권세가 없고 도리어 그들이 하나님과
그리스도의 제사장이 되어 천 년 동안 그리스도와 더불어 왕
노릇 하리라

10. 기도

그러므로 성도는 기도해야 합니다. 성도의 기도는 하나님께서 기뻐 받으십니다.

유다서1:20 사랑하는 자들아 너희는 너희의 지극히 거룩한 믿음 위에 자신을 세우며 성령으로 기도하며

계5:8 그 두루마리를 취하시매 네 생물과 이십사 장로들이 그 어린 양 앞에 엎드려 각각 거문고와 향이 가득한 금 대접을 가졌으니 이 향은 성도의 기도들이라

약5:18 다시 기도하니 하늘이 비를 주고 땅이 열매를 맺었느니라

삼상1:27 이 아이를 위하여 내가 기도하였더니 내가 구하여 기도한 바를 여호와께서 내게 허락하신지라

삼상2:1 한나가 기도하여 이르되 내 마음이 여호와로 말미암아 즐거워하여 내 뿔이 여호와로 말미암아 높아졌으며 내 입이 내 원수들을 향하여 크게 열렸으니 이는 내가 주의 구원으로 말미암아 기뻐함이니이다.

계8:3 또 다른 천사가 와서 제단 곁에 서서 금 향로를 가지고 많은 향을 받았으니 이는 모든 성도의 기도와 합하여 보좌 앞 금 제단에 드리고자 함이라

계8:4 향연이 성도의 기도와 함께 천사의 손으로부터 하나님 앞으로 올라가는지라

13장
계시란 무엇인가?

먼저 결론적으로 모든 성경은 계시이다. 성경 66권 창세기부터 요한계시록까지 하나님 아버지 성부와 성자 예수 그리스도와 성령을 계시하는 책이다. 성삼위일체를 밝히고 드러내며 나타내며 알리며 표시하는 표적으로 알림이 되는 글이다. 특별히 요한계시록만이 계시록이 아니다. 요한계시록은 말세에 대한 하나님의 뜻과 의를 종말의 시대에 대한 알림이며 나타냄이며 전함이며 표시인 것이다. 창세기도 종말에 대한 알림과 표시가 요한계시록처럼 잘 나타내고 있다. 열 가지 재앙은 종말에 믿지 아니한 백성과 민족들에게 징계의 예표과 표적으로써 나타내고 있다. 또한 출애굽기도 종말에 있을 하나님의 자기 백성들을 구원하시는 예비하심이 나타내고 있다. 애굽의 노예로부터 총파업을 통하여 홍해를 건너게 하시고 가나안에 들어 갈 것을 미리 예비하시고 예정하시고 준비하신 하나님의 경륜과 섭리가 종말에 대한 준비와 예표로 나타내고 있는 자기 백성들에 대한 종말론적 계시를 표적으로 나타내고 있다.

계시란 하나님과 예수 그리스도와 성령을 나타내는(계시:나타냄) 말씀이며, 삼위일체 하나님을 보여주시는 언약의 말씀이다. 구약의 성경 말씀은 옛 언약이며 옛 계시의 말씀이라면 신약성경의 새 언약이며 새 계시이며, 이 모든 것을 대언하고 선포하고 알리는 것은 예언이며, 이 사역을 담당하신 성령세례를 받은 자들이 선지자요, 선견자이며 예언자이다. 그러므로 성령을 받은 자들은 모두 말씀을 계시하시는 능력을 성령으로부터 받아 성령의 인도하심으로 대언하고 선포하는 능력을 성령으로부터 부여 받은 것이다.

그러나 계시의 시기와 때가 있다. 신구약 중간기 즉 말라기 이후는 계시가 중단 되었고 중지 되었다. 멈추었다. 아니 새로운 언약을 위한 새 언약의 준비와 예비 기간이었다. 중단되거나 중지되거나 멈추지 않았고 새로운 언약과 새 말씀을 준비하고 예비하고 기다리고 계신 것이다.

　새 언약이 직접 말씀의 육신으로 오시기 위한 예비와 준비 시기이었다. 직접 하나님이 인간의 육신의 살아 있는 모습으로 잠간 증거의 표징으로 표적으로 본으로 보이시기(직접 계시) 위하여 오신 새 언약, 새 약속, 새 계약으로 오셨다. 그렇다고 옛 언약, 옛 약속, 옛 계약을 무효하거나 손보거나 다시 고치거나 하기 위한 것이 아니다. 전혀 옛 언약을 고치거나 다듬기 위한 것이 아니라 자기 백성들과 자녀들이 잘못 되고 잘못 이해하고 잘못 알고 잘못 그릇 행하고 옛 언약을 무시하고 파기하고 지키지 않으므로, 전적인 자기 백성들의 잘못과 죄악으로 인하여 경각심과 새로운 깨닫게 하는 성령을 보내시기 위해 새 언약을 실행하신 것이다. 그것이 예수 그리스도인 그 성령님과 하나님 아버지의 본체이신 주님 예수 그리스도의 현현이신 것이다.

　계시란 영어로 revealation으로 동사로는 reveal 이다. re는 다시, 반복, 회복, 등의 의미의 접미사이며 veal은 보이지 않았던 것을 보이다, 나타내다, 비밀 등을 드러내 보이다 등의 뜻이다. 그러므로 비빌이나 보이지 않았던 것을 보이다. 나타내 보이다 등의 뜻이다. 신학적인 뜻으로는 하나님의 계시를 의미한다. 여기서 드러내는 것은 비밀인데 비밀의 의미가 영어로 secret의 의미가 아니라 mystery를 의미한다. secret은 말하여 설명하면 알 수 있고 이해할 수 있는 것이라면, mystery는 신비 즉 설명하고 말하여도 이해할 수 없는 것에 대한 것을 말한다.

헬라어로는 μυστηριον 뮈스테리온. 즉 비밀, 또는 신비라고 번역된다. 이 원어는 신약에서 27회 사용되었다. 에베소서에서 6번 사용되어 가장 많이 사용되었다.

즉 다시 말해서 시간이 지나거나 어떤 여건이나 환경이 변화된 다음에야 할 수 있고 이해할 수 있는 것을 말한다고 할 수 있다.

계시는 히브리어로는 הזון 하존이라고 하는데 '정신적으로 영적으로 보는 것'의 의미이며 '꿈', 또는 '신탁'이라는 뜻도 있다.

이 '하존'이라는 단어의 어원은 '하자'인데 '주시하다', '감지하다', '기쁨으로 숙고하다' 특히 '이상을 보다', '바라보다', '예언하다', '보다' 등의 의미와 개념이다.

이 '하존'이라는 히브리어 단어는 구약에 총34번 사용되었는데 특별히 다니엘서에서 11번 사용되었고 그 다음이 에스겔인데 7번 사용되었다.

그러므로 앞에서 언급한 예언과 계시는 하나님의 말씀에 대한 설명과 대언이며 하나님의 뜻과 마음과 의를 알아 전하는 것을 의미한다. 즉 예레미야, 에스겔, 다니엘 이 세 선지자는 여호와 하나님의 말씀을 대언한 예언자이며 하나님의 말씀을 계시한 계시자이며 시대상황과 하나님의 민족에게 하나님을 백성들에게 전달하고 선포하고 대언하고 대변하는 대변자의 사역을 감당하고 담당한 선견자이며 선지자이었다.

그 예문으로써 예레미야 14장 14절을 보자.

예레미야14:14. 여호와께서 내게 이르시되 선지자들이 내 이름으로 거짓 예언을 하도다 나는 그들을 보내지 아니하였고 그들에게 명령하거나 이르지 아니하였거늘 그들이 거짓 계시와 점술과 헛된 것과 자기 마음의 거짓으로 너희에게 예언하

는도다

신약에서는 '계시'라 헬라어로 '아포칼립토'인데 '덮개를 제거하다', '나타내다', '폭로하다' 등의 뜻이며 신약에서 이 '아포칼립토'로 쓰인 곳은 26번 사용되었는데 누가복음에서 5회, 마태복음에서 4회를 많이 사용되었다.

예언과 계시에 대한 가장 기본적이며 중요한 중보의 기능과 능력인데 이 예언과 계시는 하나님과 그 백성들 사이에서 언약을 실현하는 궁긍적 목적의 과정인데 중보자가 있다는 것은 하나님과 그 자녀들 사이에 어떤 거리와 틈이 있다는 것이며 그 중보자가 있는 것은 하나님과 그 자녀들과의 사이가 있다는 것을 의미하고 나타내는 것인데 이 하나님의 언약의 성취를 이루기 위해 하나님이 직접 오셔서 이 언약을 성취하신 분이 바로 예수 그리스도이시다. 즉 예수 그리스도의 오심은 새 언약의 성취이며 완성인 것이다. 그런 의미에서 중보는 그 기능을 완성되었으며 이제 새로운 중보가 필요치 않게 되었다. 하나님 그 자신이신 예수 그리스도가 중보이신 것은 어떤 중보자도 없다는 것이며 새 언약이 온전히 완성 성취된 것이다. 하나님 여호와는 산 정상에서 중보자가 내려왔다 올라갔다 하면서 자기 백성에게 전하는 말씀과 뜻과 의를 이루어지게 하신 언약을 이제 새 언약으로 하나님과 직접 하나되게 하신 예수 그리스도를 통하여 말씀이 되게 하셔서 주 예수 그리스도를 믿기만 하면 새 언약의 성취자가 되는 것이다. 새 언약의 완성자가 되는 것이 새 시대 새 언약의 새 성취이며 새 완성인 것이다. 갈라디아서 3장 20절은 "그 중보자는 한 편만 위한 자가 아니나 하나님은 한 분이시니라" 하나님이 직접 자신의 말씀을 전달하는 것은 중보자가 직접 하나님 자신이신 예수 그리스도이시기에 중보는 아니시다. 우리가 이제 구원받은 그 은혜의 소명과 사명으로 중보적 사역을 감당해야 하는 것이다.

히브리서 1장 1~3절은 "1. 옛적에 선지자들을 통하여 여러 부분과 여러 모양으로 우리 조상들에게 말씀하신 하나님이

2. 이 모든 날 마지막에는 아들을 통하여 우리에게 말씀하셨으니 이 아들을 만유의 상속자로 세우시고 또 그로 말미암아 모든 세계를 지으셨느니라

3. 이는 하나님의 영광의 광채시요 그 본체의 형상이시라 그의 능력의 말씀으로 만물을 붙드시며 죄를 정결하게 하는 일을 하시고 높은 곳에 계신 지극히 크신 이의 우편에 앉으셨느니라 "하셨다.

그리고 그분은 교회를 스스로 지으시고 스스로 교회에 자기 집으로 삼으시고 임재하시게 되었다. 그리고 그 믿음의 자녀들과 함께 이 세상에 살아 계시고 그리고 어느 날 다시 오시기로 하셨다. 그래서 예언과 계시는 항상 우리를 말씀으로 하나 되게 하시는 언약의 완전한 성취를 이루셨다.

고전2:4. 내 말과 내 전도함이 설득력 있는 지혜의 말로 하지 아니하고 다만 성령의 나타나심(계시)과 능력(성령의 능력)으로 하여

5. 너희 믿음이 사람의 지혜에 있지 아니하고 다만 하나님의 능력에 있게 하려 하였노라

성령으로 보이셨다(=성령으로 계시하셨다)

6. ○그러나 우리가 온전한 자들 중에서는 지혜를 말하노니 이는 이 세상의 지혜가 아니요 또 이 세상에서 없어질 통치자들의 지혜도 아니요

7. 오직 은밀한 가운데 있는 하나님의 지혜를 말하는 것으로

서 곧 **감추어졌던 것**인데 하나님이 우리의 영광을 위하여 **만세 전에 미리 정하신 것**이라

8. 이 지혜는 이 세대의 통치자들이 한 사람도 알지 못하였나니 만일 알았더라면 영광의 주를 십자가에 못 박지 아니하였으리라

9. 기록된 바 하나님이 자기를 사랑하는 자들을 위하여 예비하신 모든 것은 눈으로 보지 못하고 귀로 듣지 못하고 사람의 마음으로 생각하지도 못하였다 함과 같으니라

10. **오직 하나님이 성령으로 이것을 우리에게 보이셨으니 성령은 모든 것 곧 하나님의 깊은 것까지도 통달하시느니라**

11. 사람의 일을 사람의 속에 있는 영 외에 누가 알리요 이와 같이 **하나님의 일도 하나님의 영 외에는 아무도 알지 못하느니라**

12. 우리가 세상의 영을 받지 아니하고 오직 하나님으로부터 온 영을 받았으니 이는 우리로 하여금 하나님께서 우리에게 은혜로 주신 것들을 알게 하려 하심이라

13. 우리가 이것을 말하거니와 사람의 지혜가 가르친 말로 아니하고 오직 성령께서 가르치신 것으로 하니 영적인 일은 영적인 것으로 분별하느니라

14. 육에 속한 사람은 하나님의 성령의 일들을 받지 아니하나니 이는 그것들이 그에게는 어리석게 보임이요, 또 그는 그것들을 알 수도 없나니 그러한 일은 영적으로 분별되기 때문이라

15. 신령한 자는 모든 것을 판단하나 자기는 아무에게도 판단을 받지 아니하느니라

16. 누가 주의 마음을 알아서 주를 가르치겠느냐 그러나 우

리가 그리스도의 마음을 가졌느니

14장

성령이란 무엇인가

갈3:2 내가 너희에게서 다만 이것을 알려 하노니 너희가 성령을 받은 것이 율법의 행위로냐 혹은 듣고 믿음으로냐

갈3:5 너희에게 성령을 주시고 너희 가운데서 능력을 행하시는 이의 일이 율법의 행위에서냐 혹은 듣고 믿음에서냐

갈3:14 이는 그리스도 예수 안에서 아브라함의 복(복이 아니고 순종, 경배, 믿음)이 이방인에게 미치게 하고 또 우리로 하여금 믿음으로 말미암아 성령의 약속을 받게 하려 함이라

즉 성령은 예수를 믿음으로 성령을 받는다는 결론의 말씀이다.

그러나 단지 성도 각자의 믿음의 깊이와 길이와 높이와 넓이가 다르며 질과 양이 다름같이 성령도 믿음에 따라 성도 각자의 양과 질과 품위와 성격과 넓이 깊이 높이 길이 또는 때와 장소와 상황과 시간과 시대에 따라 다르게 나타나듯이 성령도 시효가 있으며 작용과 적용이 상황과 형편에 따라 달리 나타나는 것이다.

성령이란 하나님의 영, 또는 그리스도의 영이다. 즉 성(聖)은 하나님과 주 예수 그리스도를 뜻하는 말이며, 성령 스스로도 성령이다. 예수 그리스도는 하나님이시며 또는 성자 하나님의

아들이시며 아버지 하나님과 그 아들 독생자 예수 그리스도의 영이신 성령은 아버지 하나님과 그 아들 주 예수 그리스도의 영이므로 그 성령은 주 아버지 하나님이시며 또한 동시에 성자 주 예수 그리스도이시기도 하다. 그러므로 성령은 아버지 하나님이시면서 또한 동시에 성자 예수 그리스도와 동일하신 분이시기도 하다.

성부 하나님은 성자 아들 예수 그리스도와 성령을 계시하시고, 성자 독생자 예수 그리스도는 성부 아버지 하나님과 성령을 계시하시며 성령 보혜사께서는 하나님을 계시하시고 주 예수 그리스도를 계시하고 계신다. 그러므로 성부 아버지 하나님과 성자 주 예수 그리스도와 보혜사 성령은 하나이며 일체이시며 모두 삼위가 본체이신 것이다. 하나님 자신의 아들의 영인 그리스도의 영은 성자의 구속 사역과 똑 같은 거룩한 사역을 하시도록 우리의 마음에 보내심을 받았다. 성령은 우리 믿음의 심령을 더욱 양육하고 풍성하게 하며 권능의 그리스도의 생명으로 더욱 변화되게 하시어 하나님의 아들로 하여금 거룩하고도 분명하게 우리에게 임재하게 하시는 사역을 담당하신다. 그리하여 삼위일체 하나님과의 교제와 친교는 이제 우리 속에 내주하셔서 성령께서는 성자 예수 그리스도를 우리의 영에 거하셔서 계시하시며 예수 그리스도를 통하여 성부 하나님을 계시하신다. 성령께서는 내적 계시를 통하여 성부 하나님 아버지와 성자 예수 그리스도를 더욱 깊이 알아가는 성화의 길로 인도하신다.

우리는 오늘날 성령에 대한 이해가 깊고 잘 알기도 하지만 또한 한편으로는 성령에 대한 오해와 이해 부족으로 또는 잘못된 성령에 대한 과잉적 적용으로 성령을 올바르게 적용하는 어색함과 괜히 성령하면 이단적인 모습처럼 여겨져 스스로 삼가는 성령의 은사를 제어하고 자제한다. 이는 올바른 성령의 은사를 적용하고 삶과 생활 가운데 믿음의 매우 중요하고 필수 불가결한 소중한 생명의 모습이 표현되지 못하는 경우가 있다. 우리나라 성도와 교회들의 어긋나고 비틀어진 모습들이 성령의 거룩한 사역을 조금 어색한 성령으로 품위없는 믿음의 모습이 성령을 성부 성자와 구별되는 모습으로 비쳐졌다. 성령의 합당하고 올바른 자리에 우리의 믿음의 관행과 퇴행이 성령의 자리를 올바르게 모시지 못하고 있는 믿음의 생활과 삶의 모습에서 미안함이 있다. 성령의 품위와 인격이 얼마나 멋있고 아름답고 성스럽고 거룩한 것인지 그 품위와 품격과 인격을 이제 한국교회와 우리 스스로의 성도들이 성숙하고 아름다운 성령의 모습으로 그 위치를 되도릴 수 있기를 간절히 소망하고 기도한다. 그것은 믿음의 양적 부흥에서 이제 성령의 품위와 품격을 높이는 질적 부흥의 역사가 있어야 할 시대적 소명과 사명을 느낀지 오랜데 참으로 힘이 든다. 신앙은 십자가의 무게 만큼 어렵고 힘이 든다. 특히 요즈음의 한국교회의 모습을 길거리에서 너무 많이 본다. 성령께서 길거리에서 방황하고 갈 곳을 몰라 헤매이는 것인가? 아니면 세상이 성령을 길거리로 몰아내고 있는 것인가? 세상과 격렬하게 싸우는 성령의 모습은 정작 왜곡된 것인가 아니면 우리가 성령을 왜곡하고 있는 것인가? 혼란스럽다. 주여! 어디로 가시나이까? 쿼바디스 도미네! 주여 어디로 가시나이까? 주여 왜 십자가를 매고 광화문으로 가시나이까? 진정 집 나간 한국교회가 되지는 않기를 간절히 기도한다. 비이 돌로로사! 골고다 언덕길을 오늘도 내일도 계속해서 언제까지 오르시렵니까? 주여! 비아 돌로로사! 독재시대에는 독재자가 무서워서 골방에서 기도만 하더니, 독재에 항거하던 젊은 청년 학생들의 고통과 고난을 외면하며 오직 교회의 부흥이라는 이기주의의 탐욕과 오만과 편견에 사로잡혀서 그 젊은 청년 학생들을 좌파니

빨갱이이 하는 것은 성경 어디에 있으며 주 하나님은 과연 어떻게 개념하고 있는가? 한국 신학은 어디에서 무엇을 연구하고 있었나? 오직 보수 기득권이 신학이며 신앙인가? 아니 독재자와 함께 부흥이라는 명목으로 자기 이익에 탐익하고 가난하여 못살던 한풀이하기 위한 목회가 진정 신학이며 믿음인가? 천민자본주의 신학에 열을 내어 오직 복과 질병 치료의 은사주의 목회로 이제 부의 바벨탑을 쌓고 그 바벨탑을 지키기 위해 온갖 기업적 경영 승계 세습은 과히 첨단이다. 이제 진정한 자유가 되니 모두 길거리로 십자가를 매고 나가서 신앙의 자유를 만끽하는 카타르시스인가? 아니면 '교회도 정치이다'라고 하면서 이제 세상 정치도 소유하려는 탐욕과 교만이 어디까지 인가? 그래서 구약에서처럼 왕이 세습하듯이 이제 세상 왕권을 차지하여 세습하려는 것인가? 이제 교황이 왕을 임명하듯이 카놋사의 굴욕을 맛보고 싶은 것인가요? 주여 멈추게 하시옵소서. 집으로 귀환하게 하시옵소서. 교회로 돌아오게 하소서. 조용히 은밀하게 골방에서 기도하게 하소서.

상하좌우, 동서남북, 빈부귀천, 남녀노소 어느 때도 어디에서도 편애하지 않고 분별력을 허락하시어 오만과 편견을 갖지 아니한 오직 겸손하고 온유한 사랑의 한국교회가 되게 하소서., 외모로 보지 않게 하소서.

계역개정성경에서는 외모로 보지 말라는 구절이 18번 나온다. 히브리어는 '파님' 얼굴을 뜻하며 헬라어는 '옵시스', 또는 '프로소폴립시아' 편파심, 편애, 얼굴, 외모, 용모의 뜻이다. 공의와 중심과 진실을 보지 아니하고 외모와 겉을 본다는 것이다.

이 외모란 편애 favoritism이다. 분별력이 없다는 것이다. 편견만으로 모든 것을 판단하고 결정한다는 것이다.

신명기1:17, 10:17, 16:19, 사무엘상16:7, 욥기34:19, 마태복

음22:16, 마가복음12:14, 누가복음20:21, 요한복음7:24, 사도
행전10:34, 로마서2:11, 고린도후서5:12, 10:7, 갈라디아서
2:6, 에베소서6:9, 골로세서3:25, 베드로전서1:17, 3:3 등이다.
하나님께서 얼마나 강조하고 중요하게 여기시는 법인지 모른
다. 모든 죄악의 근본이 여기에 있다. 불행한 역사를 만드는
근본이다.

고전3:16.   너희는 너희가 하나님의 성전인 것과 하나님의
성령이 너희 안에 계시는 것을 알지 못하느냐
주 예수를 영접한 구속의 은혜를 받은 성도는 모두 그 육신
자체 뿐 만 아니라 그 육신에 있는 영은 하나님의 성전이며
우리 안에 내주하시는 성령이 거주하시는 성령의 성전이 바로
우리의 육신이며 우리의 심령인 것이다. 이는 우리 믿음의 자
녀들에게는 너무 큰 영광이며 환상적인 기쁨 그 자체인 것이
다. 그런데 이 놀랍고 위대한 영광의 몸된 성전을 세상의 물
질과 세상 권세와 세상 명예에 모두 내어주고 빼앗기고도 아
무런 영광의 영화로운 특권을 모르는 것 같아 심히 안타깝다.
이제 다시 적은 무리일지라도 다시 예수님의 시대로 돌아갈지
라도 새로운 고결한 영혼들을 붙잡아서 예수께서 내주하시고
사랑으로 밝히 영주하시는 권능의 임재하시는 충만한 계시의
기쁨으로 들어갈 수 있는 거룩한 자녀들을 양육하시어 성령께
서 하나님의 생각과 사상과 진리와 사랑과 권능이 이 시대적
소명과 사명을 감당할 새로운 새 제자와 새로운 선지자들을
세워서 참 진리의 새로운 사역이 새롭게 풍성하게 역사하게
이 시대적 소명을 감당하고 사명에 온전히 순종하는 새 시대
의 새 소명자와 사명자들이 나타나게 하옵기를 기대하고 소망
한다. 성령은 예수 그리스도와 하나님 아버지를 내 안으로 가
장 가깝고 깊이 모셔 들이는 사역이 가장 기뻐하시는 즐거워

하시는 성령의 사역이며 그런 역사가 성령세례라는 이름으로 늘상 있으며 때로는 특별 이벤트도 있다. 그 이벤트에 너무 집착하거나 과대하면 믿음의 신뢰가 좀 어색해진다. 이벤트가 너무 과하고 자주하는 것은 하나님께서도 하시기를 기뻐하시지 않고 원하시지 않는다. 그저 그런 것 없이도 늘상 신실함과 성실함을 기뻐하신다. 성령은 집 나간 탕자 아들이 돌아온 날만 기뻐하시지 매일 계속해서 돌아온 날과 같을 수는 없는 것과 같다. 우리는 성령세례를 특별한 이벤트로만 생각하거나 꼭 그래야 성령세례라는 생각이어서는 안 된다. 왜냐하면 성령은 하나님 아버지와 주 예수 그리스도를 구별하여서는 안 되는 것이기 때문이다.

요14:16. 내가 아버지께 구하겠으니 그가 또 다른 보혜사를 너희에게 주사 영원토록 너희와 함께 있게 하리니

17. 그는 진리의 영이라 세상은 능히 그를 받지 못하나니 이는 그를 보지도 못하고 알지도 못함이라 그러나 너희는 그를 아나니 그는 너희와 함께 거하심이요 또 너희 속에 계시겠음이라

창1:2절 땅이 혼돈하고 공허하며 흑암이 깊음 위에 있고 하나님의 영은 수면 위에 운행하시니라

창조의 영이시다. 하나님과 일체이신 하나님 그 자체이시다.

우리는 구약시대와 신약시대의 성경을 본다. 두 개의 큰 시대 속에서 살고 있다. 하나님은 이 두 시대를 통하여 계시해 오셨다. 이제 구약의 시대와 신약의 시대로 인하여 주 예수 그리스도의 현현으로 계시는 끝났다고 할 수도 있고 아직도 계시는 계속 되고 있다고 할 수도 있다. 그러나 분명한 것은 이 두 시대는 옛 시대는 구약으로 언약과 예비의 시대인 것이며, 새 시대는 신약으로 새 언약으로 성취와 완성의 시대이

다. 옛 언약은 새 언약을 위해 준비와 예비로 새 언약이신 예수 그리스도의 새 언약인 언약의 성취와 언약의 완성으로 오신 예수 그리스도의 새 언약 시대이다. 하나님의 영 성령은 하나님의 옛 언약과 주 예수 그리스도의 새 언약을 성취하고 완전하시는 영인 것이다.

에스겔서 36장 25~27절

25. 맑은 물을 너희에게 뿌려서 너희로 정결하게 하되 곧 너희 모든 더러운 것에서와 모든 우상 숭배에서 너희를 정결하게 할 것이며

26. 또 새 영을 너희 속에 두고 새 마음을 너희에게 주되 너희 육신에서 굳은 마음을 제거하고 부드러운 마음을 줄 것이며

27. 또 내 영을 너희 속에 두어 너희로 내 율례를 행하게 하리니 너희가 내 규례를 지켜 행할지라

우리의 믿음은 우리가 입으로 시인하고 마음으로 믿어 의에 이르는 것처럼 거듭남과 함께 새 영 즉 그리스도의 영을 받았다. 성령을 받았다. 성령세례를 받았다. 우리 안에 살아계신 주님의 인격을 받았다. 성령의 특별한 섭리의 절정은 그분이 우리의 마음 속에 인격적으로 거룩하고 경건하게 내주하셔서 우리에게 성부와 성자를 계시하시고 계신다. 즉 거듭남은 하나님 자신의 영이 성도들의 심령에 내주하시기 위한 필수 조건은 하나님은 새 믿음에 새 마음을 주시고 새 영을 우리 믿음 속에 두시는 것이며 새 영의 활력으로 새로운 생활과 삶의 희락이 새 영과 부활하는 것이다.

하나님께서는 성령을 인치실 때 하나님 자신의 모든 것을 주시며 전부를 맡기신다. 하나님의 아들에게 모든 것을 맡기심과 같이 우리에게도 성령을 통하여 모든 것을 맡기신다. 그것

이 성령의 내주하심이며 성령의 인치심이며 성령세례인 특별한 성령의 인치심의 이벤트인 것이다. 이는 옛 사람을 온전히 버리게 하시며 새 사람, 새 영으로 성령이 내주하심의 표적들이 나타나는 것이다. 그러나 실은 처음에 이미 하나님께서는 창조하실 때부터 우리 인간의 마음을 하나님 자신의 거처로 삼으셨다. 그러나 죄가 유입되어 그것을 더럽히고 파괴하였다. 그 이후 하나님은 자기 백성과 자녀들을 되돌리기 위해 수 없이 많은 인내와 기다림과 고민과 번민 속에서 설득하고 믿고 돌아오기만을 기다렸으나 결국은 때가 차매 순수 아들의 모습으로 새 역사의 새 언약과 새 영을 부어 주셨다.

15장
새 계명 새 언약, 진리와 사랑

요한복음 13장 34절
새 계명을 너희에게 주노니 서로 사랑하라 내가 너희를
사랑한 것 같이 너희도 서로 사랑하라

요한1서 2장 7~8절
옛 계명과 새 계명
새 계명은 진리와 사랑이다.
7. ○사랑하는 자들아 내가 새 계명을 너희에게 쓰는 것이
아니라 **너희가 처음부터 가진 옛 계명이니** 이 옛 계명은
너희가 들은 바 **말씀**이거니와
8. 다시 **내가 너희에게 새 계명을 쓰노니** 그에게와 너희
에게도 참된 것이라 이는 어둠이 지나가고 참빛이 벌써 비침
이니라
새 계명은 사랑이다. 새 계명은 진리이시다. 새 계명의 주 예
수 그리스도이시다. 새 계명은 그리스도의 영이시다. 새 계명
은 성령의 내주하심으로 하나님 아버지와 함께 성자 주 예수
그리스도께서 함께 내주하시는 계심이다. 하나님 아버지의 옛
계명은 새 계명인 주 예수 그리스도와 함께 영원히 계심이다.

이는 새 언약이시다.

요한2서 1장 4~5절
진리와 사랑
4. ○너의 자녀들 중에 우리가 아버지께 받은 계명대로 진리를 행하는 자를 내가 보니 심히 기쁘도다
5. 부녀여, 내가 이제 네게 구하노니 서로 사랑하자 이는 새 계명 같이 네게 쓰는 것이 아니요 **처음부터 우리가 가진 것**이라

성령이라는 한글성경 개역개정성경에는 총204번 나온다 그러나 구약에서는 겨우 7번 나온다. 그리고 197번이 신약성경에서 나오는데 사도행전에서만 52번 나오며 누가복음에서 16번 나온다 이는 사도행전을 쓴 누가가 68번의 성령이란 단어를 사용한 것을 보면 사도 누가는 성령의 사도이다. 물론 사도행전에 나오는 인물이 베드로와 바울이기 때문에 성령충만한 성령의 은사를 가장 많이 받은 사도는 베드로와 바울이다. 물론 신약의 대부분을 사도 바울이 썼으니 성령의 은혜를 가장 많이 받고 성령에 대한 개념을 가장 잘 나타내고 있다. 사도 요한 또한 요한복음에서 성령이 11번, 요한계시록에서 13번 썼으니 사도 요한 역시 성령의 은혜를 많이 받았다고 할 수 있다.
구약에서 히브리어로 성령은 루아흐이다. 이 단어 루아흐의 어원은 '바람' '호흡', 상징적으로 '생명', '영', 등의 뜻이다. 구약에서 이 원어로 사용된 단어의 횟수는 총 343회 사용되었다. 가장 많이 나오는 곳이 이사야서에서 46회, 에스겔에 44회, 시편에 39회, 욥기에 31회, 잠언에 20회 전도서에 20회 등 사용되었다. 물론 이사야, 에스겔, 시편의 저자들, 욥기

등에서 성령에 대한 표현의 '루아흐'가 많이 사용되었다고 하는 당위성은 쉽게 이해되지만 의외로 잠언과 전도서에서 '루아흐'가 많이 나온다는 것은 이 말씀들도 성령의 영감을 받은 성령의 말씀이라는 것이 확실히 증명되었다고 할 수 있다.

그리고 신약성경에서는 헬라어의 성령은 하기오스 프뉴마이다.

'성(聖)'은 '하기오스'인데 이 말은 산스크리트어에서 온 말로 '신성한', '육체적으로 순결한', 도덕적으로 '결백한' 또는 '종교적인', '의례 성례적으로 봉헌된' '거룩한'의 뜻이다. 그리고 '령(靈)', '영(靈)'은 헬라어 '프뉴마'인데 '공기', '공기의 흐름', 즉 '숨', '목숨', 상징적으로 '영혼', 즉 인간의 이성적인 정신적인 '영', 또는 '천사', '마귀'의 뜻이기도 하다. 즉 초인간적인 것들을 의미하기도 한다. 이 헬라어 프뉴마의 어원은 '프네오'인데 '쉼쉬다' 즉 거칠게 숨쉬다, 바람이 불다에서 온 단어이다.

신약성경에서 이 헬라어 '프뉴마'가 사용된 횟수는 총343회 사용되었다. 특히 사도행전에 67회, 누가복음에 35회, 고린도전서에 32회, 요한계시록에 24회 등이다. 역시 성령하면 사도 누가이며 사도행전에 나오는 베드로와 바울의 성령의 예언과 계시이며, 이 글을 쓴 누가에게도 성령의 은혜와 계시와 예언으로 쓴 글이다. 물론 신약성경의 13권을 쓴 바울의 로마서와 고린도전서.후서도 성령이라는 단어가 많이 나온다. 요한복음에 18회, 요한계시록에 24회, 요한 1서에도 8회 등 사도 요한이 예언하고 계시한 말씀들에도 성령이라는 단어의 충만한 은혜가 많다.

참고문헌과 참고자료
1.개역개정성경
2.스터디바이블/부흥과개혁사
3.NIV한영해설성경/성서원
4.그리스도릭 영/앤드류 머레이 저/크리스천다이제스트
5.기도인가 주문인가/정요석/세움북스

서명: 신통방통 방언, 무엇인가?

ISBN: 979-11-967434-2-0

발행일: 2019년 10월 9일

저자: 김현길 목사

출판: (사)크리스천출판교육선교회

고유증: 129-82-91491

주소: 서울시 송파구 오금로64길 17 보성빌딩

전화: 070-7817-3217

　　　010-3876-1091

팩스: 02-403-3217

email: johnkim3217@gmail.com

후원계좌:신한 100-033-724880

　　　　(사)크리스천출판교육선교회